U0613475

YUDIE SON GUANGZHOU ENCYCLOPEDIA

2020 No.2) Vol.6

廣州大典研究

二〇二〇年第二辑　总第六辑

主编　刘平清

国家图书馆出版社

图书在版编目（CIP）数据

广州大典研究 . 2020 年 . 第 2 辑：总第 6 辑 / 刘平清
主编 . — 北京：国家图书馆出版社，2021.9
　　ISBN 978-7-5013-7093-1

　　Ⅰ . ①广⋯　Ⅱ . ①刘⋯　Ⅲ . ①地方文献—研究—广州
Ⅳ . ① K296.51

　　中国版本图书馆 CIP 数据核字（2020）第 212730 号

书　　名　广州大典研究（2020 年第 2 辑　总第 6 辑）
著　　者　刘平清　主编
责任编辑　孟颖侟
封面设计　程言工作室

出版发行　国家图书馆出版社（北京市西城区文津街 7 号　100034）
　　　　　（原书目文献出版社　北京图书馆出版社）
　　　　　010-66114536　63802249　nlcpress@nlc.cn（邮购）
网　　址　http://www.nlcpress.com
排　　版　九章文化
印　　装　北京金康利印刷有限公司
版次印次　2021 年 9 月第 1 版　2021 年 9 月第 1 次印刷

开　　本　710×1000　1/16
印　　张　16.75
字　　数　258 千字
书　　号　ISBN 978-7-5013-7093-1
定　　价　88.00 元

《广州大典研究》编委会

卷首语

本辑共收录文章17篇，分为"文献天地""文学探讨""史料发掘""历史群体""文字考释"五个栏目。其中"文献天地""文学探讨"为主要栏目，可称"平分秋色"。

"文献天地"栏目下有5篇文章。其中《〈明代黎贞著作考〉补遗》一文，作者针对汤志波、马昕怡《明代黎贞著作考》存在的遗漏，通过发掘江门市新会区都会村《黎氏宗谱》和《乡贤区西屏集》《秫坡黎先生文集》等材料，就黎贞、黎质等与区越的关系，探讨是否存在黎贞文集嘉靖刻本的问题，明确认为《秫坡黎先生文集》应存在过明嘉靖二十九年（1550）刻本，是为黎贞文集最早刻本，并且极有可能由区越亲自编校，只是日久佚失。《光绪重抄本〈诚征录〉的发现与文献价值》一文，作者发现南海沙滘村何氏宗祠保存有清光绪二十八年（1902）何沅重抄本《诚征录》，分析其最大价值在于为研究明代诏狱史和士人心态史提供了珍贵史料，以及保存有何维柏未见载他处的诗作14首。《翁山佚文抄本汇考及新发现的两种佚文抄本》一文，作者通过对民国期间六种翁山佚文抄本的系统梳理和考索，发现不同抄本之间存在的关联，基本还原了清末至民初多位学者合力搜辑、相互协作、不断累积的过程，解决了《翁山佚文辑》的辑录脉络这一问题（新发现的伦明本《翁山文外补》和南图本《翁山文外逸文》的祖本起到关键作用）。《吴兰修著作考》一文，作者将清人吴兰修著述分为历史地理、谱录算法、诗文词曲、遗佚待访共四类并作了比较详细的考录，对研究当时的广东文坛乃至整个学术界具有一定的文献参考价值。《岭南灸法古籍〈采艾编翼〉版本研究》一文，作者对《采艾编翼》刻本和抄本进行研究，并结合新发现的抄本所载资料，遂得以厘清该书的作者、成书时间、原书体例及内容。

"文学探讨"栏目下也有5篇文章。其中《岭南端士欧必元的君子人格与家国情怀》一文，作者对岭南诗人欧必元展现人性关怀、关注社会现实、批判社会黑暗、讴歌祖国河山等内容的诸多诗篇进行细致分析，指出这些诗篇兼具文学性和思想性的双重价值。《论吴梯的杜诗学研究——以〈读杜姑妄〉为中心》一文，作者对吴梯所撰诗话《读杜姑妄》进行比较全面的阐释，指出他的杜诗学研究不仅保存了诸多杜诗学文献，也为今人探索杜诗艺术提供了诸多视角。《晚清民初"词学改良"阶段的二元选择——以王闿运、梁启超二家词选为中心》一文，作者通过对王闿运、梁启超二家之关涉词学者，特别是各自所编词选进行具体而微的观照，希求捕捉中国词学的现代转型走向及其动因。《古直生平、思想与陶渊明之关系》一文，作者从民国著名陶学研究专家古直的生平经历、思想转变等方面来分析古直与陶渊明的相似处，指出古直对陶渊明可谓深具"了解之同情"，堪称千古慕陶第一人。《民国时期广州小品文兴衰的历史考察及启示——以广州报纸为中心》一文，作者在搜集整理民国广州报纸刊载的小品文文献基础上，爬梳考辨广州小品文发展历史，指出民国广州小品文对于深入认识广州文学史有着重要意义，更为重要的是其兴衰的经验教训对于当下文学创作仍有深刻启示。

"史料发掘"栏目与"文献天地"栏目既有呼应，也有区别，其下有3篇文章。《广州出土唐吴兴姚氏墓志铭考》一文，作者对20世纪50年代在广州出土的一方唐吴兴姚氏墓志铭作出考证，以见晚唐岭南官员家属墓葬及北方士族南迁岭南情况之一斑。《〈双槐岁钞〉对广东文化的正面书写与形象建构》一文，作者指出《双槐岁钞》的编撰者黄瑜主要采用大量正面的本土人物和风俗展示，特别是"广东好人"展示，来实现对岭南文化的正面书写和形象建构。这种书写策略和观念的背后，是明代岭南（尤其是广东）经济、政治、学术上的全面发展，以及由此而产生的本土文化自信。《佛山四大土著姓氏史实考辨》一文，作者经翻检诸多方志史籍，加以比对后最终得出结论：所谓佛山四大土著姓"鸡、田、老、布"，只是一种民间传说，而非信史。

"历史群体"专题栏目为本辑新增，其下有2篇文章。《论宋代广州知州群体的污名化》一文，作者从主观因素和客观因素两方面，对宋代广州知州群体被污名化的原因作了比较深入细致的分析。《清代广州城的进士群体及其历史贡献》一文，作者主要通过广州地方文献的记载，梳理排比广州城（包括番禺和南海两县治所）进士群体的基本情况，并略述其历史贡献。

"文字考释"专题栏目亦为本辑新增，其下有2篇文章。《南越国罗泊湾大墓〈从器志〉木牍文字考释补证》一文，作者鉴于目前学界对南越国罗泊湾大墓《从器志》木牍的识别与研读仍存在一些盲点与误区，重新审释其中"柑机""木狗""掏"三组南越国语文词汇，指出这些词汇皆有着鲜明的南方汉语文和南越国语文的时代特征，既与中原汉语文存在历史联系，又与中原汉语文存在文化区别，且不应忽视其与长江流域语文之间的特定联系。《粤方言河流通名"涌"本字考》一文，作者根据岭南方志和诗集用字情况，指出粤方言中表河汉义的河流通名"涌"本字应为"澿"，其义由"小水之会"引申指"交错会合的众小水"，独于粤地广泛传用为河流通名，而这与珠三角地区水网纵横的地貌特征密切相关。

继第二辑后，本人再次被指定为本集刊的当值者，可谓再作冯妇、再贾余勇。本人一面忙于本辑，一面忙于《广州大典》普及书系，可谓"两线作战"。本辑的编辑出版工作，历经庚子、辛丑两个年头。本辑文章征集工作始于2020年上半年新冠肺炎疫情在国内逐渐得到控制、在国外快速蔓延之时，中间有所取舍，终在当年秋季确定本辑初样。进入辛丑年，本辑在出版社排好版面后，几经编辑和文章作者认真校改，中间还经历了个别文章的替换调整等事，可谓"好事多磨"。希望今后本集刊从征稿到最终出版诸环节，能够"一帆风顺"！

赵晓涛

2021年9月

目　录
CONTENTS

史料发掘

历史群体

文字考释

文献天地

《明代黎贞著作考》补遗

区小健*

中国人民银行江门市中心支行，广东江门，529100

摘　要：作者通过发掘利用江门市新会区都会村《黎氏宗谱》和《乡贤区西屏集》《秫坡黎先生文集》等材料，认为《秫坡黎先生文集》应存在过嘉靖二十九年刻本，是为黎贞文集最早刻本，并且极有可能由区越编校，只是年久佚失。

关键词：黎贞；著作；《黎氏宗谱》；区越

汤志波、马昕怡撰写的《明代黎贞著作考》一文①，提到的黎贞文集各个时期的版本，笔者除在文友陈飘石处见到其收藏的清光绪元年（1875）刻本外，其余均未能目验。本文将就黎贞、黎质等人与区越（字文广，号西屏）的关系，对是否有明嘉靖二十九年（1550）刻本等问题作出探讨。

据新会都会村《黎氏宗谱》"黎贞家传"记载：

> 黎贞，字彦晦，号秫坡，别号陶陶生。配广州河南蒙御史女，生子二人，长讳复，次讳巽；女二人，长适潘村邝平林，移居香山县斗门里，次适潭江阮竹庄。又娶小冈梁氏，生子二人，三讳贲，四讳颐。翁生于元顺帝至正十三年癸巳十月十三日寅时。至明国初时，年十六补郡庠廪生。洪武八年，以明经荐至京师，部史促令考试，不就，淡然整装，赋诗出郭。翰林馆阁诸公以国初

---

* 区小健（1962—　），男，汉族，广东新会人。原中国人民银行江门市中心支行经济师。

① 汤志波、马昕怡：《明代黎贞著作考》，《马来西亚汉学刊》2019年第三期"近世文化专题"。

礼文草创，留居京邸商酌。越两月，赠诗南还，状元朱善备撰文以送之。部史者以翁有学行，授邑庠司训。志不乐仕，退筑钓台，自拟严光。所著有《古今一览》《汉元史断》《家礼举要》《二十四孝》，诗词文集俱行于世，其他有诗文①《言行录》《皇明传信录》及《文翰汇选大成》《岭南声诗鼓吹》，郡志、邑志皆有纪焉。享年五十有九，卒于永乐九年十月十四日。门人梁继灏、萧嘉祐、邓士齐、谢俊等撰文致祭。次年，卜葬于圭峰左麓，土名大片田。嘉靖癸巳，郡人泰泉黄佐闻于督学田讳汝诚，表于孝友，通志、郡志、邑志见人物传焉。郡、邑乡贤两祠皆与崇祀，至康熙二十三年甲子，广州府修复乡贤祠，翁于是年七月廿七日入祀。

据《广州大典》所收《乡贤区西屏集》卷八中颁布于嘉靖元年（1522）十月十一日的《制诰》记载："户部湖广清吏司署郎中事员外郎区越妻封安人黎氏，系出名宗，嫔于儒族。"区越妻黎氏，是黎贞（八世）的五世裔孙女（十二世），据新会都会村《黎氏宗谱》记载其世系为：黎贞（八世）——长子复（九世）——长子聪（十世）——三子巢（十一世）——女（排行第三）黎氏。黎质，字尚彬，又字秀全，号漱泉，其世系为：黎贞（八世）——三子贲（九世）——长子清（十世）——长子瑞（十一世）——长子应祖（十二世）——长子黎质（十三世），为通族十三世孙，是区越妻黎氏的堂侄。黎善积，字一富，号潮气，其世系为：黎贞（八世）——长子复（九世）——长子聪（十世）——三子巢（十一世）——继子壮（十二世，由族中同一宗支万畅户长房从外村回都会村继嗣）——嫡长子善积（十三世），亦为通族十三世孙，是区越妻黎氏的侄子。

《广州大典》所收之《乡贤区西屏集》卷端题署："粤南新会区越文广著，闽东兴化余一鹏天池校，莆田周鲲章岩编。"其最早版本为区越之哲嗣区元晋（字惟康，号见泉）付梓于明嘉靖四十四年（1565）者。《乡贤区西屏集》卷六首篇为《秋坡黎先生文集序》，此文与清道光二十一年（1841）刻本《新会县志》卷一一《艺文志》收录的《秋坡诗稿》区越序内容有差异，而清道光二十一年（1841）刻本《新会县志》所收录者与清

---

① 按："诗文"二字疑衍。

光绪元年（1875）刻本《重刻秫坡黎先生文集》区越序内容一致。

按《广州大典》所收《乡贤区西屏集》卷六《秫坡黎先生文集序》与清光绪元年（1875）刻本《重刻秫坡黎先生文集》区越序的不同处在于：1.《乡贤区西屏集》卷六序作"予少而从游白沙"，《秫坡黎先生文集》区越序作"予少犹接见白沙先生"；2.《重刻秫坡黎先生文集》区越序在白沙、秫坡均后缀"先生"二字；3.《乡贤区西屏集》卷六序作"秫坡适当晨光熹微之初，旁照犹难；白沙则处阳明正中之候，天下幽隐一洞之而无外也"，《重刻秫坡黎先生文集》区越序作"秫坡先生当晨光之初，八极苍凉；白沙先生则处正中之候，四表光被，景色虽殊，其为太阳别一也"；4.《乡贤区西屏集》卷六序作"寻因公之裔孙质访求收录"，《重刻秫坡黎先生文集》区越序作"寻因公之裔孙善积访求收录"。根据两者的差异，前三处差异对文义影响不大，但根据区越的写作习惯和文风，《乡贤区西屏集》所收者，表达更加贴近区越的行文风格。而关键在第四处差异，这是本文要探讨的重点。

一、区越的序文撰于明嘉靖二十九年（1550），是时区越在新会地方非常有影响力，也是新会当时致仕的官员中官阶最高者，又与黎质、黎善积二人有亲戚关系。

二、区越与黎质有交往。区越哲嗣区元晋由明嘉靖四年（1525）乡荐后，一直陪侍身在官场的区越游走各地。区元晋《区奉政遗稿》卷六有《题黎漱泉号和念谷高大尹韵》七绝二首，诗题中"黎漱泉"就是黎质（号漱泉）。此二首诗写于明嘉靖二十五年（1546）以后，其时黎质居住在新会邑城东门且邻近区越致仕后的迁居地——方岳里（区越妻黎氏此时已去世），可佐证区氏父子与黎质关系较为密切。

三、黎质和黎善积是堂兄弟关系。黎质（十三世）是黎贞三子黎贲的直系后裔，数代人一直生活在出生地新会都会村，其父黎应祖与区越妻黎氏一起生活的时间较长，因此黎质与区越妻黎氏相对来讲较为熟悉；黎质于明嘉靖四十三年（1564）甲子初秋曾复修《黎氏宗谱》，结合上述区越与黎质二人的交游，可见黎质当时是新会地方一个十分活跃的人物，也是新会都会村黎氏宗亲中的重要人物。反观都会村《黎氏宗谱》，对黎善积并无特别记载，仅记载其为回继子黎壮的长子。黎善积的身份较为特殊，根据都会村《黎氏宗谱》可知其世系来历：黎氏家族万畅户长房至黎爱（七世）时，黎爱无子，便在万畅户次房中选黎焕（八世，黎贞的三弟）入继为子；黎焕无子，将黎琛（八世，黎贞的四弟）的次子黎豫（九世）入继为子；黎豫无子，又在万畅户次房中选黎惠（十世，黎贞长子黎复的次子）入继为子。黎惠的长子为黎旻（十一世），黎旻的次子为黎壮（十二世），黎壮从万畅户长房回继次房的黎巢（十一世，黎贞嫡孙黎聪的三子），黎善积（十三世）是黎壮的长子。因此按照古代宗法制度，黎善积的身份既是都会村万畅户长房的宗子，又是黎贞宗支的宗嫡。黎壮回继时极有可能是壮年甚至老年，黎善积随父回继时已是中年人。《乡贤区西屏集》《区奉政遗稿》都出现过黎质其人，黎善积则没有出现过，由此可以推断黎质、黎善积二人与区越关系的亲疏。

四、据新会都会村《黎氏宗谱》记载："黎巢，字伯高，号爱梅，别号遁叟，配汉塘钟氏，无子，长房乐圃翁次子讳壮回继。女四人：长适东门林，次适卖油巷吴，三适潮连区参政讳越，迁居东门，四适会城罗。翁姒合葬松山嘴，石坟，参政赠。"由此推断，黎巢去世时，回继子黎壮此时继嗣不久，经济能力有限，故黎巢墓葬之石坟[①]由其三女婿区越赠葬亦在情理之中。

五、清光绪元年（1875）刻本《重刻秫坡黎先生文集》卷一卷端题署"新会县知县后学袁奎编次""新会县儒学教谕萧端升""儒学训导马堪全校"。（见图1）〔按：袁奎于明万历八年（1580）至万历十五年（1587）任新会县知县，萧端升于明万历八年至万历十三年（1585）任新会县儒学教谕，马堪于明万历十年（1582）至万历十三年任新会县儒学训导。〕

六、清光绪元年（1875）刻本《重刻秫坡黎先生文集》区越序文，是区越"裔孙区澄清敬述书"，这一"敬述书"很明显是以万历刻本为底本或据后来某次重刻的版本所誊，所以就出现其序文与《乡贤区西屏集》所收录的文章内容存有差异这一情况。

此外，以下几点情况还需加以考虑：

一、据《四库全书总目提要》卷一七五《秫坡诗稿》著录："《明

---

① 按：石坟是指用一整块红砂岩石雕成棺材形状的墓，是明朝时期在新会地区较高级的墓葬，至今还能看到此类型的墓葬文物。

图1 天津图书馆藏清光绪元年（1875）刻本卷首

图2 天津图书馆藏清光绪元年（1875）刻本卷首跋

史·文苑传》附见《孙蕡传》中。是集初刻于嘉靖庚戌，岁久散佚。"①

二、明嘉靖二十九年（1550），区越年届八十三岁，此时黎质来请他作序，当时理应有非常迫切的作序需要，而不会拿到区越作的序文后一直搁置三十多年，等到明万历十年至十三年间才刻印。

三、区越与其妻黎氏同庚，区元晋与黎质、黎善积二人年龄相仿，万历二年（1574）区元晋去世时已有七十三岁。再从黎氏宗谱的排列状况来看，在嘉靖二十九年（1550）黎质、黎善积二人亦应有五十岁左右。若到万历十一年（1583）时才刻印《秫坡黎先生文集》，其时黎质与黎善积俱为年近八十岁的耄耋老人，似不太合情理。《黎氏宗谱》记载黎善积寿一百岁。据清道光《新会县志》卷一一《耆寿志》："黎积善（按：应为善积），都会人，性端方，遵祖贞遗训，《秫坡诗集》散佚，捐资校梓，年一百岁，邑令额曰：百龄善士。"然查各时期《新会县志》之《耆老志》，均未能查到黎质、黎善积二人的记载，故黎质极有可能在万历十一年（1583）已故，年寿应不到八十岁。

四、据新会都会村《黎氏宗谱》记载，区越妻黎氏的父亲黎巢墓葬为"石坟，参政赠"。

五、清光绪元年（1875）刻本《重刻秫坡黎先生文集》卷末黎翼之跋曰："翁生平著述甚富，日久每多散佚。同里名乡贤区西屏先生曾为编辑授梓，序而传之。"

综上分析，笔者更倾向于认为《秫坡黎先生文集》应有明嘉靖二十九年（1550）刻本，是为黎贞文集最早刻本，并且极有可能是由区越亲自编校，只不过日久佚失。关于嘉靖二十九年（1550）刻本的刻印者，笔者有以下几种推断：

一、黎质出全资刻印《秫坡黎先生文集》。

二、区越部分资助黎质刻印《秫坡黎先生文集》。

三、区越全资刻印《秫坡黎先生文集》。

据新会都会村《黎氏宗谱》记载，在黎氏家族繁衍至第十一世时，家族内部发生了一件重大事件，"原日尝业四房合祭，后因三房璋之子孙迫

---

① 按：汤志波、马昕怡《明代黎贞著作考》对此刻年有讨论，可参。另按：《明史》卷二八五《文苑一·孙蕡传》附见黎贞小记，并未提及黎贞文集。

卖尝业四分之一，仅存为长、二、四房之名下尝业。三房璋之子孙永不与分，身虽为翁之所出，而翁永不享其祭，而为祠外之子孙。"〔按：黎璋（十世）是黎贞四弟黎琛（八世）三子黎节（九世）的三子。〕黎璋的子孙闹分家，将祖尝的四分之一变卖，极大地削弱了黎氏家族的经济实力。由于黎璋的子孙被逐出黎氏家族，原本人丁就不够兴旺的家族，成员更加显少，加上黎贞长房至十一世无男丁，因此更有理由相信《秫坡黎先生文集》明嘉靖二十九年（1550）刻本是区越亲自编校并出资刻印的。但这个刻本所收录的诗文数量不多，黎氏家族的其他子孙后在坊间陆续找寻到更多的遗稿，补入《文集》，并于明万历十一年（1583）重新编次刻印。

根据汤志波先生目验的《秫坡黎先生文集》几种刻本考述，特别是从清光绪元年（1875）刻本《重刻秫坡黎先生文集》卷端题署"（明）六世裔孙善积一富甫订镌"来看，笔者认为万历年间刻本存在以下两种可能性：

一、黎善积在世时，将陆续收集整理的黎贞遗稿补入《秫坡黎先生文集》并出资订镌。

二、黎善积收集整理《秫坡黎先生文集》，其在世时或去世后，后裔子孙用黎贞的尝资刻印，由于黎善积的身份是宗子，尽管有可能不是其个人出资，但以其名义刻印，在古代也是顺理成章。

此外，清光绪元年（1875）刻本《重刻秫坡黎先生文集》卷一卷端题署："清后学支孙翼之鹏客甫重订，裔孙元振、元甲、三锡、上锡、耀锡、嵩锡、文超、学文仝校。"黎翼之，据清康熙二十九年（1690）刻本《新会县志》卷七《选举志》顺治十八年（1661）辛丑科马世俊进士榜下记载："黎翼之，中乐南涌人，不仕。"据新会都会村《黎氏宗谱》记载，黎翼之是另一同宗而不同分支的黎氏后裔，故此题署用"后学支孙"亦合乎古人的自我称谓和书写规范，其家族资料暂未查到。黎氏裔孙元振等人，可在新会都会村《黎氏宗谱》中查到，元振、元甲是兄弟关系，是黎氏通族十七世，三锡、耀锡、嵩锡、上锡是黎氏通族十八世，文超是黎氏通族十九世，学文是黎氏通族二十世。元振与耀锡、嵩锡是父子关系，元甲与三锡是父子关系，上锡是元甲兄长元操之长子、元振之堂侄子，文超是元振次子申锡之子，学文是三锡长子耀的次子。

清光绪元年（1875）刻本《重刻秫坡黎先生文集》卷一卷端还题署："廿一世侄孙华玉瑞石重订镌。"（黎）华玉瑞石，名讳献琳，字华玉，号瑞石。黎献琳之父黎士乐,字章融,号观桥,一号雪山,附贡生,候选训导,例授儒林郎,叠赠徵仕郎,为黎贞兄弟的后裔。由于新会都会村《黎氏宗谱》只记录到黎氏第二十一世,因此清光绪元年(1875)刻本《重刻秫坡黎先生文集》卷一卷端题署"廿三世裔孙应春、和宣仝校"中的应春、和宣二人资料暂未查到。

作者通信地址:广东省江门市新会区会城侨兴北路16号1座202房,邮编:529100

责任编辑:赵晓涛

光绪重抄本《诚征录》的发现与文献价值[*]

光绪重抄本《诚征录》的发现与文献价值[*]

李 俊[**]

广州城市职业学院，广东广州，510405

摘 要： 南海沙滘村何氏宗祠发现的清光绪二十八年（1902）何沅重抄本《诚征录》，是记录明代御史何维柏因言下狱的重要史料，最早见载于明万历年间郭棐所撰《粤大记》，此后失传。该重抄本的祖本为宗祠聚顺堂藏明闽刻本，收《古林何公建言日记》《台谏逸事》《苍蝇传》《惠德编》《八闽歌谣》五种，另有残存"原叙"及"救荒策"数语，共一万八千余言，为传世孤本。《古林何公建言日记》等又完整保存了何维柏上疏之前、候旨发落、被挈至京、下狱遭刑及削籍还乡的全过程，为研究明代诏狱史及士人心态史补充了珍贵的史料。

关键词： 何维柏；《诚征录》；诏狱；文献价值；士人心态

《诚征录》是对明代福建巡按御史何维柏于明嘉靖二十四年（1545）因上书弹劾严嵩被逮下狱过程的记录，最早见载于明万历年间郭棐撰《粤大记·何维柏传》，"民间矢为歌谣数十百章，有《诚征录》以传"[①]，后失传。2008年因沙滘村重修何氏宗祠，在何氏后人捐出的清光绪重抄本中，发现的《诚征录》一卷，为进一步了解明代的诏狱制度与何维柏的下狱细节，提供了珍贵的史料。

---

* 本文为广东省教育厅2018年度青年创新人才项目（人文社科）立项课题"20世纪上半叶的学者藏书与俗文学研究"（项目号：2018GWQNCX077）前期成果之一。

** 李俊（1983— ），女，湖南邵阳人。广州城市职业学院国学院讲师，博士。

① （明）郭棐撰，黄国声、邓贵忠点校：《粤大记》，广东人民出版社，2014年，第395页。

一 《诚征录》的著录、撰者与流传

何维柏（1511—1587），字乔仲，号古林，南海沙滘人，明嘉靖十四年（1535）进士，嘉靖二十三年（1544）以御史巡按福建，次年在闽驰疏奏严嵩五罪。世宗震怒，将其逮至京师，下诏入狱，廷杖后削籍放还。后于明隆庆元年（1567）还朝，升大理寺左少卿，次年丁母忧，去官。明万历元年（1573）还朝，后因"夺情"忤怒张居正被停俸三月，出为南京礼部尚书，旋致仕归，卒于万历十五年（1587）。著有《易义》《礼经说》《太极图解》《天山草堂存稿》，编有《陈子言行录》等。今除《天山草堂存稿》尚存六卷外，余皆不传。

（一）《诚征录》的著录

郭棐所撰《粤大记·何维柏传》（下称"郭传"）记载：

> 何维柏，字乔仲，其先祖平，自南雄珠玑巷卜居南海沙滘。……寻出按闽……时分宜窃柄误国，摧陷言官，公首疏其奸，比之李林甫、卢杞。上震怒，诏逮。官校至，公即受系，神色自若，赋诗有"孤臣倘有生还日，圣德真同宇宙宽"之句。所过士庶遮留动以万计，缇骑持之急，诸生大哭，公徐徐拱手谢曰："此予虑定而后发，人臣之义，自当如是，生何哭为？"民间矢为歌谣数十百章，有《诚征录》以传。既至，奉廷杖，仅存余息，备极拷掠，语不变。下狱，与杨斛山、周纳溪、刘晴川三公聚首甚惬。上一日于宫中扶鸾，问养身治国之要，神对以"养身莫要于寡欲，治国莫先于惜才"。上默悟，乃削籍归。①

郭传叙《诚征录》的缘起，乃何维柏因弹劾严嵩被逮下狱时，闽地士庶号哭遮留以至矢为歌谣，内容即民间歌谣"数十百章"，未详著者与卷次。《粤大记》撰者郭棐（1529—1605），字笃周，号梦兰，广东南海人，明嘉靖四十一年（1562）进士。其《粤大记》撰于万历五年（1577）至

---

① （明）郭棐撰，黄国声、邓贵忠点校：《粤大记》，广东人民出版社，2014年，第394—395页。

二十七年（1599），初撰之时何维柏尚在世，修成之日，亦距其离世不久。因此该传所载较为可靠，成为后来地方志中何维柏传的重要依据。然关于《诚征录》的记载，除郭传及明确引用郭传的《［道光］广东通志》外，仅见于《［嘉庆］三水县志》（详见表1）：

表1　　　　　　　　　　史传所载"何维柏传"内容比较

出　处	《何维柏传》"疏劾严嵩"内容摘录
《明史》卷二一〇	（嘉靖）二十四年五月疏劾大学士严嵩奸贪罪，比之李林甫、卢杞。且言嵩进顾可学、盛端明修合方药，邪媚要宠。帝震怒，遣官逮治。士民遮道号哭，维柏意气自如。下诏狱，廷杖，除名。
《粤大记》卷一四	寻出按闽，值岁大祲，福与漳、泉为甚。公条救荒十余策，发仓廪余羡，亲率郡邑长吏分行之，民赖全活者数十万。时分宜窃柄误国，摧陷言官，公首疏其奸，比之李林甫、卢杞。上震怒，诏逮。官校至，公即受系，神色自若，赋诗有"孤臣倘有生还日，圣德真同宇宙宽"之句。所过士庶遮留以万计，缇骑持之急，诸生大哭，公徐徐拱手谢曰："此予虑定而后发，人臣之义，自当如是，生何哭为？"民间矢为歌谣数十百章，有《诚征录》以传。既至，奉廷杖，仅存余息，备极拷掠，语不变。下狱，与杨斛山、周讷溪、刘晴川三公聚首甚惬。上一日于宫中扶鸾，问养身治国之要，神对以"养身莫要于寡欲，治国莫先于惜才"。上默悟，乃削籍归。
《［崇祯］南海县志》卷十	复补御史，出按八闽，值岁大祲，多所赈恤，存活以数十万计。因条《救荒十策》，著为令。是时，少师严嵩颛柄。维柏首发其罪，比之李林甫、卢杞。上震怒，遣官逮，凡所过，士庶遮道攀留。缇骑持之益急，诸生大哭。维柏谢曰："此予虑定而后发，人臣之义，自当如是，何哭为？"逮至，几死杖下，竟削籍归。
《［乾隆］广州府志》卷三三	出按八闽，值岁大祲，福与漳、泉四郡为甚。下车辄发仓廪赈恤，所存活者数十万人。因条《救荒策》，著为令。是时，严嵩专柄。维柏驰奏五事，极论嵩罪，至比之李林甫、卢杞。起草时大鸦百十噪于亭翼，晨复集。一啄砚池，二立公座。公祝曰："柏志已定，纵啄吾目，当亦不止。"疏上，世庙震怒，诏逮之，省城内外老幼男妇，罔不激切奔泣。维柏笼灯作家书及友札云："事临就缚，方寸定静，学易以行，素乎患难，无所悔。尤生平学问，至此（颇）觉得力。"所过，士庶遮道万计。缇骑持之益急，诸生大哭。维柏拱手谢曰："此去虑定后发，人臣之义，自当如是，生何哭为？"至京，下锦衣狱，法司承嵩风旨，拷掠备至，逼供给事中尹子相、御史桂子荣同党，维柏终不变，发镇抚司行杖得活，既归。

续表

出　处	《何维柏传》"疏劾严嵩"内容摘录
《［嘉庆］三水县志》卷一一	出按八闽，值岁大祲，福与漳、泉四郡为甚。下车辄发仓廪，多所赈恤，所存活者数十万人。因条《救荒策》著为令，是时，少师严嵩专柄，维柏驰疏奏五事，极论嵩罪，至比之李林甫、卢杞。起草时大鸦百十噪于亭翼，晨复集。一啄砚池，二立公座。公祝曰："柏志已定，纵啄吾目，当亦不止。"疏上，世庙震怒，诏逮之。省城内外，无老幼男妇，罔不激切奔泣。公笼灯作家书及友札云"临事就缚，方寸定静，学易以行，素乎患难，无所悔。尤生平学问，至此颇觉得力"云云。所过，士庶遮道万计，缇骑持之益急。诸生大哭。维柏拱手谢曰："此予虑定后发，人臣之义，自当如是。生何哭为？"闽中矢为歌谣数十百章，录其一二云云："三水凤，参天柏，穷谷深山被恩泽，官谷重重赈饥，奸弊时时痛革。今去，民心恻，报答无由控诉天。但愿天心眷忠益。""六月天，降严霜，一柏森然独挺。眼见严霜嵩裂，这柏依然坚劲。好庙堂，栋梁把乾坤重整。"柏至京，下锦衣狱，法司承嵩风旨，拷掠备至，逼供尹都谏子相、桂侍御子荣同党。柏终不变，会世庙意宽之。侯相揣知，上旨亦密揭，为解恩发镇抚司行杖得活。方柏在闽赴逮及至京就讯也，每月绿色小蝇数百从之，一时咸诧其异。<u>故有《诚征录》以传</u>。
《［道光］广东通志》卷二七九	久之，起巡按福建（《明史》），值岁大祲，福与漳、泉为甚，条《救荒十余策》，发仓廪余羡，亲率郡邑长吏分行之，民赖全活者数十万。（《福建通志》）二十四年乙巳五月，疏劾大学士严嵩奸贪罪，比之李林甫、卢杞，且言嵩进顾可学、盛端明修合方药，邪媚要宠。帝震怒，遣官逮治。士民遮道号哭，维柏意气自如。（《明史》）赋"孤臣尚有生还日，圣德真同宇宙宽"之句，<u>民间矢为歌谣数十百章，有《诚征录》以传</u>。（《粤大记》）下诏狱廷杖。（《明史》）仅存余息，备极拷掠，语不变。下狱与杨斛山、周讷溪、刘晴川三人聚首甚惬。上一日于宫中扶鸾，判曰"养身莫要于寡欲，治国莫先于惜才"。上默悟，维柏乃削籍。（《粤大记》）
《［道光］粤东名儒言行录》卷一七	久之，起巡按福建，值岁大祲，福与漳、泉为甚，条《救荒十余策》，发仓廪余羡，亲率郡邑长吏分行之，民赖全活者数十万。二十四年乙巳五月，疏劾大学士严嵩奸贪罪，比之李林甫、卢杞，且言嵩进顾可学、盛端明修合方药，邪媚要宠。帝震怒，遣官逮治。士民遮道号哭，维柏意气自如，赋"孤臣尚有生还日，帝德真同宇宙宽"之句，<u>民间矢为歌谣数十百章，有《诚征录》以传</u>。下诏狱，廷杖，仅存余息，备极拷掠，语不变。下狱，与杨斛山、周讷溪、刘晴川三人聚首，甚惬。上一日于宫中扶鸾，问曰："养身莫要于寡欲，治国莫先于惜才。"上默悟，维柏乃削籍。
《［同治］番禺县志》卷三三	久之，起巡按福建。值岁大祲，福与漳、泉为甚，条《救荒十余策》，发仓廪余羡，亲率郡邑长吏分行之，民赖全活者数十万。二十四年乙巳五月，疏劾大学士严嵩。帝震怒，遣官逮治下诏狱。廷杖，仅存余息，乃削籍。

"疏劾严嵩"是何维柏一生中最集中表现其忠耿天性的事件,《明史·何维柏传》虽未如《粤大记》记载详细,然述"士民遮道号哭,维柏意气自如"与郭传"公即受系,神色自若"之意同,但未提及《诚征录》。从表1的摘录内容可见,各传虽记载了该事件,过程却有详有略——略者不到百字,详至近五百字。其中《[乾隆]广州府志》与《[嘉庆]三水县志》文字几近相同,但与郭传已有明显出入。郭传中描述的维柏赋诗细节及民间传《诚征录》,《[崇祯]南海县志》和《[乾隆]广州府志》两志均未采用。至道光间修《广东通志》,详细注出了材料出处,综合了《明史》《福建通志》及《粤大记》的史料记载,对《粤大记》所载维柏下狱的细节也一并采用,然内容均未出《粤大记》所言范畴。

值得注意的是嘉庆年间修的《三水县志》,用了近五百字来细述何维柏此次因言下狱的过程:诸如起草奏疏时的"大鸦百十噪于亭翼","一啄砚池,二立公座",收到诏逮旨意时"笼灯作家书及友札",在闽赴逮时"绿色小蝇数百从之",及下锦衣狱后"逼供尹都谏子相、桂侍御子荣同党"等细节,宛如亲历,其记载详细为各志所无。惜未详注出处,不知所本。

(二)《诚征录》的撰者与流传

郭棐《粤大记·何维柏传》只言《诚征录》的内容为"民间矢为歌谣数十百章",未详撰者,然可知并非何维柏本人所撰。何维柏本人著作《天山草堂集》,至清初已是稀见。郭传同时列出的何维柏著作共四部:《易义》《礼经说》《太极图解》《天山草堂存稿》,另编记录陈白沙言行的《陈子言行录》,表1各志均同,书名稍有出入,《易义》,有名为《易学义》者。考何维柏著作及著录情况,《[崇祯]南海县志》卷一二"书目"部分,著录有《易学义》《礼经辨》《陈子言行录》《天山存稿》,均未详卷次,《太极图解》则未见①。万历年间焦竑编成的《国史经籍志》卷五,只著录了何维柏《天山堂稿》二十卷②。此外,《天山草堂存稿》(或称《天山存稿》《天山堂稿》《天山堂集》)亦见于《千顷堂书目》《明史·艺文志》及《徐氏家藏书目》等。

① (明)朱光熙修,(明)庞景忠、麦懋藻纂:《南海县志》卷一二,陈建华、曹淳亮主编:《广州大典》第272册,广州出版社,2015年,第353页。
② (明)焦竑撰:《国史经籍志》卷五,商务印书馆,1939年,第285页。

与《天山草堂存稿》偶见著录不同,《诚征录》除《粤大记》及《[嘉庆]三水县志》《[道光]广东通志》提及外,未见公私藏书目录著录。对比《粤大记》与《[嘉庆]三水县志》所载,结合目前南海沙滘村何氏宗祠发现的光绪重抄本《诚征录》,《[嘉庆]三水县志》中描述的何维柏被逮下狱细节,均见于光绪重抄本《诚征录》。因此,《[嘉庆]三水县志·何维柏传》的撰者,很有可能见过《诚征录》,并将之择要录入了《何维柏传》。

光绪重抄本《诚征录》卷首保留了一段残缺的原叙,叙称:"邑之致政陈君良节,素受知先生,存歌谣甚详,为之次其先后。而大司徒钟阳马公、大参藩前内翰云竹王公,又从而序之……因录以传,将俾后之师先生者,皆得取证于是。"①可知《诚征录》由福建当地故老陈良节辑录。陈良节其人,史料未见记载,考《天山草堂存稿》卷首,门人杨烈撰《刻天山集小引》曾提及"闽陈子良节辈",与"郑、冼诸子暨歙吴子正理",一起请求何维柏将门下弟子汇裒而成的《天山集》"校而梓之,用以兴乎四方"②。可知陈良节为福建人,与何维柏同时,倾慕其为人,并促成《天山集》在闽刻印。

二 《诚征录》光绪重抄本的发现及内容

(一)《诚征录》光绪重抄本的发现

2008年,《佛山日报》以《尚书手写卷 四代"传家宝"》为题,报道了南海丹灶镇沙滘村新修何氏宗祠时,村民何正昌先生将家藏的《天山草堂存稿》等6册手抄本入藏宗祠③,报道配有《天山草堂存稿》《北行日记》《诚征录》等手抄本题名图片。虽然报道多有错漏,但这是继徐信符1943年在顺德乡中发现《天山草堂存稿》清初旧抄本后④,何维柏著作存世的首次披露。徐本已入藏广东省立中山图书馆,后收入《广州大典》第五十六

---

① 《诚征录》卷首原叙,沙滘何氏宗祠光绪重抄本,自编第8页。
② (明)杨烈著:《刻天山集小引》,(明)何维柏撰:《天山草堂存稿》,陈建华、曹淳亮主编:《广州大典》第426册,广州出版社,2015年,第408页。
③ 麦凤庄:《尚书手写卷 四代"传家宝"》,《佛山日报》2008年10月25日。
④ 徐信符:《天山草堂存稿卷首题识》,(明)何维柏撰:《天山草堂存稿》,陈建华、曹淳亮主编:《广州大典》第426册,广州出版社,2015年,第399—400页。

辑。由于何维柏的研究者数量稀少，该报道未引起学者重视。2017年，同为丹灶人的吴劲雄博士在访问何氏宗祠后，对抄本进行了初步研究。其比较了《广州大典》所收徐信符旧藏本后，发表了《新见何维柏著作清抄本三种》，从著作的流传、与徐本的比较、何沅重抄本的价值等角度介绍了新发现的三种何维柏著作抄本的文献价值，其中论《诚征录》曰：

> 《诚征录》所录内容，一部分是何维柏所作的奏疏和日记……一部分是时人为何维柏而写的事迹和歌谣……该抄本是何沅抄于光绪二十八年壬寅，用"双门底下全昌"红边稿纸，每面九行，行二十字，无虫蛀。……《诚征录》虽然在现存书目中不见著录，但是民间确实有其流传渊源。……《诚征录》的最初抄写者应该就是何锡祥。后经何岳南、何湛泉之手，这本抄本才传到何沅手上。[①]

吴文稍有误解，除引录《救荒策》奏疏为何维柏所撰外，《古林何公建言日记》并非何维柏本人所撰。由于该文着重介绍的是《天山草堂存稿》何沅重抄本的文献价值，对《诚征录》着墨不多。

（二）重抄本的抄者及内容

《诚征录》光绪重抄本的扉页，署有"光绪二十八年，何沅重钞"字样，可知重抄者为何氏后人何沅。据同时发现的《天山草堂存稿》重抄本案语及何沅自撰《北行日记》可约略得知：何沅，字梦兰，号知困斋，当为沙滘何氏第十九世孙，因其案语中称编刻《天山草堂诗存》的何锡祥为"锡祥伯"[②]。考何氏宗祠现存族谱《聚顺堂世德录》，何锡祥，名若荣，字锡祥，号杏樵，又号慕桓，为沙滘何氏第十八世孙。由于现存《聚顺堂世德录》至第十九世而止，除从《北行日记》略知何沅曾于光绪十四年（1888）奉母命赴京应试，且与同乡康有为同行并落第而归外，其生卒年、行止不详。

《诚征录》一卷，卷首有重抄者何沅题词及《重钞诚征录序》，收有《古林何公建言日记》《台谏逸事》《苍蝇传》《惠德编》《八闽歌谣》五种，

① 吴劲雄：《新见何维柏著作清抄本三种》，《图书馆论坛》2017年第8期，第132—133页。
② （明）何维柏撰：《天山草堂存稿》卷首，沙滘何氏宗祠藏光绪二十八年（1902）何沅重抄本。

另有残存"原叙"及"救荒策"数语，共一万八千余言。（详见图1）其中残缺"原叙"提及编者闽人陈良节及序者马钟阳和王云竹。《古林何公建言日记》篇幅最长，以第三人称"公"记何维柏自嘉靖二十四年（1545）正月十三日至十月十八日的日程与言行，不著撰人。《台谏逸事》七百余言，仙居林应骐撰，叙何维柏被逮下狱后，以神乩批语打动世宗得以从轻发落，杖责还籍之逸事。《苍蝇传》亦七百余言，高明罗一中撰，记何维柏得旨下狱时绿蝇绕道以兆"天眷忠良"之传说。《惠德编》也七百余言，署门生罗钦顺撰，叙维柏削职还籍后访粤，闽人感戴维柏治理之恩，以记其得民心之深。《八闽歌谣》分为"谣""歌""行""诗"四类，均为悲叹何维柏因言下狱事，不著撰人。

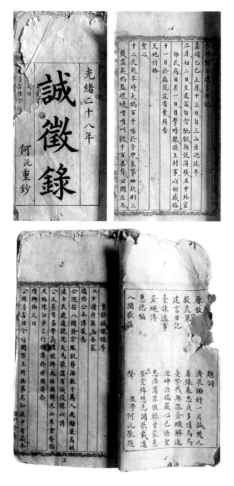

图1　沙湾何氏宗祠藏清光绪二十八年（1902）何沅重抄本《诚徵录》

三 《诚征录》的文献价值

（一）《诚征录》重抄本的版本价值

何沉《重钞诚征录序》称："（古林）公所著书目，今坊间架上所无，第不知族中有藏本否耳？"岂止久未见著录的《诚征录》，何维柏所有著作，至清初已不易得。其《天山草堂存稿》原应二十卷，《国史经籍志》《千顷堂书目》《明史·艺文志》及徐㪳《徐氏家藏书目》均著录二十卷，可见最早在闽汇刻行世时，当为二十卷。然至清初修《四库全书》，已只存八卷"文六卷，诗二卷"①，与《［道光］广东通志·艺文略》同②。此后清人书志目录，未再见著录。民国时期广东藏书家徐信符搜藏广东文献遗著数十年，均无此书。"当日欲求天山草堂遗稿，渺不可得。考顺德罗学鹏刊《广东文献》凡三集，独无《天山存稿》。粤中藏书家如巴陵方氏碧琳琅馆、南海孔氏岳雪楼，皆无何端恪公遗著著录。"③故徐信符购得顺德温氏宗祠散出的《天山草堂存稿》抄本六卷时，立即手书"南州书楼藏，认真孤本"于卷首，以示其得书之喜。

何沉重抄本的祖本，乃何氏第十八世孙何若荣（锡祥）所重抄，何若荣抄本今已不存。何若荣即前述于咸丰二年（1852）编《天山草堂诗存》付梓者，何氏第十八世孙。同时发现的何沉重抄本《天山草堂诗存》卷首，还保存有何若荣《天山草堂诗存序》：

> 大宗伯讳维柏……前后著有《太极图解》《易学义》《礼经辨》《陈白沙言行录》《天山草堂存集》行于世。百余年间，板刻蚀剥，片纸寸笺，莫由考核。辛亥春与诸父及昆弟论及天山草堂遗文，鲜有存者。予情不自已，多方搜采，冀复睹其全书。而除

---

① （清）永瑢等撰：《四库全书总目》卷一七七，中华书局，2003年，第1590页。
② （清）阮元修，（清）陈昌齐等纂：《［道光］广东通志》卷一九六，广东省地方史志办公室编：《广东历代方志集成·省部1》，岭南美术出版社，2009年，第4483页。
③ 徐信符：《天山草堂存稿卷首题识》，（明）何维柏撰：《天山草堂存稿》，陈建华、曹淳亮主编：《广州大典》第426册，广州出版社，2015年，第399—400页。

《天山草堂稿》《诚征录》外，终不可得。①

由此可见，到咸丰年间，何氏宗祠尚藏有《诚征录》与《天山草堂存稿》，未详所藏者为闽刻本还是重抄本。可惜何沉重抄本《诚征录》没有何若荣重抄序，无从得知其所抄祖本是否即明万历年间闽刻本。从目前各史志的记载来看，光绪二十八年（1902）何沉重抄的《诚征录》，很可能已是世间孤本。其内容，除诗已入《天山草堂诗存》一卷外，最有价值的《古林何公建言日记》，为当世仅见。

（二）《诚征录》重抄本的史料价值

《诚征录》的重见天日，最大的价值在于完整保存了何维柏上疏弹劾至被逮下狱的全过程，为研究明代诏狱史及士人心态史提供了珍贵的史料。

《粤大记·何维柏传》载其巡按福建，"时分宜窃柄误国，摧陷言官，公首疏其奸。"分宜即严嵩（1480—1567），字惟中，号勉庵、介溪，江西分宜人。何维柏复起巡按之时，正是严嵩升任内阁首辅前后，何维柏疏奏其奸的奏疏，今可于《天山草堂存稿》卷一《献愚忠陈时务以备采择以保治安疏》（以下简称"《治安疏》"）见之。原疏条陈五事，现存八千余言：一是慎迁擢以责成功；二是禁朋比以彰公道；三是作人才以臻实用；四是黜奸邪以警臣工；五是励忧勤以修内治。其中论严嵩之奸在第四条：

> 窃惟相臣执政，与国礼同，任用匪人，则凭藉灵宠，擅作威福，植党罔上，怀奸误国，君子必被其祸，生民必罹其毒。天下治乱升降之机，全系于此。臣谨按少傅兼太子太傅、吏部尚书、谨身殿大学士严嵩，阴慝逞毒，贪鄙狼诈，滥污礼秩，久腾物议，忝窃宰执，大拂舆情。前后诸臣，白简之所攋数，皂囊之所鸣攻，既详且悉，然而尚玷元僚，未遭显斥……臣迹嵩之所为，大抵其嫉贤妒能，如李林甫；其阴害忤己者，如卢杞；其藉权宠纳贿积，如郑注；其与近习盘结，如元载；其诈悖惨毒，如史嵩

---

① 　（清）何锡祥：《天山草堂诗存序》，（明）何维柏撰：《天山草堂诗存》卷首，沙滘何氏宗祠藏光绪二十八年（1902）何沉重抄本。

之。在廷臣工有一于此，则宜亟在诛绝之科。况身兼众恶，罪浮
四凶，岂可尚居弼丞之位？①

《治安疏》将当朝内阁首辅严嵩比之李林甫、卢杞等诸凶，严嵩当即
具疏自辩。《明实录》称世宗安抚严嵩曰："尔柏虽曰劾卿，实奸欺巧诈，
以伺觇朕意，岂可中彼之计？"②随即令锦衣卫捕械来京。《诫征录》最大的
价值，就是完整保存了这一事件的全过程。

1. 记录何维柏上疏前后与被挈下狱的心态历程

《天山草堂存稿》存何维柏弹劾严嵩的奏疏，《〔嘉庆〕三水县志·艺
文志》也有摘录，但何维柏为何上书，被逮之后如何自处，士民各界如何
反应？这些对于探讨士人心态史极为重要的材料，各书皆无记载。光绪重
抄本《诫征录》所收《古林何公建言日记》则填补了这一空白。

《古林何公建言日记》一万余言，自正月十三日起，至十月十八日止，
共记录62则，有的非常简短，如"六月十一日"，仅记"未时，至水口驿，
宿"。但也有详至一千五百余字的日记，如"正月十二夜"，不仅记"大
鸦""公对"，及维柏述怀诗作，还引录了《治安疏》一段文字。最重要的
是，被逮下狱过程中何维柏的十四首述怀诗作，全赖此日记以存。

在《治安疏》里，何维柏明知奏疏会触忤权奸，"非不知言出祸随，
然于生死利害之际，筹之屡矣"。因此自剖心迹："既叨言责，兼有守官，
身立公朝，时非家食，感义循分，职在当为。鞠躬尽瘁，情难自已。"③可
谓目击时艰，生死度外。而《古林何公建言日记》则补充了很多细节：

> 十二夜起草时，大鸦百十噪于亭中。至第四款则三鼓尽矣。
> 鸦益环绕，嘈嘈叫号，千百其声。公问左右，对曰："乌鸦，昼间
> 有之，无如此之多，亦未有夜噪者。"翌晨，出拜庭下，见群鸦集

---

① （明）何维柏撰：《天山草堂存稿》卷一，陈建华、曹淳亮主编：《广州大典》第426册，广州
出版社，2015年，第423—424页。

② 《明实录·明世宗肃皇帝实录》卷二九九，抄本。

③ （明）何维柏撰：《天山草堂存稿》卷一，陈建华、曹淳亮主编：《广州大典》第426册，广州
出版社，2015年，第416页。

堂上,一啄砚池,二立公座。公祝曰:"柏志已定。"且拜告神明:"安敢有负?纵啄吾目,当亦不止。"鸦乃徘徊亭中,挥之复聚。①

维柏二月初即"欲上封事",大概是为巡按御史的年终上疏做准备。腹稿酝酿近十日,十一日白天已在局院设香拜告天地,十二日夜正式起草,时有"大鸦百十噪于亭中",意在阻止上疏。尤其"至第四款则三鼓尽矣,鸦益环绕,嘈嘈叫号,千百其声"。第四款即历数严嵩数罪之款。尽管乌鸦都前来劝阻,群集堂上叫号,并欲以"啄砚池,立公座"来示警,阻止上书,然维柏仅以"柏志已定"且"纵啄吾目,当亦不止"示已弹劾决心。

自二月十二日草成,三月十六日正式上疏之后,何维柏对左右同僚自言待罪,等候处理:"计今赍进,正在此时上陈御览。远地小臣,义当待罪……除有公事外,余并免揖,庶澄心斋宿,以俟明命。"②至六月初四得廷报随附锦衣卫校官。从何维柏的反应来看,被逮下狱已在他预料之中,故捕令到达之时,他淡定地对巡按公事做了妥当安排:

> 公即退堂,盥手遥瞻北阙,行五拜、三叩头。礼毕,拜祖宗、父母,乃更衣出。是日,三司、府县各官及乡先生、举监生员、诸民人等,入唁穿堂。各官退,即闭中二门,留东小门,侧坐穿堂,令生吏等收拾。各日见行。箱箧文卷簿籍等项,并先查收交代。文卷牒文,逐一查封。填定日子,钤印完备。及原贮衣服书籍,前后交代卷箱,通发出堂上,令府县官、三司首领、巡捕等官,公同查封。发按察司收贮。即请封印。请出敕书四道,精微批一道,印一颗,置之中堂。③

六月初六,宣旨毕,"即就缚,入旁室"。消息已公开,故"时耆老生

① 《古林何公建言日记·正月十二夜》,《诚征录》,沙滘何氏宗祠藏光绪二十八年(1902)何沅重抄本,自编第16—17页。
② 《古林何公建言日记·六月初四日》,《诚征录》,沙滘何氏宗祠藏光绪二十八年(1902)何沅重抄本,自编第26—27页。
③ 《古林何公建言日记·六月初六日》,《诚征录》,沙滘何氏宗祠藏光绪二十八年(1902)何沅重抄本,自编第28页。

员军民人等数万，号呼涕泣载道"。维柏所想，俱可从日记所录家书及与友札中见得一二：

> 六月六日奉旨挐械赴京。柏也蠢愚迂直，上无补国家之事，内徒烦父母之忧。长途桎梏，冒暑兼程，一身谴咎，实所甘心。获罪于天无所祷，自作之孽不可逭。事已至此，安适顺受，临事就缚，方寸定静，不自扰乱。强饮食，学《易》以行，素乎患难，无所悔尤，平生学问，至此颇觉得力。特念老亲在堂，忽闻贱子之报，忧闷烦蒸，恐致伤情。则柏不孝之罪，终天莫赎。惟望尊执时赐，枉顾多方，为我安慰双亲，得保无恙。则柏虽万里待罪，而忧亲一念，可幸无虞。至于恤顾我后，照拂门祚，此则丈人之谊，鄙陋之控私也。①

"平生学问，至此颇觉得力"正道尽何维柏毕生追求。被逮之时，所过沿途百姓义送，维柏仅以"不敢负朝廷，不愧所学"为对，浩然正气，至死无悔。由于拜泣相送的人过多，导致赴京行程缓慢，致使锦衣卫不得不提前出发，"福建士民，感公德泽恳切，若不早行，顷复挤塞载道矣"。②

日记除记录何维柏自剖心迹之语外，还述及路人对维柏上疏被逮一事的看法，从中可略窥明代言官风气与舆论之关系。六月十八日，锦衣卫押送何维柏一行到达浙江常山草萍驿：

> 时中站遇一士夫姓王者，问公曰："公何桎梏若此？闻昔之名士遭难者，多去此具。"公曰："此乃朝廷法也。朝廷与之冠服，则美而服之，柏今桎梏，乃朝廷之命也，敢不慎诸？"王又慰曰："公遭此一变，万一得无虞，则后来百事益可放胆为矣。"公应曰："公此言非心体也。吾人行乎患难，与富贵贫贱，境迹不同

---

① 《古林何公建言日记·六月初七日》，《诚征录》，沙滘何氏宗祠藏光绪二十八年（1902）何沅重抄本，自编第29页。
② 《古林何公建言日记·六月十四日》，《诚征录》，沙滘何氏宗祠藏光绪二十八年（1902）何沅重抄本，自编第35页。

而心则一。居易俟彼非有余。此非不足,岂有所试而后为哉?"
王感愧叹息而别。①

　　该段日记佐证了几个细节:一是被逮路上,何维柏始终戴着犯人的刑
具,故这位王姓路人见之问及"公何桎梏若此";二是当时言官因言下狱,
在舆论看来是一件很光荣的事情,"公遭此一变,万一得无虞,则后来百事
益可放胆为矣"。但维柏严正地纠正了此人说法,"吾人行乎患难,与富贵贫
贱,境迹不同而心则一",表明自己并非为博得舆论声名而弹劾当朝首辅。

2.保留嘉靖朝的诏狱实录

　　明代堪称文人下诏狱最多的一个朝代:"刑法有创之自明,不衷古制
者,廷杖、东西厂、锦衣卫、镇抚司狱是已。是数者,杀人至惨,而不丽
于法。踵而行之,至末造而极。举朝野命,一听之武夫、宦竖之手,良可
叹也。"②诏狱是古代皇帝直接掌管用以羁押、惩诫臣属之所。沈家本《历
代刑法考》认为自汉代起"凡下廷尉者并谓之诏狱"③。明代诏狱之风尤盛,
《明史·职官志》载:"锦衣卫主巡察、缉捕、理诏狱,以都督、都指挥领
之,盖特异于诸卫焉……成祖时复置(锦衣狱),寻增北镇抚司,专治诏
狱。"④又言:"锦衣卫狱者,世所称诏狱也。古者狱讼掌于司寇而已……至
汉有侍卫司狱,凡大事皆决焉。明锦衣卫狱近之,幽系惨酷,害无甚于此
者。"⑤有明一代,诏狱成为皇帝与文官集团发生冲突时运用皇权镇压言论
的私刑场所,被逮下狱者数不胜数。由于其仅以皇帝"诏命"为下狱依据,
毫无法制可言,冤狱众多。但存世的下狱细节记录,以《指海丛书》所收
署名"燕客具草"实为顾大武撰的《诏狱惨言》最为具体真实。

　　《诏狱惨言》记天启五年(1625)因反对阉党魏忠贤而下狱冤死的"六

---

① 《古林何公建言日记·六月十八日》,《诫征录》,沙溇何氏宗祠藏光绪二十八年(1902)何
　沉重抄本,自编第40—41页。
② (清)张廷玉等撰:《明史》卷九五《志第七十一·刑法三》,中华书局,1974年,第2329页。
③ (清)沈家本撰,邓经元、骈宇骞点校:《历代刑法考·狱考》,中华书局,1985年,第1167页。
④ (清)张廷玉等撰:《明史》卷七六《志第五十二·职官五》,中华书局,1974年,第1862—
　1863页。
⑤ (清)张廷玉等撰:《明史》卷九五《志第七十一·刑法三》,中华书局,1974年,第2334—
　2335页。

君子"事件，撰者顾大武为"六君子"之一顾大章之弟，亲历记载，颇为可信。"六君子"即当时已罢官的副都御史杨涟、佥都御史左光斗、给事中魏大中、御史袁化中、太仆寺少卿周朝瑞、陕西副使顾大章。《诏狱惨言》记狱中任意诬陷逼供之无耻、刑具之血腥、用刑之随意，昔日朝廷栋梁，一朝下狱，命如草芥：

> 周、袁二公俱于五月初到北司……又次日之暮，严刑拷问，诸君子虽各辩对甚正，而堂官许显纯袖中已有成案，第据之直书，具疏以进。是日诸君子各打四十棍，拶敲一百，夹杠五十。
>
> 七月初四日……诸君子俱色墨而头秃，用尺帛抹额，裳上脓血如染。
>
> 十三日……午饭后六君子到堂，显纯辞色颇厉，勒五日二限，限输银四百两，不如数与痛棍……是日各毒打三十棍，棍声动地，嗣后受杖诸君子股肉俱腐。
>
> 二十一日……杨、左俱受全刑，魏三十棍，周、顾各二十棍。显纯呼杨公之名，叱曰："尔令奴辈潜匿，不交赃银，是与旨抗也，罪当云何？"杨公举头欲辩而不能，遂俱异出。彼时诸君子俱已进狱，独杨、左投户限之外，臀血流离，伏地若死人。[①]

比之全部惨死狱中的"六君子"，早入狱八十年的何维柏算是很幸运的。《粤大记》载其得以生还的原因是嘉靖皇帝宫中扶鸾，神对以"养身莫要于寡欲，治国莫先于惜才"，故得以削籍生还。《古林何公建言日记》还原了事件的经过：七月二十日入狱，与周怡、杨爵、刘魁、尹相、张尧年、林庭㭿、桂子荣同监。其时尹相任郎中、张尧年任吏科都御史、林庭㭿任工科都给事中、桂子荣任户科都谏，此四人皆因上呈何维柏奏疏被牵连入狱。考之《明实录》，"上召锦衣卫掌卫事都指挥同知陆炳至无逸殿，责问曰：'昨有旨：何维柏逆疏，所司但将奏本入，启本当同入，乃留与其党贴抄，何耶？尔卫厂宜察发其奸，何得容隐？'炳退，具疏认罪。上曰：'维柏虽攻辅

---

① （明）佚名撰：《诏狱惨言》，《笔记小说大观·明代笔记小说》第十七编，台北新兴书局，1977年，第254—256、258页。

臣，实本欺讪朕躬，奸邪无道，人皆知之，自后尔宜督率官校廉访，勿得畏避。'"①明世宗认为，何维柏奏疏之所以能上达朝廷且公之于众，是因为上述四人乃维柏同党。日记披露了素不相识的四人被严嵩认为是同党的原因：

> 尹在吏科，因将公本尽行贴报，抄者观者如市。故严甚怒，遂疑公有私书嘱尹贴报。及桂因掌福建道，严因闻有立案之说，遂请皆挐。尹、桂二子，因寻访赍本承差、丽令供报私书，俱被挐拷究。并云无书与尹给事、桂御史，只有书与张、林二给事，及二翰林、一都士耳。遂并逮张、林二给事。②

这也能解释为何维柏被挐，所到之处，均"观者如市"，因尹相将维柏奏疏尽行贴报，相当于将"内参"转为公开通报，故引严嵩震怒，进而怂恿世宗"宜察发具"，尹、桂等人俱被逮下狱。对于何维柏最后能生还的处理结果，除扶鸾神兆暗示可能冤枉忠臣外，更主要的原因在于经查实，维柏与尹、桂、张、林四人并不相识，亦无私书往来，故别无主使，且经受住了镇抚司的严刑逼供，确无结党营私之事——这才是何维柏被逮下狱后仅受廷杖，得以削籍生还的真正原因：

> 尹、程、桂委与公不相识，并无通刺，舆情可稽。将张、林二书比对，委与本内事情全不相涉。时镇抚张、周二人，专听川指，酷为罗织，梭敲刑逼特甚，别生枝节，令公逼供主使。公对曰："柏系言官，目击时艰，条陈章疏，分所当为。昔于局院时，朝夕斋戒，冒渎天威。仰祈圣听，所奏内事情，内外封固，有何主使？"张曰："闻有舒御史升云南副使，回省。想是与公同谋。"意在波及舒也。公对曰："舒御史正月还家，柏是月出巡延平。舒是时在家病故，柏进本乃三月十六日，前后相隔两月，有何干涉？"公曰："权臣因一论劾，前后累害言官数人。"又曰："使当时尹、桂果相识，或有

---

① 《明实录·明世宗肃皇帝实录》卷二九九，抄本。

② 《古林何公建言日记·七月二十二日》，《诚征录》，沙滘何氏宗祠藏光绪二十八年（1902）何沅重抄本，自编第55—56页。

往来音问，及进上览。搜出张、林二书，设有一毫奏内事情，则柏
须毙无疑。"及舒不先物故，则缙绅株连之祸，未知纪极。①

这则日记补充各史所载之失，将之与《诏狱惨言》对读，可略知明代诏
狱之无制度无法纪可言。《明史》仅记载此次上疏入狱的结果——"廷杖，除
名"。嘉靖朝大臣受廷杖而死者不计其数，何维柏能在廷杖之下生还，根据
《[同治]番禺县志·陶凤仪传》记载，是缘于同乡锦衣卫陶凤仪的暗中相助：

> 御史何维柏劾严嵩被逮，发锦衣卫杖一百。在廷畏嵩，无敢
> 救者。凤仪方掌卫事，密谕行杖者曲护，得不死。卷以席从后渠
> 私载而出。嵩党有余人持短杖至门，问："何御史所在？"报曰：
> "何御史既死，弃去矣。"嵩党大索无所得，维柏竟免。②

《粤大记》则可能受《诚征录》所收林应骐撰《台谏逸事》的影响，
谓维柏能幸免于难，缘于世宗因扶乩得神批示后默悟。其《台谏逸事》曰：

> 当是时，官校尚未回京，凡知何君者咸为何君危，谓祸当不
> 测。忽都人传有神降乩甚验，主人密召人入西苑，试之，属称旨。
> 一日，问以治世养身之术，神降乩大批十八字曰："治世以爱惜
> 人才为重，养生以禁戒暴怒为先。"上嘉叹不已，乃亲洒宸翰，
> 书神二语，揭之御屏。甫翼晨，而官校以何君逮至，报名复命，
> 严氏亦探知圣心已悟神语，当不深罪，乃密进揭帖救之。于是何
> 君从轻发杖，还籍而已。③

逸事谓传自翰林院编修彭凤云。而逸事所言严嵩所进"密帖"，见于

---

① 《古林何建言日记·七月二十二日》，《诚征录》，沙滘何氏宗祠藏光绪二十八年（1902）何
   沅重抄本，自编第56页。
② （清）李福泰修，（清）史澄、何若瑶纂：《[同治]番禺县志》卷三九，上海书店、巴蜀书
   社、江苏古籍出版社，2003年，第496页。
③ （明）林应骐：《台谏逸事》，《诚征录》，沙滘何氏宗祠藏光绪二十八年（1902）何沅重抄
   本，自编第75—76页。

《明实录》所载:"大学士严嵩奏乞容宥言官、以弘听纳,谓御史何维柏昨以疏论时政,因劾及臣,念臣本庸陋,滥居辅弼,赞理无状,言官得举而论之,乃其职也。虽其言容有或过,亦系风闻,未实之……乞俯轸言官进谏纳忠之愚,曲成愚臣闻过思惧之意,将维柏并给事中林庭㙫、张尧年、尹相、御史桂荣通赐矜宥,使中外人情以慰,而于圣德为益光矣。"①但从《古林何公建言日记》来看,何维柏实如奏疏所言"与嵩绝无纤芥之嫌",且与尹、程、周、林及辞官回乡的舒御史等未有任何结党之嫌,故因严嵩为全自己"闻过思惧"美名而得幸免于难。

3.保存何维柏未见载他处的诗作十四首

何维柏诗,据《四库全书总目》载,《天山草堂存稿》曾存诗二卷。然徐信符藏清抄本《天山草堂存稿》只余六卷,无诗。今沙滘村所出光绪重抄本《天山草堂存稿》,虽目录九卷,实与徐本乃同一祖本,系重抄者何沇重新编次,厘为九卷。故何维柏诗,仅散见于《粤东诗海》《岭南五朝诗选》《岭南文献》《岭南风雅》及《[嘉庆]三水县志》《[崇祯]南海县志》《西樵山志》等处。其中《粤东诗海》收维柏诗23首,属其中最多者。而《诚征录》所收被逮下狱途中所作,各选本皆无。后于咸丰年间被何氏后人何若荣辑为《天山草堂诗存》一卷付梓,今亦只余光绪年间何沇重抄本。《天山草堂诗存》所辑诸诗,最有价值的就是出自《诚征录》而为他处所未见的这十四首佚诗(详见表2):

表2 《诚征录》新见何维柏诗作表

日期	诗名	备注
正月十二夜	《用前院双江聂子韵,书怀一首》	七律,《诚征录》第17页
六月十五日	《望游武夷诗》一首	五古,《诚征录》第36页
六月十六日	《铅山道中寻弟不遇,书闷一首》	七律,《诚征录》第39页
六月二十二日	《衢严道中口占》一首	七绝,《诚征录》第44页
	《夜中述怀》一首	七绝,《诚征录》第45页
六月二十七日	《雨中独坐自述一首》	七绝,《诚征录》第47页
七月十五日	《自德州由水路行,至河西务》述怀一首	五古,《诚征录》第50页

① 《明实录·明世宗肃皇帝实录》卷三〇一,抄本。

续表

日期	诗名	备注
七月十九日	《太思章》一首	楚骚，《诚征录》第52页
不详日期	《天津道中》一首	七律，《诚征录》第65页
	《沧州道中晚眺漫兴》一首	七绝，《诚征录》第65页
八月初六日	《至德州发书回广东》一首	五律，《诚征录》第66页
八月十五日	《中秋值雨自述》一首	七律，《诚征录》第66—67页
八月二十九日	《登金山览旧游书怀》一首	五律，《诚征录》第68页
十月初七日	《度大庾岭述怀》一首	五律，《诚征录》第70页

结　语

综上，沙滘村何氏宗祠发现的清光绪二十八年（1902）何沅重抄本《诚征录》，其重抄之祖本为郭棐《粤大记》所载之闽刻本，是目前仅见的传世孤本。《诚征录》所录五种，最具文献价值的是《古林何公建言日记》，当然其中保存的民间歌谣也为研究古代官员廉政事迹的传播提供了新的讨论视角与材料。《古林何公建言日记》非何维柏本人所撰，著者不详，当为陪同何维柏上京时的官差所记。日记完整保留了何维柏上疏之前、候旨发落、被拏至京、下狱遭刑及削籍还乡的心路历程。所录述怀诗作，为此前维柏著作所未见，为研究明代士人的政治心态史提供了珍贵史料。此外，日记还详细记录了何维柏下狱过程，在狱中备受拷掠及与狱友交往的经过，是研究明代诏狱史不可多得的一手材料。

附记：本文得以写成，感谢佛山市南海区丹灶镇沙滘村何氏宗祠何树能、何灶成先生，《佛山日报》郑海峰、王尚晓先生提供支持。

作者通信地址：广东省广州市海珠区滨江东路宜利街4号2904室，邮编：510300

责任编辑：赵晓涛

翁山佚文抄本汇考及新发现的两种佚文抄本 *

王富鹏 **

广州大典研究中心，广东广州

摘　要：屈大均著作宏富，因文字之忌，其佚诗佚文佚著甚多。晚清以来不少学者极力搜求其散佚之文，现知民国时期形成了六种翁山佚文抄本。通过对这些抄本的系统考索和梳理，找出了不同抄本之间存在的关联，基本还原了清末至民初多位学者合力搜辑、相互协作、不断累积的过程，理清了相关学者的不同贡献，解决了《翁山佚文辑》的辑录脉络这一问题。新发现的伦明本《翁山文外补》和南图本《翁山文外逸文》的祖本在中间起到了关键的作用。因这些抄本并没有全部进入1996年版《屈大均全集》整理者的视野，故造成了《屈大均全集》的遗珠之憾。

关键词：屈大均；佚文；抄本；徐信符；伦明

《屈大均全集》基本上汇集了先前所发现的翁山的全部作品。不过，由于民国时期的翁山佚文抄本没有全部进入整理者的视野，因此造成了《屈大均全集·翁山佚文》的遗珠之憾，使前辈学者辛苦搜得的翁山佚文，再次从读者的视野中消失。中国国家图书馆和南京图书馆藏民国抄本《翁山文外补》和《翁山文外逸文》即为整理者所未知，至今未为研究者关注。多种目录学著作未见著录这两个抄本，朱希祖《屈大均著述考》一文亦未提及。而

---

* 本文为2015年度国家社科基金重大项目"岭南诗歌文献与诗派研究"（项目号：15ZDB076）阶段性成果。

** 王富鹏（1968—　），男，汉族，河南柘城人。广州大典研究中心教授，广州大学广府文化研究中心研究员，博士。

在现知六种民国抄本不断积录的过程中，这两个抄本起到了关键的作用。

一　新发现的两种佚文抄本概述

（一）伦明《翁山文外补》抄本概述

《翁山文外补》四册不分卷，民国抄本，存文五十六篇，藏中国国家图书馆。书前有伦明朱笔校记一篇，以下简称伦明本。校记款署曰"伦明哲如氏校讫记"。卷首有毛奇龄序、周炳曾序、徐家炎序，张远题辞、甘京题辞、李稔题辞、何磻题辞，屈大均作《自序》和《文外铭》。毛序、周序和徐序，实为翁山诗集序而置于此处。《自序》《文外铭》和四篇题辞均见康熙年间刻《翁山文外》二十卷本。书后附《屈大均传》，录自陈伯陶著《胜朝粤东遗民录》。

伦明（1875—1944），字哲如，一作哲儒，广东东莞人，近代藏书家、学者。历任北京大学、北京师范大学、燕京大学、辅仁大学等院校教授。后南归，任广东省立图书馆馆长。孙殿起《伦哲如先生传略》谓伦明藏书达数百万卷。

此抄本目录如下：1.《御琴记》，2.《唐晋王祠记》，3.《登华记》，4.《浮湘记》，5.《大别山记》，6.《屈沱记》，7.《黎太仆公影堂记》，8.《二史草堂记》，9.《橘香庵记》，10.《获记》，11.《场记》，12.《河南死节大臣传》，13.《三原泾阳死节二臣传》，14.《诸死孝者传》，15.《割股死者三孝子传》，16.《顺德给事岩野陈公传》，17.《天崇宫词序》，18.《书王山史太极辩述后》，19.《书吴芮传后》，20.《书反离骚后》，21.《书汪栗亭黄山记游诗后》，22.《书逸民传后》，23.《复汪栗亭书》，24.《复江右湘书》（按："江"，为"汪"字之误），25.《洪范皇极大义序》，26.《阴符经注序》，27.《评孟子序》，28.《童子雅歌序》，29.《怡怡堂诗韵序》，30.《陈议郎集序》，31.《东莞诗集序》，32.《麦薇集序》，33.《送张超然浮海往日本序》，34.《又　送张超然浮海往日本序》，35.《赠王永春序》，36.《送凌子归秣陵序》，37.《三闾书院唱和集序》，38.《翁山易外自序》，39.《送梁子游南岳序》，40.《赠梁彦腾序》，41.《寿王山史先生序》，42.《未嫁殉夫烈女传》，43.《施氏女传》，44.《东洞庭山三烈传》，

45.《永安五烈传》，46.《烈妇二晋氏传》，47.《汪节妇传》，48.《樊义士墓表》，49.《长山烈妇墓志铭》，50.《张桐君诗集序》，51.《为翁生更名说》，52.《与石濂书》，53.《复石濂书》，54.《花怪》，55.《离六堂诗集序》，56.《离六堂集自序　代》。

经比对，《翁山文外补》所辑之文，为《屈大均全集》所收者五十三篇，分别见诸《翁山文外》《翁山文钞》《翁山佚文》《皇明四朝成仁录》《翁山易外》，未收者三篇：

《诸死孝者传》《又　送张超然浮海往日本序》《施氏女传》。

（二）南图《翁山文外逸文》抄本概述

《翁山文外逸文》一册，民国抄本，藏南京图书馆。未署辑者何人，笔者疑为朱希祖辑抄，以下简称南图本。卷首有存目上、下两卷；屈大均《翁山文外自序》《文外铭》；张远、甘京、李稔、何磻四则《翁山文外题辞》。

《翁山文外自序》之前页（目录页背面）另有"寿王山史先生序、排草赞、圣泉铭有序、烈妇亭铭并序、琴说赠詹丈大生、致知说"字样。李稔《题辞》与何磻《题辞》之间缺页，故李稔《题辞》后半部分和何磻《题辞》前半部分缺。何磻《题辞》之后即紧接下卷第一页。下卷第一页页端钤"南京图书馆藏"印章，页端第一行题："翁山文外逸文、屈大均"，第二行题："皇明四朝成仁录、崇祯"，第三行题："河南死节大臣传"。据此可知此抄本曾经损毁，经重新装订。存文始于下卷第1篇《河南死节大臣传》至第14篇《笺补食物本草序》，第15篇后之存文，有在上卷目中者，有在上、下卷目之外者。

存目上：1.《御琴记》，2.《唐晋王祠记》，3.《登华记》，4.《浮湘记》，5.《屈沱记》，6.《黎太仆公影堂记》，7.《橘香庵记》，8.《书王山史太极辩述后》，9.《书汪栗亭黄山记游诗后》，10.《书逸民传后》，11.《复汪栗亭书》，12.《复汪右湘书》，13.《洪范皇极大义序》，14.《评孟子序》，15.《阴符经注序》，16.《童子雅歌序》，17.《怡怡堂诗韵序》，18.《陈议郎集序》，19.《东莞诗集序》，20.《送张超然浮海往日本序》，21.《三闾书院倡和集序》，22.《赠梁彦腾序》，23.《诸死孝者传》，24.《割股死者三孝子传》

存目下：25.《河南死节大臣传》，26.《三原泾阳死节二臣传》，27.《二史草堂记》，28.《翁山易外自序》，29.《赠王永春序》，30.《麦薇集序》，

31.《烈妇二晋氏传》，32.《永安五烈传》，33.《汪节妇传》，34.《未嫁殉夫烈女传》，35.《施氏女传》，36.《东洞庭山三烈传》，37.《诗义说》，38.《笺补食物本草序》，39.《书邓许二女事》，40.《贻石辞》，41.《述圣新祠颂》，42.《观瀑图赞》，43.《使牛图赞》，44.《落花生赞》，45.《苔松赞》，46.《排草赞》，47.《圣泉铭　有序》，48.《烈妇亭铭　并序》，49.《琴说赠詹丈大生》，50.《致知说》。

存文如下：

1.《河南死节大臣传》，2.《三原泾阳死节二臣传》，3.《二史草堂记》，4.《翁山易外自序》，5.《赠王永春序》，6.《麦薇集序》，7.《烈妇二晋氏传》，8.《永安五烈传》，9.《汪节妇传》，10.《未嫁殉夫烈女传》，11.《施氏女传》，12.《东洞庭山三烈传》，13.《诗义说》，14.《笺补食物本草序》，15.《药王庙碑　代》，16.《孟子列传赞》，17.《大别山记》，18.《获记》，19.《场记》，20.《又　送张超然浮海往日本序》，21.《送凌子归秣陵序》，22.《送梁子游南岳序》，23.《寿王山史先生序》，24.《天崇宫词序》，25.《书反离骚后》，26.《书吴芮传后》，27.《复汪栗亭书》，28.《顺德给事岩野陈公传》。

《全集》未收者三篇：《诸死孝者传》《施氏女传》《又　送张超然浮海往日本序》。

二　其他抄本存文概述

现知翁山佚文辑本七种，只有1996年人民文学出版社出版的《屈大均全集·翁山佚文》（简称全集本）属印本，其他六种皆为民国抄本。除上述新发现的两种之外，其余四种抄本皆为当下研究者所知，分别是徐信符藏《翁山文外·逸文》本、香港大学藏徐信符辑《屈翁山佚文》四卷本、徐信符辑《翁山佚文辑》三卷本和黄荫普辑《翁山佚文二辑》一卷本（分别简称徐氏《逸文》本、港大藏徐氏本、徐氏三卷本和黄氏本）。

（一）徐信符藏《翁山文外·逸文》抄本四册

徐绍棨（1879—1948），字信符，广东番禺人，以字行，著名学者和藏书家。朱希祖《屈大均著述考》云："徐君信符又藏《翁山文外·逸文》

抄本四册，计文三十四篇，余亦借得传钞一部。"① 朱文载其全目，此文刊刻于1943年。

因笔者未见此本，故依朱文照录其目：1.《御琴记》，2.《唐晋王祠记》，3.《登华记》，4.《浮湘记》，5.《大别山记》，6.《屈沱记》，7.《黎太仆影堂记》，8.《橘香庵记》，9.《获记》，10.《场记》，11.《诸死孝者传》，12.《割股死者三孝子传》，13.《顺德给事岩野陈公传》，14.《天崇宫词序》，15.《书王山史太极辩述后》，16.《书吴芮传后》，17.《书反离骚后》，18.《书汪栗亭黄山记游诗后》，19.《书逸民传后》，20.《复汪栗亭书》，21.《复汪右湘书》，22.《洪范皇极大义序》，23.《评孟子序》，24.《阴符经注序》，25.《童子雅歌序》，26.《怡怡堂诗韵序》，27.《陈议郎集序》，28.《东莞诗集序》，29.《送张超然浮海往日本序》，30.《送凌子归秣陵序》，31.《三闾书院唱和集序》，32.《送梁子游南岳序》，33.《赠梁彦腾序》，34.《寿王山史先生序》②。

（二）徐信符辑《屈翁山佚文》四卷本

徐信符辑《屈翁山佚文》四卷，存文六十一篇，民国抄本，藏香港大学冯平山图书馆。饶宗颐先生云："《屈翁山佚文》四卷，近抄本，徐氏南州书楼藏，二册，善847.2/70–51。起《御琴记》，讫《致知说》，若干篇为《文外》所无，内《河南死节大臣传》《三原泾阳死节二臣传》《诸死孝者传》《割股死者三孝子传》，除前两篇已收入《皇明四朝成仁录》外，后两篇为他书所未见，亦可宝贵矣。"③ 大陆学者知此抄本者虽多，但目验此本者甚少，记述此抄本者以骆伟先生最详。骆先生云："该书笔者曾在港阅览过，在四卷内容中，主要有：《御琴记》《唐晋王祠记》《浮湘记》《屈沱记》《二史草堂记》《顺德给事岩野陈公传》《获记》《场记》《翁山诗外自序》《童子雅歌序》《陈议郎集序》《笺补食物本草序》《东莞诗集序》《三闾书院倡和集序》《书反离骚后》《诗义说》《致知说》《贻石辞》《落花生赞》《排草赞》

---

① 朱希祖：《屈大均著述考》，欧初、王贵忱主编：《屈大均全集》第8册，人民文学出版社，1996年，第2153页。

② 朱希祖：《屈大均著述考》，欧初、王贵忱主编：《屈大均全集》第8册，人民文学出版社，1996年，第2153—2155页。

③ 香港大学冯平山图书馆编：《香港大学冯平山图书馆藏善本书录》，香港大学出版社，2003年，第255页。按：此书据1970年饶宗颐编著《香港大学冯平山图书馆藏善本书录》修订。

等。其中《诸死孝者传》《割股死者三孝子传》等篇为它书未收。"①

其目如下：

卷一：1.《御琴记》，2.《唐晋王祠记》，3.《登华记》，4.《浮湘记》，5.《大别山记》，6.《屈沱记》，7.《黎太仆公影堂记》，8.《二史草堂记》，9.《橘香庵记》，10.《获记》，11.《场记》，12.《河南死节大臣传》，13.《三原泾阳死节二臣传》，14.《诸死孝者传》。

卷二：15.《割股死者三孝子传》，16.《顺德给事岩野陈公传》，17.《天崇宫词序》，18.《书王山史太极辩述后》，19.《书吴芮传后》，20.《书反离骚后》，21.《书汪栗亭黄山纪游诗后》，22.《书逸民传后》，23.《复汪栗亭书》，24.《复汪右湘书》，25.《洪范皇极大义序》，26.《评孟子序》，27.《阴符经注序》，28.《童子雅歌序》，29.《怡怡堂诗韵序》。

卷三：30.《陈议郎集序》，31.《东莞诗集序》，32.《麦薇集序》，33.《送张超然浮海往日本序》，34.《又 送张超然浮海往日本序》，35.《赠王永春序》，36.《送凌子归秣陵序》，37.《三闾书院倡和集序》，38.《翁山易外自序》，39.《送梁子游南岳序》，40.《赠梁彦腾序》，41.《寿王山史先生序》，42.《未嫁殉夫烈女传》，43.《施氏女传》，44.《东洞庭山三烈传》，45.《永安五烈传》，46.《烈妇二晋氏传》。

卷四：47.《屈翁山诗集跋》（按：此《跋》非翁山之作，实为徐肇元所撰），48.《诗义说》，49.《笺补食物本草序》，50.《书邓许二女事》，51.《贻石辞》，52.《述圣新祠颂》，53.《观瀑图赞 为王紫诠太守作》，54.《使牛图赞 为蓝采饮作》，55.《落花生赞》，56.《苔松赞》，57.《排草赞》，58.《圣泉铭 有序》，59.《烈妇亭铭 并序》，60.《琴说赠詹丈大生》，61.《致知说》。

（三）徐信符辑《翁山佚文辑》三卷本

徐信符辑《翁山佚文辑》三卷（上、中、下），六十五篇，民国抄本，藏广东省立中山图书馆。题"徐氏南州书楼辑本"，前有1940年徐信符《翁

---

① 骆伟：《徐信符先生对广东文化教育事业的贡献》，《中山大学学报（社会科学版）》1999年7月，第109页。按：骆先生记载此抄本有《翁山诗外自序》，事实上此抄本不存此文，当为《翁山易外自序》之误记。

山佚文辑序》。

在所知翁山佚文辑本中，此抄本存文最多。其目如下：

卷上：1.《御琴记》，2.《唐晋王祠记》，3.《登华记》，4.《浮湘记》，5.《大别山记》，6.《屈沱记》，7.《黎太仆公影堂记》，8.《二史草堂记》，9.《橘香庵记》，10.《获记》，11.《场记》，12.《河南死节大臣传》，13.《三原泾阳死节二臣传》，14.《顺德给事岩野陈公传》，15.《永安五烈传》，16.《东洞庭山三烈传》，17.《诸死孝者传》，18.《割股死者三孝子传》，19.《未嫁殉夫烈女传》，20.《烈妇二晋氏传》，21.《汪节妇传》，22.《施氏女传》，23.《樊义士墓表》，24.《长山烈妇墓志铭》；

卷中：25.《翁山易外自序》，26.《洪范皇极大义序》，27.《阴符经注序》，28.《评孟子序》，29.《童子雅谣序》，30.《怡怡堂诗韵序》，31.《陈议郎集序》，32.《笺补食物本草序》，33.《东莞诗集序》，34.《天崇宫词序》，35.《麦薇集序》，36.《三间书院倡和集序》，37.《寻墓诗序》，38.《张桐君诗集序》，39.《送张超然浮海往日本序》，40.《又　张超然浮海往日本序》，41.《赠王永春序》，42.《送凌子归秣陵序》，43.《送梁子游南岳序》，44.《赠梁彦腾序》，45.《寿王山史先生序》，46.《书王山史太极辩述后》，47.《书吴芮传后》，48.《书逸民传后》，49.《书反离骚后》，50.《书汪栗亭黄山记游诗后》，51.《复汪栗亭书》，52.《复汪右湘书》；

卷下：53.《诗义说》，54.《致知说》，55.《琴说赠詹丈大生》，56.《书邓许二女事》，57.《贻石辞》，58.《圣泉铭　有序》，59.《烈妇亭铭　并序》，60.《述圣新祠颂》，61.《观瀑图赞》，62.《使牛图赞》，63.《落花生赞》，64.《苔松赞》，65.《排草赞》。

1946年商务印书馆出版《广东丛书》第一集，此辑本附刻于《翁山文钞》四卷（卷一至卷四）残刻本后。因部分佚文见于《翁山文钞》，故《广东丛书》第一集仅收其佚文三十八篇。后上海书店出版《丛书集成续编》集部第125册据《广东丛书》本影印收录。台北新文丰出版公司出版《丛书集成续编》第189册据《广东丛书》本，将此三卷佚文从四卷《翁山文钞》残刻本拆分后，与黄荫普《翁山佚文二辑》合并影印。

（四）黄荫普辑《翁山佚文》二辑

《翁山佚文二辑》一卷，番禺黄荫普（1900—1986）辑，民国抄本，藏广东省立中山图书馆。书中题："黄氏忆江南馆、徐氏南州书楼辑本。"

《翁山佚文二辑》目录：1.《三闾书院倡和集序》，2.《粤游草序》，3.《福州府烈女烈妇传序》，4.《翁山文外自序》，5.《文外铭》，6.《庞祖如以张乔美人画兰见赠诗以答之有序》，7.《咏物诗引》，8.《孔子世家赞》，9.《孟子列传赞》，10.《圣人之居考》，11.《读论语》，12.《沙亭解》，13.《髻人说》，14.《书朱母沈孺人行略后》，15.《药王庙碑》，16.《枕铭》。

按：此辑本所收佚文《三闾书院倡和集序》，徐氏三卷本亦收，但二者有较多异文，故黄氏亦收。黄荫普《翁山佚文二辑跋》云："适《广东丛书》会议刊第二集，乃以此各本所无之文十五篇，献于叶玉父丈，俾与徐信符君所钞存之翁山佚文四篇并刻之，名曰《翁山佚文二辑》。"黄氏本辑有《文外铭》一文，存文实十六篇，而目录页失于著录，故曰十五篇。《圣人之居考》，此文为其他抄本所无。此文本在屈大均与何磻合著《四书补注兼考》之末，题为《圣人之居》。徐信符认为此文为翁山独著，故辑为佚文以予黄氏。黄氏本《书朱母沈孺人行略后》与《翁山文钞》卷八《书朱母沈孺人墓志后》内容略同。《枕铭》，《翁山文外》卷一一作《石枕铭》。

1948年商务印书馆出版的《广东丛书》第二集收录此辑本，附于抄本《翁山文钞》六卷（卷五至卷十）本后。其后所附1947年黄荫普《翁山佚文二辑跋》云："此《佚文二辑》仍附刻于《翁山文钞》之后，循前例也。"上海书店出版《丛书集成续编》集部第125册据《广东丛书》本影印收录，台北新文丰出版公司出版《丛书集成续编》第189册又据《广东丛书》本，将此辑本佚文从六卷《翁山文钞》拆分后，与徐信符辑《翁山佚文辑》合并影印。

（五）康熙初年刻《翁山文外》不分卷四册本多出通行本之文

《翁山文外》曾于康熙初年刊刻，四册不分卷，收文比其后几种刻本多十八篇，以下简称"《文外》初刻溢文"。朱希祖云康熙初年刻本《翁山文外》："仅四册，不分卷，今藏国立中山大学图书馆，较徐氏所藏康熙刻二十卷本及十七卷本、国学扶轮社本多逸文十八篇。"[1]笔者十余年来多有

---

① 朱希祖：《屈大均著述考》，欧初、王贵忱主编：《屈大均全集》第8册，人民文学出版社，1996年，第2151—2152页。

留心，并未见到朱氏所说之刻本。因不知此本今存何处，故朱氏所记多出的十八篇逸文之目亦有其独特的价值。另外，在南图本等抄本形成的过程中，这十八篇佚文也起到了重要作用，故移录于此：

1.《河南死节大臣传》，2.《三原泾阳死节二臣传》，3.《二史草堂记》，4.《翁山易外自序》，5.《赠王永春序》，6.《麦薇集序》，7.《烈妇二晋氏传》，8.《永安五烈传》，9.《汪节妇传》，10.《未嫁殉夫烈女传》，11.《施氏女传》，12.《东洞庭三烈传》，13.《诗义说》，14.《致知说》，15.《琴说赠詹丈大生》，16.《髻人说》，17.《沙亭解》，18.《药王庙碑》。[①]

与此形成照应的是徐信符《翁山佚文辑序》中的叙述。他说在与朱希祖一起校对欣赏过伦明赠送的和原先自己收藏的翁山佚文之后，"余又搜得残本《翁山文外》，为最初印本，持以与原板通行之《翁山文外》相较，又得多篇为通行本《文外》所无。然后知最初所雕之《文外》，其中亦有诋斥胡虏，触犯忌讳。其后，乃弃而不录。故后刻者与初刻者校，亦有佚文"。这说明徐信符与朱希祖都从康熙初年刊刻的《翁山文外》中辑录过佚文。

三 佚文积录情况和各抄本形成过程考

经过对这几种抄本的仔细比对，笔者发现多个抄本之间存在着明显的递承关系。除了徐氏三种抄本之间存在关联之外，徐氏辑本与伦明本和南图本之间也存在着明显的递承关系，而且在各抄本形成的过程中，新发现的伦明本和南图本至为关键。为了更直观地呈现各抄本之间的关系及佚文过录情况，本文列表进行对照。南图本、港大藏徐氏本和伦明本篇目依顺序排列，其他则不依顺序排列，以便篇目在不同抄本间形成对应。同时标示出徐氏三卷本篇目在《屈大均全集》中的收录情况。

---

① 朱希祖：《屈大均著述考》，欧初、王贵忱主编：《屈大均全集》第8册，人民文学出版社，1996年，第2152—2153页。

表 1

不同抄本佚文对照表

第一列	第二列	第三列	第四列	第五列	第六列	第七列
徐氏《逸文》本	《文外》初刻溢文	南图本	港大藏徐氏本	伦明本	徐氏三卷本	《屈大均全集》
1.《御琴记》		存目上：1.《御琴记》	卷一：1.《御琴记》	1.《御琴记》	1.《御琴记》	《文钞》卷二
2.《唐晋王祠记》		2.《唐晋王祠记》	2.《唐晋王祠记》	2.《唐晋王祠记》	2.《唐晋王祠记》	《文钞》卷二
3.《登华记》		3.《登华记》	3.《登华记》	3.《登华记》	3.《登华记》	《文钞》卷二
4.《浮湘记》		4.《浮湘记》	4.《浮湘记》	4.《浮湘记》	4.《浮湘记》	《文钞》卷二
			5.《大别山记》	5.《大别山记》	5.《大别山记》	《佚文》
6.《屈沱记》		5.《屈沱记》	6.《屈沱记》	6.《屈沱记》	6.《屈沱记》	《文钞》卷二
7.《黎太仆公影堂记》		6.《黎太仆公影堂记》	7.《黎太仆公影堂记》	7.《黎太仆公影堂记》	7.《黎太仆公影堂记》	《文钞》卷二题《黎太仆公画像记》，二者稍有差异
			8.《二史草堂记》	8.《二史草堂记》	8.《二史草堂记》	《文钞》卷二
8.《橘香庵记》		7.《橘香庵记》	9.《橘香庵记》	9.《橘香庵记》	9.《橘香庵记》	《文钞》卷二
15.《书王山史太极辩述后》		8.《书王山史太极辩述后》				
18.《书汪栗亭黄山记游诗后》		9.《书汪栗亭黄山记游诗后》				
19.《书逸民传后》		10.《书逸民传后》	10.《茨记》	10.《茨记》	10.《茨记》	《佚文》
20.《复汪栗亭书》		11.《复汪栗亭书》	11.《坞记》	11.《坞记》	11.《坞记》	《佚文》

续表

第一列	第二列	第三列	第四列	第五列	第六列	第七列
21.《复汪右湘书》		12.《复汪右湘书》	12.《河南死节大臣传》	12.《河南死节大臣传》	12.《河南死节大臣传》	《皇明四朝成仁录》卷二
22.《洪范皇极大义序》		13.《洪范皇极大义序》	13.《三原泾阳死节二臣传》	13.《三原泾阳死节二臣传》	13.《三原泾阳死节二臣传》	《皇明四朝成仁录》卷四
23.《评孟子序》		14.《评孟子序》	14.《诸死孝者传》	14.《诸死孝者传》	17.《诸死孝者传》	无此题，内容散入他文
24.《阴符经注序》		15.《阴符经注序》	卷二：15.《割股死者三孝子传》	15.《割股死者三孝子传》	18.《割股死者三孝子传》	《文钞》卷四作《割股死者五孝子传》
25.《童子雅歌序》		16.《童子雅歌序》	16.《顺德绐事岩野陈公传》	16.《顺德绐事岩野陈公传》	14.《顺德绐事岩野陈公传》	《佚文》
26.《恰恰堂诗韵序》		17.《恰恰堂诗韵序》	17.《天崇宫同序》	17.《天崇宫同序》	34.《天崇宫同序》	《佚文》
27.《陈议郎集序》		18.《陈议郎集序》	18.《书王山史大极辞述后》	18.《书王山史大极辞述后》	46.《书王山史大极辞述后》	《文钞》卷八
28.《东莞诗集序》		19.《东莞诗集序》	19.《书吴丙传后》	19.《书吴丙传后》	47.《书吴丙传后》	《佚文》
29.《送张超然浮海住日本序》		20.《送张超然浮海住日本序》	20.《书反离骚后》	20.《书反离骚后》	49.《书反离骚后》	《佚文》
31.《三间书院倡和集序》		21.《三间书院倡和集序》	21.《书汪栗亭黄山记游诗后》	21.《书汪栗亭黄山记游诗后》	50.《书汪栗亭黄山记游诗后》	《文钞》卷八

续表

第一列	第二列	第三列	第四列	第五列	第六列	第七列
33.《赠梁彦腾序》		22.《赠梁彦腾序》	22.《书逸民传后》	22.《书逸民传后》	48.《书逸民传后》	《文钞》卷八
11.《诸死孝者传》		23.《诸死孝者传》	23.《复汪栗亭书》	23.《复汪栗亭书》	51.《复汪栗亭书》	《佚文》
12.《割股死者三孝子传》	《割股死者三孝子传》	24.《割股死者三孝子传》	24.《复汪右湘书》	24.《复江（汪）右湘书》	52.《复汪右湘书》	《文钞》卷九
	1.《河南死节大臣传》	存目下：25.《河南死节二大臣传》	25.《洪范皇极大义序》	25.《洪范皇极大义序》	26.《洪范皇极大义序》	《文钞》卷一
	2.《三原泾阳死节二臣传》	26.《三原泾阳死节二臣传》	26.《评孟子序》	26.《阴符经注序》	27.《阴符经注序》	《文钞》卷一
	3.《二史草堂记》	27.《二史草堂记》	27.《阴符经注序》	27.《评孟子序》	28.《评孟子序》	《文钞》卷一
	4.《翁山易外自序》	28.《翁山易外自序》	28.《童子雅歌序》	28.《童子雅歌序》	29.《童子雅谣序》，唯此作"谣"	《文钞》卷一
	5.《赠王永春序》	29.《赠王永春序》	29.《恰恰堂诗韵序》	29.《恰恰堂诗韵序》	30.《恰恰堂诗韵序》	《文钞》卷一
	6.《麦薇集序》	30.《麦薇集序》	卷三：30.《陈议郎集序》	30.《陈议郎集序》	31.《陈议郎集序》	《文钞》卷一
	7.《烈妇二晋氏传》	31.《烈妇二晋氏传》	31.《东莞诗集序》	31.《东莞诗集序》	33.《东莞诗集序》	《文钞》卷一
	8.《永安五烈然》	32.《永安五烈然》	32.《麦薇集序》	32.《麦薇集序》	35.《麦薇集序》	《文钞》卷一

续表

第一列	第二列	第三列	第四列	第五列	第六列	第七列
	9.《汪节妇传》	33.《汪节妇传》	33.《送张超然浮海日本序》	33.《送张超然浮海日本序》	39.《送张超然浮海日本序》	《文钞》卷一
	10.《未嫁殉夫列女传》	34.《未嫁殉夫列女传》	34.《又 送张超然浮海住日本序》	34.《又 送张超然浮海住日本序》	40.《又 送张超然浮海住日本序》	
	11.《施氏女传》	35.《施氏女传》	35.《赠王水春序》	35.《赠王水春序》	41.《赠王水春序》	《文钞》卷一
	12.《东洞庭三烈传》	36.《东洞庭山三烈传》	36.《送凌子归株陵序》	36.《送凌子归株陵序》-	42.《送凌子归株陵序》	《佚文》
	13.《诗义说》	37.《诗义说》	37.《三同书院倡和集序》	37.《三同书院倡和集序》	36.《三同书院倡和集序》	《文钞》卷一
		38.《笺补食物本草序》	38.《翁山易外自序》	38.《翁山易外自序》	25.《翁山易外自序》	《易外》卷首
		39.《韦邓许二女事》	39.《送梁子游南岳序》	39.《送梁子游南岳序》	43.《送梁子游南岳序》	《佚文》
		40.《贻石辞》	40.《赠梁彦腾序》	40.《赠梁彦腾序》	44.《赠梁彦腾序》	《文钞》卷一题《梁学博序》，二文有出入
		41.《述圣薪祠颂》	41.《寿王山史先生序》	41.《寿王山史先生序》	45.《寿王山史先生序》	《佚文》

续表

第一列	第二列	第三列	第四列	第五列	第六列	第七列
		42.《观瀑图赞》	42.《未嫁殉夫烈女传》	42.《未嫁殉夫烈女传》	19.《未嫁殉夫烈女传》	《文钞》卷四
		43.《使牛图赞》	43.《施氏女传》	43.《施氏女传》	22.《施氏女传》	《文钞》卷五有《施氏女墓志铭》一文有些许出入
		44.《落花生赞》	44.《东洞庭山三烈传》	44.《东洞庭山三烈传》	16.《东洞庭山三烈传》	《文钞》卷四题《东洞庭山三烈妇传》,有异文
		45.《苔松赞》	45.《永安五烈传》	45.《永安五烈传》	15.《永安五烈传》	《佚文》
		46.《排草赞》	46.《烈妇二晋氏传》	46.《烈妇二晋氏传》	20.《烈妇二晋氏传》	《文钞》卷四
		47.《圣泉铭 有序》	卷四:47.徐肇元撰《屈翁山诗集跋》	47.《汪节妇传》	21.《汪节妇传》	《文钞》卷四题《汪贞妇传》
		48.《烈妇亭铭 并序》	48.《诗义说》	48.《樊义士墓表》	23.《樊义士墓表》	《文钞》卷五
	15.《琴说赠詹丈大生》	49.《琴说赠詹丈大生》	49.《笺朴食物本草序》	49.《长山烈妇墓志铭》	24.《长山烈妇墓志铭》	《文钞》卷五
	14.《致知说》	50.《致知说》	50.《书邓许二女事》	50.《张桐君诗集序》	38.《张桐君诗集序》	《佚文》

续表

第一列	第二列	第三列	第四列	第五列	第六列	第七列
	16.《鬐人说》	存文：1.《河南死节大臣传》	51.《贻石辞》	51.《为翁生更名说》	57.《贻石辞》	《文钞》卷八
	17.《沙亭解》	2.《三原泾阳死节二臣传》	52.《述圣新祠颂》	52.《与石濂书》	60.《述圣新祠颂》	《文钞》卷十
		3.《二史草堂记》	53.《观瀑图赞为王紫诠大守作》	53.《复石濂书》	61.《观瀑图赞》	《文钞》卷十
		4.《翁山易外自序》	54.《使牛图赞为蓝采饮作》	54.《花径》	62.《使牛图赞》	《文钞》卷十
		5.《赠王永春序》	55.《落花生赞》	55.《离六堂诗集序》	63.《落花生赞》	《文钞》卷十
		6.《麦薇集序》	56.《苔松赞》	56.《离六堂集自序代》	64.《苔松赞》	《文钞》卷十
		7.《烈妇二晋氏传》	57.《排草赞》		65.《排草赞》	《文钞》卷十
		8.《永安五烈传》	58.《圣泉铭 有序》		58.《圣泉铭 有序》	《文钞》卷十
		9.《汪节妇传》	59.《烈妇亭铭并序》		59.《烈妇亭铭并序》	《文钞》卷十一

续表

第一列	第二列	第三列	第四列	第五列	第六列	第七列
		10.《未嫁殉夫烈女传》	60.《琴说赠詹丈大生》		55.《琴说赠詹丈大生》	《佚文》
		11.《施氏女传》	61.《致知说》		54.《致知说》	《佚文》
		12.《东洞庭山三烈传》			32.《笺朴食物本草序》	《文钞》卷一
		13.《诗义说》			37.《寻墓诗序》	《文外》卷二
		14.《笺朴食物本草序》			53.《诗义说》	《文外》卷二题《诗义序》
	18.《药王庙碑》	15.《药王庙碑 代》			56.《书邓许二女事》	《文钞》卷八
		16.《孟子列传赞》				
5.《大别山记》		17.《大别山记》				
9.《获记》		18.《获记》				
10.《场记》		19.《场记》				
		20.《又 送张超超然浮海往日本序》				
30.《送凌子归秣陵序》		21.《送凌子归秣陵序》				

续表

第一列	第二列	第三列	第四列	第五列	第六列	第七列
32.《送梁子游南岳序》		22.《送梁子游南岳序》				
34.《寿王山史先生序》		23.《寿王山史先生序》				
14.《天崇宫词序》		24.《天崇宫词序》				
17.《书反离骚后》		25.《书反离骚后》				
16.《书吴肖伯传后》		26.《书吴肖伯传后》				
		27.《复汪栗亭书》				
13.《顺德给事岩岩野陈公传》		28.《顺德给事岩岩野陈公传》	按：本列第 47《屈翁山诗集跋》因非翁山所作，故未收进徐氏三卷本。	按：本列第 51 至 56 凡六篇未收进徐氏三卷本。	按：南图本存文《药王庙碑》列传赞》和"文外"初刻溢文"鬐人说"未收进徐氏本。	代》《孟子》《沙亭解》《初刻溢文》《药王庙碑》，而收进黄氏本。

通过比较佚文过录的情况，大致可以得出以下结论：徐氏三卷本是据港大藏徐氏本整理而成，而港大藏徐氏本则基本是伦明本与南图本的整合本。

港大藏徐氏本四卷，收文六十一篇，徐氏三卷本收文六十五篇，虽然二者篇目基本相同，但分卷和排序不同。港大藏徐氏本，卷一是记、传，卷二是传、后、书、序，卷三是序、传，卷四有序、赞、说、辞、铭等体裁。就分卷情况而言，这一抄本显然没有经过认真的处理。而徐氏三卷本分卷则比较整齐，卷上是记、传、墓表和墓志铭，卷中是序、后、书，卷下是说、赞、铭、辞等。显然徐氏三卷本是在港大藏徐氏本的基础上经过认真编排补辑而成的。

港大藏徐氏本为何分卷和排序如此随意？原因涉及其底本的来源。港大藏徐氏本前后两部分分别来自伦明祖本和南图祖本，也许徐氏为了表示对底本及其原主人的尊重，所以尽量保持底本的原初状态。经比较发现港大藏徐氏本与伦明本前四十六篇不但篇目完全相同，而且顺序也几乎一致，唯第26篇《评孟子序》与第27篇《阴符经注序》顺序前后对调，这应该是笔误所致。港大藏徐氏本从第47篇起至最后第61篇《致知说》共十五篇，为伦明本所未收，而港大藏徐氏本从第48篇《诗义说》起至最后第61篇《致知说》共十四篇，又与南图本存第37篇《诗义说》至最后第50篇《致知说》篇目和顺序完全一致。根据这种情况可以确定，港大藏徐氏本是依伦明祖本和南图祖本为底本抄录而成的。

这一情况的出现并非巧合。徐信符写于1940年的《翁山佚文辑序》叙述自己："残篇断简，锐意搜访。此《翁山佚文》乃属旧抄本，由于巴陵方氏碧琳琅馆珍藏。方氏群籍散后，流入北平。友人伦哲如为余搜得，储之南州书楼。"[1]黄荫普《翁山文钞跋》云："《广东丛书》第一辑，选印南州书楼藏徐信符、朱希祖补辑巴陵方氏碧琳琅馆《翁山佚文》抄本，将付梓矣。徐君及余，均以抄本未获与其他刻本校勘为憾……至抄本所载而《文钞》所未有者，附作《佚文辑》以补其缺。"[2]伦明本《翁山文外补》卷

[1] 徐信符：《翁山佚文辑序》，《丛书集成续编》集部第189册，台北新文丰出版公司，1988年，第499页。

[2] 黄荫普：《翁山文钞跋》，欧初、王贵忱主编：《屈大均全集》第8册，人民文学出版社，1996年，第2133页。

首伦明的校记与此形成了关联："《翁山文外》……番禺陈椿轩太史之䔥家有原刻，最足本，余从索观，不可得。仅以抄本见示，皆溢篇也。因命胥就录副本。仓卒未及校对，而余北行。及后取视，乃讹脱满纸，大懊恼。即取以赠徐信符，意欲俟南旋时借陈氏原本详校抄补，以快宿愿。己巳返粤，则椿轩殁已数年。问其家人，茫然不知。即曩所阅抄本，亦不可见，无论原刻本矣。急从信符索回前所赠抄本，细心校雠精录一本。"① 从这几段文字可以看出伦明确曾将其据"碧琳琅馆《翁山佚文》抄本"所录副本赠予徐信符。这也可以解释两个抄本前46篇篇目和顺序几乎完全相同的原因了。

徐信符和黄荫普皆提到的"巴陵方氏碧琳琅馆《翁山佚文》抄本"，到底是怎么回事呢？方功惠（1829—1897），字庆龄，号柳桥，湖南巴陵人，在粤为官三十余年。喜藏书，收潘仕成、吴荣光等广东大家藏书，又早于杨守敬赴日本购寻古书。藏书几十万卷于碧琳琅馆，为道咸年间广东第一藏书家。所藏宋元版等珍本无数，张之洞多次求观，以读未见之书。综合伦明和徐信符的叙述，可知方氏藏书流散后，其《翁山佚文》抄本为"番禺陈椿轩太史之䔥"所得。伦明欲索观《翁山文外》初刻本等，但陈氏仅出示所藏《翁山佚文》抄本。伦明因受徐氏所托，故"命胥就录副本"以赠。据黄荫普《翁山文钞跋》所述可知，徐信符得到碧琳琅馆《翁山佚文》的副本之后，以自己历年辑录的翁山佚文南图祖本与之合并抄录成港大藏徐氏本。因民国年间《广东丛书》将要出版，故徐信符与朱希祖一起对自己的藏本进行整理补辑，成徐氏三卷本交由《广东丛书》委员会出版。民国年间《广东丛书》第一集选印的即是徐、朱两位先生整理补辑而成的《翁山佚文辑》三卷本。由伦明本人的叙述可知，伦明本是伦明重抄碧琳琅馆《翁山佚文》副本并精校而成的。故"方氏碧琳琅馆《翁山佚文》抄本"和伦明赠给徐信符的副本皆为伦明本的前身。因碧琳琅馆《翁山佚文》抄本贡献至大，故黄荫普径称《广东丛书》即"将付梓"的为"徐信符、朱希祖补辑巴陵方氏碧琳琅馆《翁山佚文》抄本"。另外，从黄荫普"徐君及余，均以抄本"和"徐信符、朱希祖补辑"等表述可知，《广东丛书》第一辑选印的《翁山佚文辑》，其中也有黄荫普和朱希祖二人的贡献。

---

① 伦明：《翁山文外补校记》，《翁山文外补》卷首。

徐氏三卷本、港大藏徐氏本和伦明本来源皆已清楚，接下来的问题是南图本又是从何而来，或说是如何形成的呢？经过仔细比较后可以确定南图本的基本面貌成自徐氏《逸文》本和"《文外》初刻溢文"，也即是说南图祖本是在二者的基础上增补整理而成。我们现在见到的南图本并非原初状态，可能是抄自徐氏南图祖本，并补辑部分内容，后损毁又经重新装订。由港大藏徐氏本形成的情况可知，徐信符曾拥有南图本（或南图祖本）。南图本（或南图祖本）是徐氏得自他人，还是自己长期搜辑积累而成的呢？

徐氏《逸文》本第1、2、3、4、6、7、8、11、12、15、18、19、20、21、22、23、24、25、26、27、28、29、31、33共二十四篇，恰好对应南图本目录上卷的二十四篇，并且篇目顺序大体一致。"《文外》初刻溢文"共十八篇，其中前十三篇与南图本目录下卷前十三篇（从第25篇《河南死节大臣传》至第37篇《诗义说》）篇目和顺序完全一致。这十三篇正是被保存下来的下卷内容，为南图本存文的第1至13篇。根据徐氏《逸文》本和"《文外》初刻溢文"与南图本的重合度基本上可以判断出南图祖本上、下卷基本是据徐氏《逸文》本的前身和"《文外》初刻溢文"的前身抄录而成。因现在笔者见到的徐氏《逸文》本存目和"《文外》初刻溢文"十八篇存目皆为朱希祖所抄，故二者未必是徐信符辑录的原初状态，为区别起见，故有"前身"之称。

徐氏《逸文》本所收文章应该是徐信符历年积累而得，而"《文外》初刻溢文"，最初也未必足有十八篇。伦明在《翁山文外补》校记说："《翁山文外》……番禺陈椿轩太史之哲嗣家有原刻，最足本，余从索观，不可得。"① 伦明说是最足本，但未必是，因他未见原书。徐信符《翁山佚文辑序》中说："余又搜得残本《翁山文外》，为最初印本，持以与原板通行之《翁山文外》相较，又得多篇为通行本《文外》所无。"后来朱希祖说康熙初年刻本《翁山文外》："仅四册，不分卷，今藏国立中山大学图书馆，较徐氏所藏康熙刻二十卷本及十七卷本、国学扶轮社本多逸文十八篇。"②

---

① 伦明：《翁山文外补校记》，《翁山文外补》卷首。

② 朱希祖：《屈大均著述考》，欧初、王贵忱主编：《屈大均全集》第8册，人民文学出版社，1996年，第2151—2152页。

徐先生说是"残本""多篇",而朱先生非常确切地说是十八篇。有可能徐先生最初见到的因是"残本",故所得只有"多篇",而不足十八篇。南图本(或南图祖本)应当是据徐氏《逸文》祖本和徐氏所得"《文外》初刻溢文""多篇"抄录而成,故以今之所见徐氏《逸文》本和朱氏所抄"《文外》初刻溢文"十八篇与南图本对照,难免不能完全对应。

综上所述,我们大体可以梳理出搜辑收藏翁山佚文的大体过程和参与的专家学者。最早搜辑收藏者应该是碧琳琅馆主人方功惠,其搜辑最有成就。藏书散佚后,其搜辑而成的《翁山佚文》抄本为"番禺陈椿轩太史之鼐"所得。徐信符先生托在北平的友人伦明哲如氏为其搜求录副,并储之南州书楼。后伦明先生又索回重抄精校而成今之所见伦明本。徐氏将自己多年搜辑而成的《翁山文外·逸文》与从《翁山文外》初刻本抄录的多篇佚文合并抄录成南图祖本;后与朱希祖等一起再将南图祖本与碧琳琅馆《翁山佚文》副本合并补辑抄成港大藏徐氏本。在徐信符先生搜辑、校对、抄录的过程中,徐氏固然付出最多,但朱希祖、黄荫普乃至以上未曾提到的汪宗衍皆有贡献。后徐信符先生在港大藏徐氏本的基础上整理成徐氏《翁山佚文辑》三卷本交由《广东丛书》委员会印刷,收入《广东丛书》第一集。出版之后,徐信符将后续所得少量翁山佚文赠给黄荫普辑成《翁山佚文二辑》一卷,随《广东丛书》第二集印刷出版。

四 《屈大均全集》未收之翁山佚文及异文较多者述录

由《屈大均全集·前言》可知,《屈大均全集》在整理翁山佚文时,主要依据的是徐信符的《翁山佚文辑》和黄荫普的《翁山佚文二辑》,其余四种辑本皆未提及。

《屈大均全集》之《翁山文外》以康熙年间二十卷刻本为底本,由李文约先生负责点校。其《关于〈翁山文外〉的几个问题》云:"《屈大均全集》收录屈大均佚文37篇,其中有20篇录自徐信符、黄荫普辑本《翁山佚文》二本中;有16篇分别辑自各家别集之中;唯《董君传》一文仅见载于郑本《翁山文外》卷三中。既未见载于诸本《翁山文外》和《翁山文钞》中,又为徐信符、黄荫普、汪宗衍三家辑佚本所未收,故作为佚文录入《屈大均全集》。"①郑本《翁山文外》即广州郑谋信医生所藏康熙年间刻十七卷本《翁山文外》。

综观翁山佚文六种抄本所辑佚文,《屈大均全集》未收和有较多异文者如下:

（一）《又　送张超然浮海往日本序》

见港大藏徐氏本、徐氏三卷本、伦明本和南图本。

> 传曰:"日出扶桑。"扶桑者,木也。木为日之所本,故东洋之国名为日本。言乎日,本乎木也。易之道尚本（按:伦明本、徐信符《广东丛书》本,皆作"本",南图本涂去"本",改为"木"）,故益曰,木道乃行,日之一出一入,木道之行之象也。君子者,以日为师,知日之所本在木。而南从天池,东指旸谷,身至乎扶桑之下,以观日之所出。斯亦胜于泰山鸡初鸣之所见,以为长三丈所也远甚。去矣!张子乘木舟之虚,浮游无际,穷尾闾之所归,观元气之所本。知易之道始乎日而终乎月,始乎雷而终乎风,而皆以木为尚。又知夫木之道生生,金之道杀杀。其事不知可以并行,而日本之地多锴铁,工铸长短,倭刀纯钢,犀利其人,又凶悍好杀,素为神州赤县之患。张子以间为其王言。王之国其位在木,乃日之始出之乡。日主德,月主刑。王其以日为师,以德为治,以上合乎天道。毋如昔之扬帆而西而南且北,杀掠中华,自贻祸患为也。王如听张子言,奉以为师,则张子教化大行,声名洋溢于蛮貊而施及中国。张子其自此远矣。然而父母之邦不可以久去。语曰:"木之有本,水之有源,衣裳之有冠冕。"则张子其亦早求所以来归也哉。

（二）《赠梁彦腾序》

见徐氏《逸文》本、港大藏徐氏本、徐氏三卷本、伦明本和南图本。全集本《翁山文钞》卷一作《赠梁学博序》,二文有较大出入,故录存于此。

---

① 李文约:《关于〈翁山文外〉的几个问题》,《学术研究》2000年第2期,第106页。

彦腾梁子，为惠来儒学教谕。以大父忧奔丧而返。当其时，为教授、为学正、为教谕者，若而人遭父母忧，诈以为出为人后，不行三年之服，居官如故者。于是大均感梁子之独能以师儒而守礼也，为述东吴顾氏炎武之言以赠之，曰：古人于期功之丧，皆弃官持服。《记》曰，期之丧，卒哭而从政；九月之丧，既葬而从政。《通典》：安帝初，长史多避事弃官，乃令自非父母服，不得去职。考之于《书》，如韦义以兄顺丧去官，杨仁以兄丧去官，谯玄以弟服去官，马融遭兄子丧自劾归，陈寔以期丧去官，贾逵以祖父丧去官。又《刘衡碑》云，为勃海王郎中令，以兄瑯瑘相忧，即日轻举。《围令赵君碑》云，司徒杨公辟以兄忧不至。则兄丧亦谓之忧也。《曹全碑》云，迁右扶风槐里令，遭同产弟忧弃官。则弟丧亦谓之忧也。《度尚碑》云，除上虞长以从父忧去官。《杨著碑》云，迁高阳令遭从兄沛相忧，笃义忘宠，飘然轻举。则从父从兄丧亦谓之忧也。《陈重传》云，举凡异当迁会稽太守，遭姊忧去官。则姊丧亦谓之忧也。古人凡丧皆谓之忧，其父母之丧则谓之丁大忧，见《北史·李彪传》。《王纯碑》云，拜郎，以妹丧遂解印绶。陶潜《归去来辞自序》云，寻程氏妹丧于武林，情在骏奔，自免去职。则已嫁之妹犹去官以奔其丧也。《稽绍传》：拜徐州刺史，以长子丧去职。则子丧亦可以去官也。后汉末时人多不行妻服，荀爽引据《大义》正之。晋泰始中，杨旌有伯母服未除，而应孝廉举，博士韩光议以为宜贬。又言天水太守王孔硕举杨少仲为孝廉，有期之丧而行，甚致清议。今代之人，重于得官，轻于持服，令晋人见之犹当耻与为伍。况三代圣贤之列乎！大均曰：吁嗟乎，伤哉！人心之不古若也。期功之丧且勿论，以齐斩之情，忍于匿之，又何者而不可忍乎！一教官之微，秩不过九品，禄不过数石，即为人后而舍之，而奔其本生之父母之丧，未足以为孝子，况于不舍之，而以未尝为人之后。欺其亲，并以欺其君乎！推其心，即使闻所后者之父母丧，亦必以为吾之所后者已耳。呜呼！伦明之堂，礼义之所从出，以匿丧之人，坐其上，其弟子员知之而不言，即言之而不足为先生之累。先生不以孝为教弟子员，亦不以孝求之于先生。如此，其人其尚得齿于人伦否乎！梁子以承重孙持其大父之丧，哭踊之节，祭葬之仪，始终无有所失，诚可谓无得罪于名教也者。今梁子又补琼之定安教谕矣，梁子无所失于大父，亦无所失于官。三年之间，若白驹之过于隙，梁子余哀未忘，方以补官之速为憾。呜呼！梁子是真可以为人之师也哉！

（三）《施氏女传》

见港大藏徐氏本、徐氏三卷本、伦明本、南图本。全集本《翁山文钞》卷五有《施氏女墓志铭》，两者同处虽多，实为二文，故录存于此。

施氏女名寅，江浦人，年十七许字同县黄生。会生病，其父母欲得妇以事生，女遂归生。然而未成妇也。亡何，生卒。女凭尸哀号，欲殉生。家人谨守之，弗得，乃送女还。会其父益政以事下江宁狱，女于是髡发服箭衣诈为男子，携稚弟馈食狱中。父仓皇弗识其谁，熟视乃大惊恸。狱吏及诸累囚皆泣下，称为孝女。自是间数日辄携稚弟一往。归坐蓬室刺绣翎毛人物易米以为养。有贵人者持金求聘曰："归我，我力能出尔父。"女曰："嗟乎，救吾父以辱身，吾何以见死夫？辱吾身以救父，吾何以见生父？"谢之。久之，其父病亟，女怀牒诣有司，长跪而号，请代系出父就医。有司览牒心动，释之。踰月而父死。死之日家无一钱，邻里感其义，酬资以殓。女朝夕止食，哀踊成疾。垂革犹呼父者三，乃死。年二十有四，诸生黄虞稷、吴汉葬之于分山口。

屈大均曰："昔杨文懿公尝题武进胡氏贞孝卷，有曰：'是女也，能男于其父，又能男于其翁。天之生女也，而女之。自为则男也，天不得而女之矣。'施氏女有焉。"

（四）《黎太仆公影堂记》

见徐氏《逸文》本、港大藏徐氏本、徐氏三卷本、伦明本和南图本。全集本《翁山文钞》卷二有《黎太仆公画像记》，二者题名有异，而文略同。两相比较，《黎太仆公影堂记》题与文为佳。其文异处，如：

《黎太仆公画像记》云："黎伯子于所居药园，为其父太仆公作祠堂，供画像于其中，属予为之记。予年十四五，甫知问学，即皇皇亲师取友，从里中贤豪长者游，而独恨未尝见公。虽所居之乡，与公板桥相望。在城中，又与公芳草东街相近，而公是时，方以孝廉上公车，便道客游吴浙。"《黎太仆公影堂记》作："黎延祖于所居药园，为其尊人太仆公设影堂，属予为之记。予昔年十四五，甫知问学，即皇皇亲师取友，从里中贤豪长者游，而独恨未尝见公。虽所居之乡，与公板桥相近。在城中，又与公芳草东街相近，而公是时，方以孝廉上公车，取便道客游吴浙。"除此之外，还有两处小异，不赘。

（五）《诸死孝者传》

见徐氏《逸文》本、港大藏徐氏本、徐氏三卷本、伦明本和南图本。

《屈大均全集》无此题。全文内容散入《翁山文钞》三文之中。赵廷举、张清雅、万元享、张维黄、陈求之、王旸、田而腴、魏允炽、王裔昌、吴翥南、杨师禄、王业巩、许国左、徐安远、石东壁传入《翁山文钞》卷四《孝子死于贼者传》；萧铉、夏序功二人传入《翁山文钞》卷四《报仇五孝子传》；霍录科、王酒保传入《翁山文钞》卷四《救火三孝子传》中。《救火三孝子传》叙及霍录科子文举，共为三人。经比对，《诸死孝者传》与《翁山文钞》诸篇文字有异。《诸死孝者传》当早成，经重新编订散入《文钞》诸篇。《诸死孝者传》开篇先胪列诸人姓名，之后逐一详述其事，《文钞》诸篇则未于篇首胪列诸人姓名。

（六）《割股死者三孝子传》

见徐氏《逸文》本、港大藏徐氏本、徐氏三卷本、伦明本和南图本。

《翁山文钞》卷四作《割股死者五孝子传》，主记邓广生、赵希乾、萧日曧三人，亦叙及赵希乾和施姓者，故为五孝子。《三孝子传》开篇先胪列三人姓名，之后再逐一述其事，《五孝子传》篇首则未胪列三人姓名；两文叙事文字同，文后评赞大异。《割股死者三孝子传》文末评赞："屈大均曰：黄生曰，割肝非孝也。遗体之谓何？而或因以陨命，不愈重其亲忧乎？虽然，彼惟亲疾是愈，诚不恤以一身为代。夫亲之遗固后于亲也。或曰张所遇路人，盖神，或启之斯事，固不可知。然母疾得疗，子创旋愈，不可谓非天也。所憾者，广生、日曦以此而死，有幸有不幸耳。吾又闻有姚元吕者，字仲宣，慈溪人，与弟元台并游太学有声。出者庀修脯，居者躬温清，更番以养其父母。母病疽，元吕祷于城隍神，愿损己龄以畀母，旦而告其姊：'神许我矣。'母霍然良已，而元吕遂病，病数月而卒。噫，亦又异甚。是皆所谓有天焉者，非耶？"

（七）《复汪栗亭书》

见徐氏《逸文》本、港大藏徐氏本、徐氏三卷本、伦明本、南图本和全集本《翁山佚文》。经查对，伦明本《复汪栗亭书》与全集本《翁山佚文》之《复汪栗亭书》内容基本完全相同，当是出自同一底本。

相异之处有三：1.全集本"蒲，一水草之微，而得依乎荷之与蔄与菡萏，蒲之幸也。然蒲也能忘荷之与蔄与菡萏，而荷之与蔄与菡萏不能忘蒲，然则蒲之情"句，伦明本漏"蒲之幸也。然蒲也能忘荷之与蔄与菡萏，而荷之与蔄与菡萏"二十四字。2.全集本"以墨为图"，伦明本作"以黑为图"；全集本"非二、虹玉"，伦明本作"二、虹王"。3.全集本《诗外》一部千余纸"，伦明本作"《诗外》一部八百纸"。南图本《复汪栗亭书》，仅存全集本《翁山佚文·复汪栗亭书》之首段："丁卯九月之三日"至"则足诚古之君子也哉"。

除以上所述数篇民国年间佚文抄本中的翁山佚文未被收进《屈大均全集》之外，还有五篇翁山佚文未被收录，分别是：《橘苑诗抄序》《忆雪楼诗集序》《中露集引》《书石连禅师册后》《供母图题辞》。此五篇佚文于2011年和2012年已为陆勇强和王富鹏发表于《暨南学报》和《中国诗学》，故此处不再录入。①

（八）《屈翁山诗集跋》

徐肇元撰，见港大藏徐氏本。此文因非翁山之作，不录。

---

① 陆勇强：《屈大均集外诗文考述》，《暨南学报(哲学社会科学版)》2011年第2期，第102—106页；王富鹏：《屈大均诗文辑佚》，张伯伟等编：《中国诗学》第16辑，人民文学出版社2012年，第46—49页。

五 尚待搜访翁山之佚文

晚清以降，文网渐弛，学界搜集出版翁山存世文献的热情高涨。在这方面，晚清至民国初年有关学者的贡献最大。其后虽有个别文献被发现，但由相关的研究可知，晚清至民初的学者基本上完成了对翁山存世文献的搜集。

（一）所知散佚之文

1.《林公洊行状》

屈大均《张文烈公行状》云："公与师林公洊定谋，公之事不及详者，余详之于林公状中，以见两公相为表里云。"①《皇明四朝成仁录》卷十《东莞起义大臣传》中虽附有林洊传，但可以肯定不是《林公洊行状》。《成仁录》为史著，其写法与普通的叙事文的写法不同，其内容比较简略。比较屈大均所撰《张文烈公行状》与《东莞起义大臣传》之张家玉传，和《顺德给事岩野陈公传》与《顺德起义臣传》之陈邦彦传即可明白二者当有很大不同。

2.《中兴六大典书》

屈大均《先考澹足公处士四松阡表》云："大均既赴肇庆行在，上《中兴六大典书》。"②此文为上永历帝而作。

3.《甲寅上书言兵》

屈大均《继室黎氏孺人行略》云："甲寅春，予从军于楚……予上书言兵。"③此文为翁山上吴三桂而作。《屈大均著述考》名之曰《周元年上书言兵》④。

① （清）屈大均：《张文烈公行状》，（清）陈伯陶纂，谢创志整理：《胜朝粤东遗民录》，上海古籍出版社，2011年，第362页。
② （清）屈大均撰：《翁山文外》卷七，欧初、王贵忱主编：《屈大均全集》第3册，人民文学出版社，1996年，第138页。
③ （清）屈大均撰：《翁山文外》卷三，欧初、王贵忱主编：《屈大均全集》第3册，人民文学出版社，1996年，第117页。
④ 朱希祖：《屈大均著述考》，欧初、王贵忱主编：《屈大均全集》第8册，人民文学出版社，1996年，第2156页。

4.《田盘纪游序》

王煐《忆雪楼诗集》卷下"丙子仲夏余将入蜀，屈处士翁山病剧，贻诗六首，道诀别之意。情词凄切，不忍多读，数日后遂已长逝。卜葬有期，因次其韵挽之"诗有"悲悼从今夏，追欢记去秋。诗篇能细序，草诀许频求"句。自注云："翁山去秋为余作《田盘纪游》《忆雪楼诗集》二序，又赋长歌赠行。草书入妙，数索书之。"① "去秋"，指康熙三十四年（1695）秋。翁山《忆雪楼诗集序》今存，而《田盘纪游序》则佚。乾隆四十六年（1781）二月初八日两江总督萨载奏准应禁书籍折云："《田盘纪游》宝坻王瑛藁。内有屈大均序。应请抽毁。余书仍行世。"②

5.《怡志堂诗序》

《怡志堂诗》二卷，王佳宾撰。佳宾，字用襘，王邦畿、王鸣雷族人。翁山序："谓其治诗如其治兵，治兵如其治药，皆以律为之。"③ ［同治］番禺县志》卷四十三："王佳宾，字用襘。康熙初以武进士官广州右卫守备。多才艺，能诗，善相马。武非所好也，后自免归。日与族人鸣雷、隼等赋诗为乐。居城东南……有《怡志堂诗》二卷，屈大均序之。"④

6.《盐法志序》

两淮《盐法志》十二卷。内有屈大均序。乾隆四十五年（1780）六月二十四日江西巡抚郝硕奏准抽毁书籍折云："《盐法志》两淮盐法司等同辑。内有屈大均序。及钱谦益跋语。均应铲除。余书仍行世。"⑤

（二）《翁山文外》嗣刻未刻之文

康熙年间刻《翁山文外》二十卷本，目录谓二十卷，实为十六卷。目录：卷一《记》；卷二《序》；卷三《传》《行状》《行略》；卷四《论》

---

① （清）王煐著，宋健整理：《王南村集》，天津古籍出版社，2015年，第149页。此诗题作《挽屈处士翁山》。
② 雷梦辰著：《清代各省禁书汇考》，书目文献出版社，1989年，第68页。
③ （清）任果、常德修，（清）檀萃、凌鱼纂：《［乾隆］番禺县志》卷一五，陈建华、曹淳亮主编：《广州大典》第277册，广州出版社，2015年，第314页。
④ （清）李福泰修，（清）史澄、何若瑶纂：《［同治］番禺县志》卷四三，陈建华、曹淳亮主编：《广州大典》第278册，广州出版社，2015年，第546页。
⑤ 雷梦辰著：《清代各省禁书汇考》，书目文献出版社，1989年，第107页。

《议》，注曰"嗣刻"；卷五《说》；卷六《四书考》《五经考》《诸史考》，注曰"嗣刻"；卷七《碑》《碑记》《墓碑》；卷八《墓表》；卷九《墓志铭》《墓碣》；卷十《书后》《书事》；卷一一《杂著》；卷一二《铭》；卷一三《赞》《颂》《箴》；卷一四《杂文》《祭文》；卷一五《哀辞》《诔》；卷一六《书》《启》；卷一七《赋》；卷一八《翁山诗话》，注曰"嗣刻"；卷一九《辽语》，注曰"嗣刻"；卷二〇《滇语》，注曰"嗣刻"。

卷四《论》《议》，注曰"嗣刻"，实刻《孟屈二子论》一篇，《议》体之文付之阙如。既云"嗣刻"，其文当成，亦当不止一篇。《论》《议》二体之文尚待考索。

卷六《四书考》《五经考》《诸史考》，注曰"嗣刻"。《四书考》不存于《翁山文外》，而存于《四书补注兼考》中。全文见《屈大均全集》第五册。《五经考》《诸史考》既云"嗣刻"，其文当成，是否仍存于世，则待考求。

卷一八《翁山诗话》，注曰"嗣刻"。

屈大均《黎太仆集序》云："诗五古，若《从军》《结客》诸篇，激昂慷慨，义烈动人，使闻者掩泣沾襟，尽怀杀身成仁之志，是皆有补于人伦，予尝于《春山诗话》极论之。"[1]《广东新语》卷一二《诗语》"黎美周诗"条云"美周诗，五古最佳"，并论其《古侠士磨剑歌》《结客少年场》等诗"皆不失英雄本色"[2]。《诗语》与《黎太仆集序》所言形成了关联。《广东新语》卷三"春山"条云："予所居沙亭宅后，有山曰覆船。其名不美，予以山上多古松，其声与风涛相春，响震四壁，因名之曰春山，扁曰'春山草堂'。春音与翁相近，予字翁山，使人或误称为春山，无不可者。……予也少而遭乱，思以耕稼，终其身杵臼之间，其敢自以为苦乎。高春而作，下春而息，与日而无穷焉，其志足矣。"[3]《翁山诗外》卷五有《春山草堂感怀》十七首；卷七有《初秋春山作》七首；卷八有《自端州载嘉鱼归春山

① （清）屈大均撰：《黎太仆集序》，欧初、王贵忱主编：《屈大均全集》第3册，人民文学出版社，1996年，第54页。
② （清）屈大均撰：《广东新语》，欧初、王贵忱主编：《屈大均全集》第4册，人民文学出版社，1996年，第316页。
③ （清）屈大均撰：《广东新语》，欧初、王贵忱主编：《屈大均全集》第4册，人民文学出版社，1996年，第93页。

草堂》二首。由此可知《春山诗话》应为翁山论诗之作，即《翁山诗话》。朱希祖《屈大均著述考》亦认为《翁山诗话》即《春山诗话》，并进而认为，亦即《广东新语》卷一二之《诗语》①。笔者认为朱先生的说法并不恰当。从相关的文章中可以看出翁山先生的诗学思想非常丰富。《翁山诗话》虽即《春山诗话》，但《翁山诗话》当不止《广东新语》卷一二之《诗语》中的内容。《诗语》受体例所限专论粤人之诗，《翁山诗话》当不只是评论粤诗，应当还有翁山对其诗学思想和其他地区之诗的论述。

卷一九《辽语》，注曰"嗣刻"。《辽语》当为记述辽东之文，即如《广东新语》所言皆为广东之事。

顺治十五年（1658）春屈大均逾岭北上，东出榆关，访函可未得，吊袁崇焕废垒，周览辽东西名胜，后抵达奉天。之后南下，是年冬客广陵。毛奇龄《屈翁山诗序》云："予之见翁山，则自翁山游东海时始也。先是翁山游塞外，北抵栗末，过挹娄、朵颜诸处，访生平故人，浪荡而返。"②《辽语》盖翁山游辽东时作。既云"嗣刻"，其文当成，有待考索。

卷二〇《滇语》，注曰"嗣刻"。《滇语》所记当为南明永历帝在云南之事。翁山未尝至滇，所记或依文字资料，或依他人之讲述。翁山《皇明四朝成仁录》记述了很多永历朝发生在滇黔的历史，翁山《永历遗臣录》③应当也记录了很多滇黔之事，不知三者有着怎样的关系。滇黔之事，翁山当自二从兄处所得甚多。屈士燝、屈士煌俱曾追随永历至云南。伯兄士燝"艰难险阻，九死一生，破先人之产，绝老亲之裾，与弱弟间走交、南，匍匐诣阙"④，"追从车驾，朝向昆明，暮趋腾越，艰难险阻，濒九死而弗移"⑤，翁山《怅望为家礼部兄贲士兵部兄泰士作》云："怅望滇南杀气凝，

---

① 朱希祖：《屈大均著述考》，欧初、王贵忱主编：《屈大均全集》第8册，人民文学出版社，1996年，第2150页。

② （清）毛奇龄：《屈翁山诗序》，欧初、王贵忱主编：《屈大均全集》第8册，人民文学出版社，1996年，第2120页。

③ 翁山云："予姑为之表，志其大略，他日将为《永历遗臣录》以伯兄为录中之一人。"见欧初、王贵忱主编：《屈大均全集》第3册，人民文学出版社，1996年，第142页。

④ （清）屈大均：《伯兄白园先生墓表》，欧初、王贵忱主编：《屈大均全集》第3册，人民文学出版社，1996年，第140页。

⑤ （清）屈大均：《哭从弟孚弟士文》，欧初、王贵忱主编：《屈大均全集》第3册，人民文学出版社，1996年，第217页。

十年龙血已成冰。红霞尚自依行殿，白草无从问义陵。诸葛但教兄弟在，文渊应见帝王兴。艰难六诏归来日，花萼名高世所称。"《寄从兄贡士员外》也写及士燫战于西南之事："万里黄云接楚天，愁君匹马战场边……金沙江水知难渡，未得从亡入瘴烟。"①翁山《赠家泰士兄》概而言之："遗臣最熟云南事，私史长书大历年……高文典册凭君手，更补《从龙传》几篇？"②此"大历"意为"永历"。

朱希祖认为《滇语》所记亦有可能为吴三桂在滇之事。其《屈大均著述考》云："或记吴三桂在滇事……吴三桂初挟明室周王名义，在滇反正，以周纪年，翁山此时曾仕吴三桂，故有《周元年上书言兵》，有《寅卯军中集》。后三桂帝制自为，翁山乃谢事去。《诗外》卷四有《方瞳子》一首，盖系刺三桂称帝而作，故《滇语》杂记吴三桂事，亦未可知。"③笔者认为翁山著作一切归正于儒，吴三桂既为翁山所鄙，从军湘桂期间，即使有作，亦必不再辑入。再者，翁山晚年全力从事编撰，当无余闲杂记三桂之事。

翁山著作宏富，因文字之忌，其佚诗佚文佚著亦多。晚清以来学者极力搜求，所获虽多，但尚有十数部编著寻觅未得。翁山散佚之文，现知民国期间辑有六种抄本，所得佚文达六七十篇。这六种抄本相互之间，有着明显的关联。《屈大均全集·翁山佚文》所依据的徐信符《翁山佚文辑》在形成的过程中，新发现的两种民国抄本伦明本和南图本起到了关键的作用，也使徐氏所辑佚文数量猛增到六十多篇。因这些抄本并没有全部进入1996年版《屈大均全集》整理者的视野，抄本的累积过程也不为整理者所知，故造成了《全集》的遗珠之憾，致使前辈学者辛苦搜得的翁山佚文，再次从读者的视野中消失。虽然现在搜辑到的翁山佚文已经不少，但尚有佚文待发现。

附记：2019年笔者因赴港不便，香港董君就雄教授两赴香港大学冯平

---

① （清）屈大均：《怅望为家礼部兄贡士兵部兄泰士作》《寄从兄贡士员外》，欧初、王贵忱主编：《屈大均全集》第2册，人民文学出版社，1996年，第835、891页。

② （清）屈大均：《赠家泰士兄》，欧初、王贵忱主编：《屈大均全集》第2册，人民文学出版社，1996年，第863页。

③ 朱希祖：《屈大均著述考》，欧初、王贵忱主编：《屈大均全集》第8册，人民文学出版社，1996年，第2150—2151页。

山图书馆代为抄录徐氏四卷本全部目录及部分佚文。南京图书馆史星宇和中国国家图书馆王晓博士又分别代为复印了南图本《翁山文外逸文》和伦明本《翁山文外补》的部分内容。在此一并表示感谢！

作者通信地址：广东省广州市天河区珠江东路4号广州大典研究中心，邮编：510623

责任编辑：赵晓涛

吴兰修著作考

谢永芳*

广西科技师范学院，广西来宾，546199

摘 要： 吴兰修的传世著作包括《南汉纪》《南汉地理志》《南汉金石志》《端溪砚史》《方程考》《荔村吟草》《桐花阁诗集（抄本）》《守经堂集》《桐花阁词》《补遗》等。吴兰修曾校订《第六才子书西厢记》，称"桐华阁校本"，并附论十则；又辑编《岭南后三家集》，今佚。吴兰修没有文集传世，所作散见于《国朝岭南文钞》《学海堂集》《学海堂二集》等，也写过一定数量的本集和他集序跋，还留下过相当数量的书札、砚铭。另，《国朝岭南文钞》《登云山房文稿》等集附有吴兰修评点他人文章之语。又，可据《楚庭耆旧遗诗》辑得吴兰修集外诗二首；据张宝编绘《泛槎图》以及《粤东词钞》《在山泉诗话》，分别辑得其集外词各一首。

关键词： 吴兰修；著作；考录

吴兰修（1789—1839）[1]，原名诗捷，字石华，号荔村，广东嘉应州（今

---

* 谢永芳（1969— ），男，湖北天门人。广西科技师范学院文化与传播学院教授、硕士生导师，文学博士。

[1] 据朱彭寿编著，朱鳌、宋苓珠整理的《清代人物大事纪年》（北京图书馆出版社，2005年，第903页），吴兰修生于乾隆五十四年（1789）九月初五日（10月23日）。然其书或因格于体例，并未交代文献依据。吴兰修卒年，系据梁廷枏《粤秀书院志·吴兰修传》："以道光十九年卒于羊城院。"《传》后案语云："先生在院，自阮相国后，卢敏肃公、邓嶰筠、祁竹轩三制府（祁识先生在巡抚任，其后以辛丑来督粤，则先生殁已两年矣）并器重之。"（赵所生、薛正兴主编：《中国历代书院志》第3册，江苏教育出版社，1995年，第253—254页）《林则徐全集·日记卷》所记亦可参证：（道光二十一年三月）"二十二日……新制军祁竹轩已于巳刻在三水接篆，亦放船至彼候潮。"（《林则徐全集》编辑委员会编：《林则徐全集》第9册，海峡文艺出版社，2002年，第4636页）汪宗衍《广东人物疑年余录》（《广东文物丛谈》，中华书局香港分局，1974年，第201页）谓卒于1837年，恐误。

梅州）人，嘉庆十三年（1808）恩科举人。尝客大同，有《风雪入关图》。道光元年（1821），署番禺县学训导。与曾钊、吴应逵、林伯桐、张维屏、黄培芳、张杓、杨时济、邓淳、马福安、熊景星、徐荣、温训、刘天惠、谢念功、杨炳南、黄子高、胡调德等结希古堂文社。四年（1824），阮元建学海堂，与赵均董其役。堂成，举为学长，兼粤秀书院监院。五年（1825），阮元选辑《学海堂集》，命其编校监刻。六年（1826），翁心存浚治药洲，得《仙掌石米芾诗刻》，兰修与其事。十二年（1832），程恩泽闱后与兰修等游白云山，会者另有曾钊、陈鸿墀、李黼平、段佩兰、仪克中、梁梅、侯康、谭莹、孟鸿光、居溥等十人，王玉璋为绘《蒲涧赏秋图》。寻补信宜县学教谕，留省办理惠济义仓事宜。卢坤增设学海堂专课生，属钱仪吉与兰修及曾钊等商订课业章程。生平枕经葄史，工诗文，治史精于考核，兼精算术，尤善倚声。

作为清代中期广东著名学者、词人①，吴兰修著述颇富，几及四部，庶可分成历史地理、谱录算法、诗文词曲、遗佚待访四类考录如下：

一 历史地理类

（一）《南汉纪》

有道光十四年（1834）郑氏淳一堂刻本、伍崇曜辑刊《岭南遗书》本等。全书分为烈宗、高祖、殇帝、中宗、后主五纪，纪各一卷，凡五卷。卷首有武进李兆洛道光十五年（1835）十一月序。李氏序文，其《养一斋文集》卷二题作《吴石华南汉纪序》，尾署"道光丙申六月"②。序之大旨谓：南汉地僻朝陋，私史阙如。宋人纪载，则有新、旧《五代史》《九国志》《隆平集》《东都事略》，各皆随所见闻，不能赅备，彼此乖午，靡所折衷。国朝吴任臣《十国春秋》，则又徒为稗贩，都无别择，治丝而棼，抑又甚焉。因谓此书义必深严，事求翔实。别有《地理志》，以补诸家之遗舛；

---

① 吴兰修《桐花阁词钞》一卷，是赵尔巽主编《清史稿·艺文志》（中华书局，1977年）著录的唯一一部清代广东词人词别集。

② （清）李兆洛：《吴石华南汉纪序》，《养一斋文集》卷二，《续修四库全书》编纂委员会编：《续修四库全书》集部第1495册，上海古籍出版社，2002年，第30页。

《金石志》，以搜当时之轶闻。皆详而有体，核而不华。《续修四库全书总目提要（稿本）》则谓：其言并（？）非阿好，至评《十国春秋》，则似贬之少过。然其捃拾虽富，而不注明出于何书，实一大病。①卷末有甘泉江藩跋、南海伍崇曜道光庚戌中伏后跋。伍氏跋谓："是书捃拾独富，考核尤精。每条必注出典，以矫吴志伊《十国春秋》之失。为附录、考异于各条之下，见搜罗之已遍，决择之特严。正史纪传，或逊其详明简当，而奚论于霸史也。李申耆序称：'唐之末造，乱贼窃擅，莫正于北汉，莫强于南唐，莫狡于吴越，而莫秽于南汉。'窃谓是书实为十国纪事之书之冠，伪刘何幸得此于广文哉！"

（二）《南汉地理志》

有道光十四年（1834）郑氏淳一堂刻本、伍崇曜辑刊《岭南遗书》本等。凡一卷。《续修四库全书总目提要（稿本）》谓："其书以府州为纲，以县为纬，盖据《太平寰宇记》《（欧阳氏）五代史》《宋史·地理志》《舆地广记》《广东通志》《十国春秋》《舆地纪胜》《通典》《通考》《五代会要》《宋会要》诸书而成，引证浩博，考据亦精。南汉地理，得此一编可无大误矣。"②卷末有南海伍崇曜道光庚戌末伏后跋。伍氏跋谓："考南汉高祖之兴，至后主之败，凡五十五年。中宗乾和九年，始尽有岭南之地。大有十二年，尚书左仆射黄损称：陛下之国，东抵闽、越，西逮荆、楚，北阻彭蠡之波，南负沧溟之险。盖举五岭而有之，用武之国也。亦铺张扬厉之词耳！"又，《志》末有吴兰修按语："《十国春秋》：南汉有思州，领务川、宁彝、思印、思王四县。考思州唐属黔中道，后入于番。宋徽宗时，番长内附，复置思州，即今贵州思南府地，与南汉绝不相涉，兹删正。又交州虽已内附，羁縻而已，不能实有其地也。并删之。右《志》共州六十二，县二百一十四。县数与《长编》《宋史》本纪及《地理志》合。惟彼云六十州，不相附耳。"对此，梁元《南汉地理志考异》提出：吴

---

① 中国科学院图书馆整理：《续修四库全书总目提要（稿本）》第1册，齐鲁书社，1996年，第620页。

② 中国科学院图书馆整理：《续修四库全书总目提要（稿本）》第8册，齐鲁书社，1996年，第693—694页。

《志》似应仍唐志之旧列入交州，因终南汉之世，交州俱与之交往。又所云"州六十二"，实未计已列入《志》中的兴王府和桂阳监。又所云"县二百一十四"，较《宋史》所记差一县，有两种可能：一是崖山县或为南汉未省，或为省后又复置；二是关于溥州的考证或未尽善①。可备参酌。

（三）《南汉金石志》

有道光十四年（1834）郑氏淳一堂刻本、伍崇曜辑刊《岭南遗书》本等。凡二卷。尝著录于张之洞《书目答问》卷二史部"金石文字之属"之"附录国朝各省金石书精审者"②。卷末有南海伍崇曜道光庚戌竹醉日跋、香山郑廷松道光甲午（1834）夏跋。伍氏跋谓：

> 翁氏《粤东金石略》谓，竹垞记刘䶮冢、碑事，与王文简《皇华纪闻》颇有错互。竹垞称"陈元孝语予"云云，则是竹垞既得自口传，而元孝复出自记忆，无怪乎传闻异词矣。文简亦曾晤元孝者，窃疑亦得自元孝口传也。考《莲须阁集》有《吊南汉刘氏墓赋》，观刘氏冢记，纪康陵碑，其最古者，则元孝所记忆，其又黎忠愍语乎？其错互也宜矣。又《南海百咏》谓，陵山刘氏之墓也，龟趺石兽，历历具存，昔有发其墓者，其中皆以铁铸之。尝至其地，摩挲旧碑，不见始末，见其词皆是葬妇人墓志。考之伪史，疑是懿陵也。则伪刘亦踵曹瞒疑冢故智耶？又《南海县志·金石略》有南汉陀罗尼石幢："□和三年太岁乙巳二月□□日□□□□陈十八郎敬□造。"乙巳，为南汉主刘晟乾和三年，此幢末纪年，"和"字上当是"乾"字。石在吴氏筠清馆。又《池北偶谈》载，南粤陆汉东卿孝廉有小砚，是南汉刘银宫中物，有银宫人离非女子篆砚铭。孝廉死，子幼，此砚不知流落何所云云。似均当补入。又金石以款识为重，此古今通例，故刘氏铜像、铁柱，并见《南海百咏》，均不录。然考恭岩札记，谓元

---

① 梁元:《南汉地理考异》,《岭南文史》1985年第1期,第128—129页。

② （清）张之洞撰,范希曾补正,徐鹏导读:《书目答问补正》卷二,上海古籍出版社,2001年,第132页。

妙观西院功德林，有伪南汉主刘铱及二子铜铸像，状豪恶可憎，俗称番鬼是也。又谓大城既克，伪官咸遁，藩库吏胥，窃库钥而逃。百计启库，键不可辟，虽炮石攻之弗得。盖库门有双铁柱，系伪南汉时故物。后悬赏购钥，有南海潘、麦、陈三姓，赴辕投献。两王悦，厚赏之，令三姓世为库吏，至今不替。则现存而众著者，恐宜援阮《通志·金石略》例，附载铜鼓、铜柱而并录之也。铁柱，阮《通志》已附载。

郑氏跋系《南汉纪》《南汉地理金石志》三种之刻后跋："石华先生撰《南汉纪》五卷、《地理志》一卷、《金石志》二卷，事备而文简，识通而辨析，三长具焉，足以传矣。余年来数为故人刻集，并欲梓吾粤记载之书，即以是为先导，可乎？"

《续修四库全书总目提要（稿本）》谓：

其书采南汉金石刻文，自唐龙纪元年石版文至韬真观碑，凡二十八种，其中存、佚并录。惟云门山匡圣宏明大师碑，所记禅宗派别甚详，尤为佛教史上重要资料。其失而未收者，尚有乾和三年陁罗尼石幢，见《南海县志·金石略》。刘铱小砚，见《池北偶谈》。又懿陵碑，考朱彝尊《曝书亭集》及王士祯《皇华纪闻》均有记载，亦未眘录。又考《恭岩札记》，谓元妙观西院功德林有伪南汉主刘铱及二子铜像，并藩库二铁柱，俱见《南海百咏》。皆南汉时故物，均当入录也。①

又，金武祥《粟香四笔》卷一云：

都峤与桂林诸岩及勾漏洞不同。都峤为阳洞，宜居人，惟离城市较远，路亦险峻耳。山岩沙与石相间而生，非如他处岩洞，全系石质，可以磨崖题壁者。岩内存碣，以南汉为最古。有乾和

① 中国科学院图书馆整理：《续修四库全书总目提要（稿本）》第29册，齐鲁书社，1996年，第200页。

四年陈亿《五百罗汉记》碑，又断碑一，陈亿姓名尚可辨识。又大宝四年佛像碑。又大宝七年蔡珽庆赞记碑。此外经幢二，为乾和十三年罗汉融造，尚完好，其一存半截，款文仅辨女弟子□廿五娘造幢一所而已。窃谓岭外碑碣，隋唐已鲜，南汉亦渐稀。此六种，《广西通志》及《南汉金石志》均未著录，故无知者。都峤名山，应存古碣，因详记各刻于左。文虽卑陋，其官位亦足考一时之制，可补《十国春秋·百官表》所未及也。①

又，叶昌炽《语石》卷二云：

南汉石刻，皆在五岭东西，吴兰修采摭最富。光孝寺二铁塔，余曾偕袁瑰禹、管申季、江建霞登风幡堂，亲往摩挲其下，瑰禹并先以拓本见遗。今三君墓有宿草矣，每开笥，泫然流涕。乳源云门山有《匡直》《匡圣》两大师碑，皆大宝中刻。翁氏《金石略》、吴氏《金石记》但有《匡圣》一碑，而《匡直实性碑》，吴氏但据邑志录其文，注云已佚。余前五六年，在厂肆旧书中见一纸黯淡，披视之，即此碑也，一字未损，亟以贱价得之。此真希世秘笈，想未必有第二本矣。东莞资福院《邵廷琄石塔记》，客岭南时闻碑工言，山中有虎，不能拓，亦于厂肆无意得之。江阴金桂生运同榷醵梧州，在容县之都峤山得南汉石刻六通，皆吴兰修所未收：一为中峰石室《五百罗汉记》，乾和四年陈亿文，杨珞书；一为《五百罗汉院经幢》，乾和十三年罗汉融造；一为大宝四年《内常侍梁造象》；一为大宝七年《灵景□同会弟子庆赞记》，景下一字泐；一为《智昔造罗汉象铭》，年月泐，亦陈亿文，杨怀□书，怀下一字已损；又一残经幢，年月亦泐，仅存女弟子廿五娘等字。②

① （清）金武祥撰：《粟香四笔》卷一，《续修四库全书》编纂委员会编：《续修四库全书》子部第1184册，上海古籍出版社，2002年，第9页。
② （清）叶昌炽撰，韩锐校注：《语石校注》，今日中国出版社，1995年，第239页。

其《缘督庐日记》亦云:"(光绪二十三年三月)十四日……游厂肆,在翰文斋得……南汉大宝元年《匡真大师实性碑》,雷岳文,薛崇誉书,在广东乳源县。吴兰修《南汉金石志》云已佚,当是近年复出土也。"①

又,徐信符著、徐汤殷增补《广东藏书纪事诗·黄遵宪人境庐》注云:

> 有《人境庐藏书目》,虽无珍贵秘本,聊以备宗族、乡里阅览而已。惟庐中藏有《修慧寺塔铭》,颇为珍贵。《人境庐诗》有《南汉修慧寺千佛塔歌》,序言:塔为南汉刘鋹时建,有铭文,似光孝寺东、西铁塔。此塔初建至今,九百余年,《广东通志》《嘉应州志》皆失载。吴石华《南汉金石志》搜罗极富,亦不之及。此塔乙丑兵燹以后略毁,而未坏,嗣为群儿毁伤,日久遂圮。余归里后,求之邻家,得塔铭。考之,敬州于南汉至刘晟乾和三年,即潮州之程乡县,升为州,领县一。修慧不入志中,寺址未悉所在。父老传言,乾隆初年由前州牧王者辅于今之齐洲寺移来,去塔不远。《修慧寺志》既失载,又无碑可证,惟将所得残整各块,置于人境庐。②

均可备参。

二 谱录算法类

(一)《端溪砚史》

有伍崇曜辑刊《岭南遗书》本、许增辑刊《娱园丛刻》本等。凡三卷。《续修四库全书总目提要(稿本)》谓:

> 是书以道光十三(原误作"十四")年癸巳岁,西江再溢,濒江舍庐,荡析无存,端州民于冬请开砚坑,以工代赈,凡三月而毕其事。兰修以乡邦所产,又逢其适,故萃诸前闻,证以目验,

---

① (清)叶昌炽著:《缘督庐日记》第4册,广陵书社影印本,2018年,第2505页。
② 伦明等著,杨琥点校:《辛亥以来藏书纪事诗》,北京燕山出版社,2008年,第278页。

而成是书，凡三卷。上卷首列砚坑图五，继则详论宋以前开者十坑、峡南二十五坑、峡北三坑、岭北九坑、西岸三坑，附录四坑。卷二言石璞、石品、石疵、石色、石声、砚工等十四事。下卷则为贡砚、开坑、逸事三目。要皆刺取群书之言，各以类从，而分注书名于各条之下，间附断语，颇具别裁。①

卷首有涿州卢坤甲午（1834）秋序、嘉兴钱仪吉道光十四年（1834）中秋后三日序。《娱园丛刻》本卷首另有周春"题辞"四首："博物胸储七录豪，闲窗余事付名陶。开函纸墨生香处，篆入熏炉波律膏。""瓷壶小样最宜茶，甘饮浓浮碧乳花。三大一时传旧系，长教管领小心芽。""闻说陶形祀季疵，玉川风腋手煎时。何当唤取松陵客，补赋荆南茶具诗。""阳羡新镌地志讹，延陵诗老费搜罗。他年采入图经内，须识桃溪客语多。"周氏此组诗实乃茗壶诗，与端砚了不相及，不知何以阑入。姑仍之。

又，嘉善周以焞校本卷首有周氏序谓："道光癸巳，随尚书禧公子于役连州。事竣，即就榷使聘。入粤之志遂已，而求砚之心复炽。殆未可以三砚终吾生也。其明年，宫保厚山制府从民请，以工代赈，开采水岩。并读嘉应吴石华先生《砚史》三卷，博综古今，辨析疑似。是编之作，讵艺林所可少哉！爰寿诸梓而传之。"

又，怀米山房重刊本卷首有怀米山人（曹载奎）道光戊申（1848）春日记谓："吴石华《砚史》三卷，汇集诸家砚谱，折衷所见，质辨浅云，精确迈过前人。版藏涿州，吴中流传绝少，因此重刊，以供同嗜云。"

又，叶砚农刻本卷首有浙西周士镗咸丰九年（1859）九月九日序谓："予心好砚，而不能得其门径。自砚农出《端溪砚史》一书，口讲指画，复罗列诸品，辨其妍媸，相与质问，始于诸坑石品、石疵各大端，略有师承。是书刻于卢敏肃，而成于吴石华之手。砚农去粤已二十余年，行箧相随，未尝一日离。今则海上鲸鲵，尚稽东观。恐自今以后，开坑无期，佳石更不易觌。且舟车南北，虑是书之佚也，则宝山燕石，辨证何从。用是重刊于大梁官廨，以自述其生平得力之由，而属序于予。予方以砚师砚农，

① 中国科学院图书馆整理：《续修四库全书总目提要（稿本）》第34册，齐鲁书社，1996年，第285—286页。

何敢弁厥首,但述其缘起如左。"

叶本正文中有不知何人手书评语,如卷二《石品·青花》之《广语》一则末即云:"四字分看,成片即大叶青花也。"且时有刊正文本之意,如同则中"盖石极细乃有青花"之"极细",拟改为"细极"。余不具录。

卷末有南海伍崇曜道光庚戌(1850)立秋令节跋。伍氏跋谓:

> 是书专论端溪砚石,亦剌取群书,各以类相从,而分注书名于各条之下,间附断语,颇具别裁。昔贤谓今人事事总让古人,而反是者,推算与弈棋是也。而吾谓论端溪砚石者亦同。宋《端溪砚谱》一卷,《四库全书》已著录,《提要》称:后端砚独重于世,而鉴别之法亦渐以精密。亦犹此意也。夫自宋迄今,论端砚专书,阮《通志·艺文略》所收共六种,似均不如是书之精审,遑论其他。即以屈氏《新语》所论,陈乔生所著《砚书》,俱生长岭南,殆尝亲至端州而得其详者。积薪之叹,恐前贤均当畏后生也。是书无甚异于众人之说,而有稍异于众人之说。其最微妙精确者,亦特以所征《宝砚堂砚辨》数条。《砚辨》,端溪何石卿茂才传瑶撰。广文称其剖析毫芒,辨别疑似,虽老石工不能及,洵不诬也。亦可知著撰征引,取其博,尤贵得其精矣。

(二)《方程考》

见载于吴兰修编《学海堂二集》卷十。凡一卷。全篇分为和数、较数、和较兼用、和较交变、带分、叠脚、重审、通御、附辨等部分。

罗士林编《畴人传》卷五一谓:

> 曾序李云门侍郎《辑古算经考注》,其略云:"凡高台、美道、筑堤、穿河等二十术,皆以从立方开之。西法详句股开方,而无带从,《同文算指》有带从、平方而无立方。梅定九补带从立方三术,称为至密,实未见此书也。且梅氏所举皆正体立方,犹易布算,此则斜衰广狭割截附带,以法御之,无不曲中,可谓思极豪芒,妙入无间者矣。今以其术考之,立法要在求小数,以各差加小数而得大数。盖以各差减大数,则乘除加减,正负交变。以小数

与各差相加，与他数相乘，用加而不用减，法尤简易也。"立言无多，要能直揭王氏之旨，非深于古法者不能道。又撰有《方程考》，谓方程之法，沿误久矣。梅氏定为和数、较数、和较兼用、和较交变四类，可谓力辟荆榛。但其图仍用直行，正负交变，耳目纷繁，学者犹难之。因以诸书方程经梅氏考正者，悉著录，遵《御制数理精蕴》法算之，庶几一目了然。(《学海堂二集》《辑古算经考注》)论曰：石华为广东知名士。阮相国总制两广时，于广州城北粤秀山越王台故址建立学海堂以课士，首选石华为学长，其品学已可概见。所著《方程考》，末载"通御""附辨"二门，如《算法统宗》有"狐鹏不知数"一条，用头尾相减为共数固误；梅文穆公《赤水遗珍》改定为两尾相减余为法，亦非通法。因悟得用方程法御之，始无窒碍。其他不胜枚举，要皆有功于九数者也。[①]

三　诗文词曲类

(一)《荔村吟草》

管瀚文辑刊。凡三卷，共二百二十三首。

卷首有管氏1934年二月序："予少读吴石华先生《南汉纪》，见伍崇曜跋谓先生著有《荔村吟草》，遍求之不可得。后见光绪间所修之《嘉应州志》，艺文一类载先生所著书目特详，而此集独未载，知原集散佚久矣。频年广搜先生古今体诗，得二百二十三首，都为一册，仍颜曰《荔村吟草》。予恐日久或再散佚，亟付手民印行焉。"卷首亦有《清史文苑传》之吴兰修本传。此所谓"文苑传"传文，实见于《清史列传》卷七二《文苑传》三。

卷末有古直"阏逢阉茂孟陬月"(民国二十三年正月)跋、彭精一同年八月"谷旦"跋。古氏跋谓：

> 张南山《听松庐诗话》曰：石华专工填词。吾粤词家，屈翁

---

① （清）罗士林编：《畴人传》卷五一，《续修四库全书》编纂委员会编：《续修四库全书》史部第516册，上海古籍出版社，2002年，第511—512页。

山多苏、辛格调,石华则南唐、南宋,出以天然,词笔天生,一时无两。盖不满于其诗也。然词号诗余,源流非二。今观集中《山庄即事》《严州即事》诸什,风流猗那,类白石翁,何渠不足名家邪!原集久佚,管君类聚复之,其勤有足多者。

彭氏跋谓:

有清道光间,阮文达持节临粤,启学海堂,以经史课士,首选石华先生为学长。其同列曾勉士、林月亭皆经学大师也。顾世率以"词人"目先生,而《清史》亦即列之文苑传。夫彦和论文,必宗于经,勤味道腴,英华乃出,由本达枝,序固宜然,儒林文苑,谁能轩轾。而先生自标"经学博士",又云"唤作词人,死不瞑目",亦少固矣。余少就外傅,尝读《桐花阁词》。及官南海、九江,又得先生与曾勉士论学手札,知其经术湛深。独未见其诗。今管又新先生辑录以来示余。余反复吟诵,喜而不能寐也。因谋重刊,而发其微趣如此。

又,吴熊和等编《清词别集知见目录汇编》,著录吴兰修"词别集"凡十种,其最末一种为:《桐花阁词》一卷,近代排印管瀚文辑《荔村吟草》二卷本[1]。然《荔村吟草》实为诗集(且为三卷),而非词集,应予剔除。

又,刘彬华编《岭南群雅》,其初补下选录吴兰修诗九首:《杂感(迢迢揽众星)》《鳄潭夜泊有怀荷田竹君》《大同寒食作寄呈祖母大人》《秋叶》《寒夜》《居庸关》《怀颜湘帆》《题陆春圃树英塞上集(二首)》[2]。

又,郭寿华编《岭东先贤诗钞》,其第二集《嘉应州先贤诗》中选录吴兰修《荔村吟草诗集》凡十五首(目录原作"古近体十四首"):《山中》《鳄潭夜泊有怀荷田竹君》《山庄即事》《留别(即《惆怅词》二首其一)》《舟次万安逢邻人口占》《得荷田书》《怀颜湘帆》《寒夜》《雅集酒楼即送铁孙之官

① 吴熊和、严迪昌、林玫仪编:《清词别集知见目录汇编——见存书目》,中国台湾"中央研究院",1997年,第117页。
② (清)刘彬华辑:《岭南群雅》初补下,清嘉庆十八年(1813)玉壶山房刊本。

藁城（二首其一）》《同翁遂庵学使玉山探梅》《题桃花燕子小幅（二首）》《赏雨茅屋应宫保厚山夫子教（四首其一、三）》《九日登白云山望海山白云》①。

又，伍崇曜编《楚庭耆旧遗诗》，其后集卷一中收吴兰修诗七十七首：《杂感（四首）》《田家》《春日》《种菊》《山中》《过圣寿寺》《早秋》《鳄潭夜泊有怀荷田竹君》《秋胡行》《合欢词赠叶曦初轮（二首）》《山庄即事》《留别（二首）》《舟次万安逢邻人口占》《忆树儿》《内子生日有怀（二首）》《广灵竹枝词》《得荷田书》《青楼曲（有序）》《大同寒食作寄呈祖母大人》《秋叶》《寒夜》《居庸关》《怀颜湘帆》《题陆春圃树英塞上集（二首）》《九日登白云山望海上白云》《分和方孚若南海百咏·药洲》《九曜石》《花田》《陵山》《琵琶洲》《媚川都》《送宫保芸台师移节滇黔（八首）》《孤儿行》《子夜歌（三首）》《寄竹君侄》《题王竹航太守画小册（二首）》《梦归》《花面伶歌（有序）》《题姚玉如小影为周南卿三爨赋（二首）》《娱江亭夜集》《招同徐铁孙荣、黎星初炳奎、曾勉士钊、吕小伊玉璜、黄石溪子高诸博士雅集酒楼即送铁孙之官藁城（二首）》《同翁遂庵学使玉山探梅》《题桃花燕子小幅（二首）》《送翁遂庵学使秩满入都（三首）》《题赵飞燕印拓本后（四首）》《赏雨茅屋诗应宫保厚山夫子教（四首）》《有画老杜暂醉佳人锦瑟旁诗意索题者得二绝》《海州广文歌》②。

又，阮元选辑《学海堂集》，其卷一一收吴兰修诗三首：和方孚若《南海百咏》之《药洲》《九曜石》《花田》。卷一二收三首：《陵山》《琵琶洲》《媚川都》。卷一三收一首：《九日登白云山望海上白云》③。又，吴兰修编《学海堂二集》，其卷一八收吴兰修诗一首：《听琴诗拟欧阳永叔赠沈遵》④。

此五者，均可为《荔村吟草》校勘之资。

（二）《桐花阁诗集》

抄本，中国国家图书馆藏。凡一卷，二百二十首。编中基本上是五言，

① 郭寿华编：《嘉应州先贤诗》，《岭东先贤诗钞》第2集，大亚洲出版社，1973年。
② （清）伍崇曜辑：《楚庭耆旧遗诗》后集卷一，清道光二十三年（1843）伍氏刊本。
③ （清）阮元选辑：《学海堂集》，赵所生、薛正兴主编：《中国历代书院志》第13册，江苏教育出版社，1995年，第197—244页。
④ （清）吴兰修编：《学海堂二集》，赵所生、薛正兴主编：《中国历代书院志》第13册，江苏教育出版社，1995年，第655页。

如《临风舒锦》："七襄成瑞锦，丽藻蕴缣缃。雅和临风度，应同染翰香。彩霞若飞动，威凤俨回翔。芝结三霄露，花腾四照光。凝烟增灿烂，散绮助飘扬。映日重葩送，披襟广座当。瑶笺怀蜀水，艳思满河阳。珠玉九天布，奎文云汉章。"也有个别七言，如《水光潋滟晴方好》："水光宜雨更宜晴，反照湖心潋滟明。新涨添来多艳色，鸣榔渡处有清声。鱼游影动荷珠乱，鸥戏澜分荇盖横。浓淡恰如奁镜里，层波遥黛总关情。"似为举业习作。卷末有"柳桥""光绪二十五年夏月识"。"柳桥"不知是何人，其跋谓："《桐花阁诗集》，世不获见。余偶游京都厂肆，见此甚喜乐。询其价亦廉甚，因购归。此书乃吴兰修先生所辑。尝见其《端溪砚史》及其词，而其诗集则不多见。余子孙其珍藏焉可也。"

（三）《秋胡行》《青楼曲》

伍崇曜编《楚庭耆旧遗诗》后集卷一中有《秋胡行》《青楼曲》二诗，逸出上述两部诗集之外。

《秋胡行》诗云：

> 菟丝附乔松，鸳鸯戏清池。结发既有因，形影常相随。妾家与君邻，门户连光辉。十三学织素，十四能裁衣。十五善鼓琴，十六解赋诗。十七应君聘，来上君庭闱。贵贱虽异等，得婿身有归。燕婉未终夕，奄去忽若遗。浮云逐长风，不复留斯须。夫行踰三载，贱妾长独栖。孤灯照暗室，夜夜频苦悲。终宵理刀尺，鸡鸣具晨炊。黾勉事姑嫜，切切时恐违。阳春二三月，采桑城南时。桑叶何青青，好鸟鸣高枝。感此怀远人，泪下如缠縣。采采不盈筐，日昃蚕苦饥。客从何方来，鞍马多容仪。中道蒙倾顾，黄金托相贻。感君区区怀，敛容前致辞。夫行踰三载，贱妾长独栖。菟丝附乔松，死生终不移。鸳鸯虽独宿，岂随黄鹄飞。回首复采桑，攀条常恐迟。白日下空林，执筐城南回。老姑候门迎，相对多欢怡。儿行踰三载，幸复归庭帏。妾心如悬旌，摇摇惊且疑。入门一相见，中肠为之摧。堂前有老鸟，旦夕哺其儿。既念羽翼成，复念得雄雌。一朝秋风起，东西生别离。雄飞恋新巢，雌陨沈江湄。老鸟啼哑哑，日暮当谁依。

《青楼曲（有序）》序曰：

> 广灵城中，有新吏来，衣冠客满坐，纵酒谈燕，若平生欢。而故吏如退院僧，门子昼卧庑下，无觉之者。嗟夫，今之对酒肉、倾肝胆者，非故吏客耶！是可伤也。作《青楼曲》。

诗云：

> 谁家游侠儿，轩车驻平康。千金买绮筵，万金招名倡。燕姬奏琴瑟，赵女调笙簧。舞凤与歌莺，宛转当春阳。艳冶非一态，耳目不及详。莫愁年十五，顾盼多神光。捧觞前上寿，含笑赠明珰。一朝佩君体，百年依君旁。相知苦不早，行乐方未央。海枯白石烂，誓作双鸳鸯。不见赵公子，纵酒此高堂。金尽酒杯干，出门独凄凉。故情不得终，新欢安可长。

（四）《守经堂集》

凡一卷，六篇，俱为赋：《骑牛图赋（有序）》《桃李无言赋》《秋雁赋》《铁汉楼赋（以"登斯楼也""仰止高山"为韵）》《说士甘于肉赋（以题为韵）》《萝庄赋（有序）》。其中《铁汉楼赋》一篇，篇末有"兰修自记"，谓："嘉庆戊辰，胡西庚学使以此题试嘉应诸生。越今十五年矣，检理旧稿，改而存之。"《说士甘于肉赋》一篇，亦载《学海堂二集》卷一六。

吴兰修没有文集传世，所作散见于：其一，陈在谦编《国朝岭南文钞》卷一四，凡十六篇：《与叶耘圃书》《与刘墨池书》《与陈雪渔书》《与曾勉士书》《与沈苧泉明府书》《米票》《米舶》《弭害》《送杨桂山都转之任两淮序（公名振麟，宛平人）》《登云山人文稿序》《杨讱庵廉访文集跋》《释车》《说砚》《邝湛若传》《李乔基传》《三典史传》。[①]其中，《与叶耘圃书》一文，盛康编《皇朝经世文续编》卷一〇五题作《与叶耘圃论九河书》。《米舶》一文后有"兰修附记"："此篇作于道光七年。自后验米开舱，渐增规费，而米舶少矣。十一年岁歉，中丞朱公会同制府关部出示，如员

---

① （清）陈在谦辑：《国朝岭南文钞》卷一四，清道光间刊本。

弁书役等再敢需索留难，许载米船户即赴本衙门具禀，严提重治云云。于是连樯继至，米价顿减，洵善政也。窃谓此示宜刊印数十道，岁给商夷及员弁书役人等，则其弊可绝，为利无穷矣。"《说砚》一文凡七则，与《端溪砚史》各相应按语大同小异，当较为早出。《李乔基传》收入钱仪吉《碑传集》卷一二一；《三典史传》收入《碑传集》卷一二二。又，吴道镕原稿、张学华增补、李棪改编《广东文征》，其卷二三收吴兰修文亦十六篇，与《国朝岭南文钞》相较，仅以《顾亭林日知录跋》替代了《弭害》①。

其二，《学海堂集》，其卷一凡两篇：《易之象解》《尚书之训解》；卷六凡两篇：《昆山顾氏日知录跋》《嘉定钱氏十驾斋养新录跋》；卷七凡一篇：《魏收魏书跋》；卷一六凡一篇：《学海堂种梅记》。徐世昌等编纂《清儒学案》，其卷一三二《月亭学案上》所载吴兰修传文后附"文钞"，凡《易之象解》《尚书之训解》《魏收魏书跋》《顾氏日知录跋》四篇，注谓"见《学海堂文集》"。②《学海堂种梅记》一篇，后被收入古直辑刊《客人骈文选》卷一③。

吴兰修也写过一定数量的本集和他集序跋，包括《南海百咏书后》（《丛书集成初编》本）、《海语跋》（《岭南遗书》本）、《隶经文跋》（《续修四库全书》本）、《辑古算经考注序》（《续修四库全书》本）、《文心雕龙跋》（道光间两广节署刊朱墨套印黄叔琳注纪昀评本）、《纪评本苏文忠公诗集凡例》（道光间两广节署刊朱墨套印纪昀评本）、《宋太宗实录跋》（范学辉《宋太宗皇帝实录校注》附录三）、《南来诗录跋》（王飙校点《思伯子堂诗文集》附录二）、《剑光楼词序》（《清代诗文集汇编》本）、《封川县志序》（道光间刊本《封川县志》）、《学海堂二集序》（道光间刊本）、《听帆楼古铜印谱跋》（冼玉清《广东印谱考》）等。

吴兰修还留下过相当数量的书札、砚铭等，包括《复徐星伯书》（吴昌绶编《定庵先生年谱后记·吴石华手札》）、《可居室藏吴兰修信札四通》（王贵忱、王大文编《可居室藏清代民国名人信札》）、《国家图书馆藏常熟翁氏书札中吴兰修书札十八通》（李红英选编《国家图书馆藏常熟翁氏

① 吴道镕原稿，张学华增补，李棪改编：《广东文征》卷二三，香港中文大学出版社，1974年。
② （清）徐世昌等编纂：《清儒学案》第6册，中华书局，2008年，第5204—5208页。
③ 古直辑：《客人骈文选》，1931年梅县古氏铅印本。

书札》，前十四通、后四通分载第二册《同馆老辈及粤东诸子书》、第七册《粤东诸君书》)、《赠阮元端砚铭》、《跋贺兰石随形砚铭》、《荷叶端砚行书铭》、《碧天照水砚铭》、《麒麟腾云砚铭》等。

吴兰修亦留有传记文字，如《户部主事冯公敏昌传》(《碑传集》卷六〇)、《追授礼部尚书署闽浙总督福建巡抚清端陈公璸传》(《碑传集》卷六八)、《陈厚甫先生小影》(《[宣统]番禺县续志》卷三八《金石志》六)、《黄仲则小传》(《续修四库全书》本《两当轩全集》附录卷二)、《黄竹子传》(台北新文丰版《丛书集成续编》)等。

吴兰修的书法作品有《吴兰修徐荣扇面绘本》《书画合璧镜框》《谢兰生吴兰修书法镜片》等。

此外，一些文集附有吴兰修评点他人文章之语。如《国朝岭南文钞》，涉及的篇目即有卷六的吴应逵《劳莪野先生传》《黄烈妇传》《薛贞女传》《书钟锡朋》；卷九的邵咏《裴晋公论》《荆香斋试帖序》《寓悯忠寺题名册子序》《存杜轩记》《东溪草堂记》《钦州天马山庙祈雨记》《族父乐山公墓碣》《殇儿兆朴圹志》；卷一五邓淳《重修福隆堤记》《邓氏南阳书院记(代)》；卷一六温训《游龙洞记》《南岭文丞相庙碑》《记西关火》；卷一七曾钊《宋义论》《古输廖山馆藏书目录序》《希古堂文课序》《王文成先生文钞序》《归熙甫先生文钞序》《面城楼记》《虎钤经跋》；卷一八陈在谦《博浪沙击秦论》《晁错论》《与喻明府论平粜书》《东斋修竹记》《梁菊泉传》《二何传》《柯英传》《陈政达传》《浙江定海镇总兵罗公神道碑》等。其中，附评曾钊《希古堂文课序》曰：

> 道光纪元，余与勉士、家雁山、林月亭、张南山、黄香石、张磬泉、杨星槎、邓朴庵、马止斋、熊篷江、徐铁孙、温伊初、刘介庵、谢尧山、杨秋衡、黄石溪、胡稻香诸子结希古堂课，治古文辞。越二年，阮宫保师立学海堂以广之，兼治经解、诗赋，与课者数百人，可谓盛矣。修辞者以经为主，子史辅之，此刘彦和所谓"禀经酌雅，仰山而铸铜，煮海而为盐，百家腾跃，终入环内者也"。勖以无倦，尤为要义。

又如，温训《登云山房文稿》，涉及的篇目也有卷二《驳王厚斋全谢山陈仲子论》《白龙窟记》以及卷三《黄节妇传》等，其中附评《驳王厚斋全谢山陈仲子论》曰："立论必持其平，用法必轨于正，文品在此，学术亦在此。"①

（五）《桐花阁词》《补遗》

吴兰修词，嘉庆间与其《守经堂集》一卷合刊本是最早的刊本。《续修四库全书总目提要（稿本）》谓：是编凡六十五首。《寄内》数篇，情致悱恻，不必以字句论工拙也。《减字木兰花·过秦淮作》云"春衫乍换云云"，颇潇洒有风致。其《大江东去·渡江至京口》一阕，亦激壮可喜。兰修词不宗一家，故未能纯净。然在经生词中，自可备数矣。②其后，尚有《学海堂丛刻》本、汪兆镛校刻《微尚斋丛刻》本和古直辑刊本等。其中《微尚斋丛刻》本收录较全，合共二卷八十四首，包括《桐花阁词》一卷四十四首，《桐花阁词补遗》一卷四十首。卷首有吴兰修嘉庆二十一年（1816）九月十九日自序、吴嵩梁嘉庆二十三年九月序、郭麐道光八年（1828）岁在戊子四月序。吴嵩梁序谓："石华以所著《桐花阁词》见示，读至终卷，无一字一句不合乎古人之度，而婉约清空，缠绵深至，往复不穷。是夕，携归寓园，掩扉枯卧，闻雨声滴荷叶上，萧萧寥寥，忽断忽续，复就枕畔篝灯讽之。凡人所难言及吾意所欲言者，石华皆能达其隐而被以声。几不知为古人之词，石华之词，并不知为非余之词矣。非有真得者，其能移人至此耶？"郭氏序谓："余受而读之，跌荡而婉，绮丽而不缛，有少游之神韵，而运以梅溪、竹山之清真。兰雪以为凡人所难言及意所欲言者，皆能达其隐而被以声，殆非虚美。夫词蕲至于如此而止矣，今时辈流嘐然自异，必求分刌节度无不合于姜、张，非是，虽工不足以与于此事。吾不知其果能悉合与不，即悉合其律吕，而言之不工，吾又不知古人肯引为同调赏音不也。"

又，《学海堂丛刻》本卷首有铁岭陈良玉光绪七年（1881）六月序：

---

① （清）温训著：《登云山房文稿》，《清代诗文集汇编》编纂委员会编：《清代诗文集汇编》第561册，上海古籍出版社，2010年，第82页。

② 中国科学院图书馆整理：《续修四库全书总目提要（稿本）》第16册，齐鲁书社，1996年，第505页。

"粤称诗国，唯词寥寥。嘉应吴石华学博史学擅长之外，独工倚声，身后遗书散失，其词亦罕流传。家兰甫先生极称许之，搜访得前后两刻本。以余谬有同嗜，属为校订，重刊入《学海堂丛书》。乃去其重复，并汰其什之一二，得若干阕为一卷，名仍其旧。往道光壬寅、癸卯间，同人结词社于羊城，月凡一会，唱和甚盛，惜学博不及见矣。"

又，《微尚斋丛刻》本卷首有番禺汪兆镛宣统二年（1910）夏六月序："粤中词家，桐花阁最著，陈朗山先生曾刊其词入《学海堂丛刻》中。偶与陈孝坚（宗颖）论及，因出所藏原刻本见视，互相校勘。山堂本删汰过半，其中不少佳制，弃去可惜。且原有吴兰雪、郭频伽两序及自序共三首，均未刻入，亦缺憾也。今为重刊之，其原刻本所有，而山堂本删去者，附刻《补遗》一卷，庶可窥全豹焉。"

另有《拟广东文苑传》，陈璞所撰，原载其《尺冈草堂遗集》卷四。并有汤贻汾"题辞"，凡一诗二词。《吴石华词稿刻成自粤寄此作诗报之并追悼陈棠湖》："小莲么凤擅才名，一卷瑶华万里情。叹我犹为穷塞主，嗤君也学野狐精。（金陵怀古词三十余家，惟王介甫为绝唱。东坡见之，叹曰：'此老乃野狐精也。'）早知哀乐中年集，且许楼台七宝成。肠断中仙仙去远，琐窗残梦怕秋声。"（汤贻汾《琴隐园诗集》卷一三）《满江红·题吴石华孝廉小照即书其桐花阁词稿》："玉树亭亭，休只羡、粉郎年少。曾历尽、骚湘艳洛，雄秦侠赵。秋水聪明生在骨，春花富贵天然貌。怎潘愁沈瘦一年年，生潦倒。琪山上，幽居悄。荔村里，良田绕。（琪山、荔村皆君故居。）尽柴荆深掩，尘飞不到。弹铗登楼君试省，牵萝倚竹人将老。漫风轮雨楫一年年，仍潦倒。""鱼姊珠娘，唱不尽、桐花新曲。生怜杀、藕丝肠细，断时难续。金屋银屏春似梦，红牙翠管人如玉。便三分罗绮七分愁，风流足。功名贵，凡夫福。神仙寿，愚夫欲。只骚坛清冷，我堪驰逐。燕颔鸢肩终有老，鸥朋鹭侣从无俗。更何人能结墨因缘，同歌哭。"（汤贻汾《琴隐园词集》卷二）

卷末有番禺沈泽棠宣统三年（1911）正月跋："汪君伯序工倚声，重刊《桐花阁词》，校勘极精。如《声声慢·集惜砚斋》'风帘'原误作'花帘'，《琵琶仙·题珠江重舣图》'怎禁得'原误作'怎受得'，皆能订正《学海堂》本之讹。词虽小道，一字之误，全篇减色，得此足称善本矣。"

又，古直辑刊本卷首有古氏1914年四月二序（第二序为《桐花阁集外词序》）。又，黄遵宪尝寄赠其手抄《桐花阁词》一册予陈运彰。该本为人境庐绿格抄本，版心上框有"人境庐写书"字样，封面题为"嘉应吴石华词"，下注："光绪癸卯七月黄公度寄赠□版已毁矣。"前有郭麐序及吴兰修自序。卷末有陈氏尾跋："丙寅九月潮阳陈彰借钞一过。"钤有白文"陈彰经眼"小印一方。

张宝编绘《泛槎图》，许玉彬、沈世良编《粤东词钞》与潘飞声《在山泉诗话》卷三中各有词一首，均逸出上述各本词集之外。兹顺序录附如次：

浪淘沙

供养老烟霞。几尺浮槎。湖山何处不吾家。留汝罗浮三日住，饭饱胡麻。瑟瑟画兼葭。断雁寒沙。片帆明日又天涯。送汝一筇吟过岭，万树梅花。①

忆秦娥·题叶蓉塘月夜听歌图

吴声脆。千金一曲珠帘底。珠帘底。年华似梦，月华如水。可怜酒醒人千里。一星星事分明记。分明记。花前双笑，夜阑双泪。②

金缕曲

六合茫茫也。对苍天、黯然不语，客何为者。恨垒愁城坚似铁，酒力深攻未下。问此事、何关杯斝。河汉西流星斗冷，又空斋、醉读离骚罢。禁不住，泪铅泻。 年华贱掷千金价。拼几度、狂歌痛饮，射雕盘马。西风易短英雄发，蓦换鬓丝盈把。空搔首、徘徊中夜。欲向蓬山吹铁笛，看朝暾、涌出扶桑赭。谁引尔，碧鸾驾。③

其中，《粤东词钞》不分卷，收吴兰修词凡五十九首：《减字木兰花》（月痕依旧）、《虞美人》（疏帘小阁炉香静）、《罗敷媚》（春风旧日销魂路）、《蝶恋花》（楼外金铃吹忽动）、《摸鱼子》（莽萧萧、烟波无际）、《忆

---

① （清）张宝编绘：《泛槎图》，浙江人民美术出版社，2012年，第61页。

② （清）许玉彬、沈世良编：《粤东词钞》，清道光二十九年（1849）刊本。

③ （清）潘飞声：《在山泉诗话》卷三，何藻辑：《古今文艺丛书》，1913—1915年铅印本。

王孙》(绣春楼阁锁红云)、《鹊桥仙》(三分扶病)、《临江仙》(落尽半生甘薄幸)、《罗敷媚》(筍篮恰称腰支细)、《蝶恋花》(百结情丝生不解)、《台城路》(烟波占尽西归路)、《虞美人》(青天碧海溶溶夜)、《台城路》(小园落过黄梅雨)、《喝火令》(慧业还多累)、《卜算子》(绿剪一窗烟)、《望江南》(长相忆,曾醉小红家)(长相忆,东阁宴梅妃)、《菩萨蛮》(愁虫瑣碎啼金井)、《乳燕飞》(一夕酸心话)、《台城路》(寒林渐做伤心色)、《沁园春》(江茗吴盐)、《台城路》(闲庭叶落无人扫)、《浪淘沙》(池馆绿毿毿)、《买陂塘》(忆江村、荔枝时候)、《减字木兰花》(残春如梦)、《齐天乐》(吹晴画角声呜咽)、《前调》(西风吹入江村树)、《虞美人》(一年又到穿针节)、《声声慢》(花帘夜静)、《虞美人》(白鸥阑入鸳鸯社)、《减字木兰花》(春衫乍换)、《虞美人》(罗浮一夜吹香雪)、《绮罗香》(一剑飘零)、《蝶恋花》(凄绝红楼秋似梦)、《齐天乐》(秋痕淡到无描处)、《金缕曲》(落魄今如此)、《忆萝月》(宵凉似水)、《绿意》(帘栊静悄)、《菩萨蛮》(东风一夜吹愁醒)、《清平乐》(绿云红雨)、《虞美人》(二分亭馆三分竹)、《行香子》(春草抽尖)、《疏影》(三生片石)、《台城路》(西风忽断骚人梦)、《浣溪纱》(西风一夕到帘钩)、《虞美人》(花田十里笼香雾)、《高阳台》(嫩碧如烟)、《减字木兰花》(横波一剪)、《洞仙歌》(鹦哥唤客)、《琵琶仙》(画舸重来)、《沁园春》(故国莼秋)、《忆秦娥》(吴声脆)、《浪淘沙》(银汉碧无声)、《齐天乐》(青禽忽引华胥梦)、《前调》(红棉落尽天涯路)、《水龙吟》(篴声吹上银蟾)、《虞美人》(蒲帆一角斜阳晚)、《霓裳中序第一》(凉蝉语渐咽)、《琐窗寒》(小幕围寒),亦可为校勘之资。

(六)《第六才子书桐华阁校本西厢记》

吴兰修所校订之本,仅十六出,自《惊艳》起,至《惊梦》止。梁廷柟《曲话》卷五谓:近日嘉应吴石华学博,以六十家本、六幻本、琵琶本、叶氏本与金(圣叹)本重勘之,科白多用金本,曲多用旧本。原序以六十家以下为旧本。……其实圣叹以文律曲,故每于衬字删繁就简,而不知其腔拍之不协。至一牌画分数节,拘腐最为可厌。所改纵有妥适,存而不论可也。李笠翁从而称之,过矣。董解元《西厢》,今传者为杨升庵定本,绘象则唐伯虎笔,刻极工致。石华最赏其"愁何似,似一川烟草黄梅雨"二语,谓"似南唐人绝妙好词",可谓拟于其伦。其后王实甫所作,盖探源于此。然未免瑜瑕不掩，不如解元之玉璧全完也。石华手录佳音十余调，附刻所定《西厢记》后，较元本词字，略有增损。①

此桐华阁校本卷首有"桐花阁主"吴兰修自序："壬午秋夜，与客论词，有举王实甫《西厢记》者。余曰：'字字沉着，笔笔超脱，元人院本无以过之。惜后人互有删改，至金氏则割截破碎，几失本来面目耳。'客究其说，悉胪答之。次日，秀子璞请别著录，乃出六十家本、六幻本、琵琶本、叶氏本（以上互有异同，今皆谓之旧本。）、金圣叹本，重勘之。大抵曲用旧本十之七八，科用金本十之四五，虽非实甫之旧，而首尾略完善矣。子璞解人，其视此为何如也？"并附论十则。

又附有《石华先生书（二通）》："子璞大使足下：顷在扬州，闻黄修存明经云：某氏藏《西厢记》至八十余种。余所见仅十之一。淹通不易，词曲且然，愧何如也！前所定本，闻足下已镂板，甚悔之。如可中止，幸甚！日间与伯恬、竹吾、修存诸子，探梅湖上，甚乐，惜画中楼阁，零落殆尽，惟桃花庵无恙耳。谨报。伏惟珍爱，不宣。癸未灯节后五日，邗江舟次，吴兰修顿首。""顷行归次杭州，得董解元《西厢记》二卷，乃杨升庵定本，图像精好，则唐伯虎所为也。董解元，金人，失其名。此记即王实甫所本，有青出于蓝之叹。然其佳者，实甫莫能过之，汉卿以下无论矣。余尤爱其'愁何似？似一川烟草黄梅雨'二语，乃南唐人绝妙好词，王元美《曲藻》竟不之及，何也？节录十余调，奉寄若见。芝房学博，幸与观之，他日南归，当以元本持赠耳。伏候起居不备。六月十三日，桐庐舟次，兰修顿首。"

卷末有电白邵咏跋："吾友吴石华学博，擅淹通之名，尤工词曲。有井水处，无不识柳屯田也。尝谓元曲以《西厢记》为最，惜金氏改本盛行百余年，无敢议一字者。乃集诸家旧本，校而正之。今秋北上，以稿付子璞，子璞亦精于此事者也，击节称快，亟付梓人。余钝甚无记曲之能，而旅馆挑灯恬吟竟夕，觉金氏饶舌都有伧气，亦足见石华善读古人书。家藏三万卷，皆未尝草草忽过也。"卷末亦有长白秀琨道光二年（1822）十月跋："石华先生辟守经堂，藏书三万卷，寝食以之。余与先生游数年，随举一书，皆能彻其原委，究其得失，浩乎莫能穷其奥也。一日，论王实甫院本，

---

① （清）梁廷枏：《曲话》卷五，中国戏曲研究院编：《中国古典戏曲论著集成（八）》，中国戏剧出版社，1982年，第289—291页。

琨为击节，固请录之，三日而毕。以稿授余，乃知读书不可卤莽，院本且然，况其他哉！今秋，先生北行。琨恐失此稿，遂刻之。正如昆山片玉，已足珍玩。异日，先生哂我，所不顾也。"

四　遗佚待访类

《岭南后三家集》。吴兰修辑。所谓"岭南后三家"，即冯敏昌、黎简、宋湘。其书今佚，唯存张际亮道光十三年（1833）所作《岭南后三家诗序》：

> 岭南自昔多诗人。国初屈翁山、陈元孝、梁药亭三先生，以诗名一时。其友王蒲衣尝合为《岭南三家诗选》，其书盛行于世。自三先生后，岭南诗人益多，而乾隆、嘉庆间黎二樵、冯鱼山、宋芷湾三先生又最有名于时。三先生之没，近者且七八年矣。其诗虽各有专集行于其乡，而外间少传本。于是嘉应吴石华学博欲选为《岭南后三家集》，属余襄其别择，且各言其诗大略。当乾隆、嘉庆间，诗道稍榛芜。或以论议考订为诗，或则轻佻浅鄙，无与于风雅之旨。然其人皆有盛名，弟子几遍南北，天下之为诗者多从风而靡矣。而二樵先生偃蹇海滨，独以其孤清之气，幽婉之情，奥折之思，宗法少陵、昌谷，卓然自成其体，可谓诗人之豪杰矣。鱼山先生早慧，通籍以后，未免以酬应累其诗。然笃于伦类，又游迹最广，其才气发扬矫健，固自不可掩抑也。芷湾先生生平豪宕，其诗不能绳以格律，其雄骏疏快，时得放翁、东坡遗意。先生遇余于京师，有知己之言，尝曰："吾诗不能如君千门万户，然吾固独来独往也。"先生坦直自许，不为欺矫，卒亦无以易其言矣。三先生之诗，视前三先生者，不无少异，而皆能不相依附袭取以自成其名，信可传于世也。而岭南二百年间，以诗名家，后先辉映于当代者如此，盖其乡先正流风遗韵，有以倡导之故，历久而不衰尔。然则此后兴起者，当益有人。其进而益上，亦在善择所师焉而已。学博工古文，诗词皆清绝，留意时事，其言皆切实可用，乃徒以燕闲岁月，表章一乡文献，是可惜已。余既将度岭而北，相与游于词林虞苑，思渔洋与翁山、元孝燕集之日，慨然者久之。归，遂书此为《后三家集序》。

载《张亨甫文集》卷二。则吴氏此集之编，亦当在其时。

吴兰修的诗文词作仍有待进一步搜讨寻访。如《在山泉诗话》卷一云："(潘)瑶卿夫人复有《评诗读画图》长卷，题者益多。温伊初、谭玉生、仪墨农、侯君模、梁子春、吴石华、桂星垣、陈棠溪、许云生、潘绂庭、慎芙卿、史銮坡，皆诗文名辈也，所题多见本集。"①但未知该图尚存天壤间否。又如柯愈春《清人诗文集总目提要》卷三九《玉珊诗集》(又名《璜钓集》)提要谓："末有道光五年吴兰修题识。"卷四〇《桐花阁诗集》《荔村吟草》提要亦谓："邱对颜《玉珊诗集》有其道光五年所作题识。"②但国家图书馆藏本其一中却遍寻未得，另一本又因故无缘查证。又如2010年嘉德秋拍《莫是龙等撰书明清名家简牍》，据介绍，其第二册中有吴兰修致陈寿祺札。又据称吴兰修后人曾于民国间出资编写过一部《吴石华先生遗著》。惜乎此二者均无缘寓目。后者中有否溢出本文前述著作之外者，亦属未知。又如彭精一《先贤吴兰修氏研经长函发现之经过》谓，曾于一九二九年在曾钊故居发现吴兰修讨论车制考长函两封。函件后为黄任寰保存，竟在香港失落③。

除此之外，还有需要考辨的相关著作。冯承钧《海录注序》云："谢清高《海录》原刻本颇罕觏。今所见本有《海外番夷录》本、《海山仙馆丛书》本，别有《舟车所至》本、《小方壶斋舆地丛钞》本，颇多删节。检光绪《嘉应州志》，知尚有吕调阳重刻本、谢云龙重刻本。此二本，今亦未见。所见诸本，并题杨炳南名，首有炳南序，称嘉庆庚辰游澳门，遇清高，条记所言，名曰《海录》。则应为清高口述，炳南笔受之本。然考李兆洛《养一斋文集》卷二载《海国纪闻序》云：'游广州，识吴广文石华，言其乡有谢清高者，幼而随洋商船周历海国，无所不到。所到必留意搜访，目验心稽，出入十余年。今以两目丧明，不复能操舟，业贾自活。常自言恨不得一人纪其所见，传之于后。石华悯焉，因受其所言，为《海录》一卷。予取而阅之，所言具有条理，于洪涛巨浸，茫忽数万里中，指数如视堂奥。又于红毛、荷兰诸国，吞并滨海小邦，要隘处辄留兵戍守。皆一一能详，尤深得

①　潘飞声著：《在山泉诗话》卷一，何藻辑《古今文艺丛书》，1913—1915年铅印本。

②　柯愈春著：《清人诗文集总目提要》，北京古籍出版社，2001年，第1154、1231页。

③　彭精一：《先贤吴兰修氏研经长函发现之经过》，丘秀强、丘尚尧编：《梅州文献汇编》第4集，梅州文献社，1977年，第915—916页。

要领者也。然以草草受简，未尽精审，或失检会，前后差殊。因属石华招之来，将补缀而核正焉。而石华书去，而清高遽死。欲求如清高者而问之，则不复可得也。惜哉，惜哉！就其所录各国，大致幸已粗备。船窗有暇，为整比次第，略加条定。疑者缺之，复约其所言，列图于首，题曰《海国纪闻》云耳。清高，嘉应州之金盘堡人。十八岁随番舶出洋，朝夕舶上者，十有四年，三十一岁而瞽。生乾隆乙酉，死时年五十七。吴广文名兰修，亦嘉应州人云云。'记清高始末尤详，因知笔受者又为兰修。兰修，嘉庆戊辰举于乡，年长于炳南。见清高时，或在炳南前。惟二人笔受之本皆曰《海录》，是为可疑。明人著述，固亦有题书名曰《海录》者，然同出一人口述而同一书题者，未之见也。兆洛《海国纪闻》今不传于世，未能取以对正。此疑尚未能明。此本仍题炳南笔受者，姑从众也。……民国二十六年三月二十五日，冯承钧命恕、隐二儿笔受讫。"[1]今传《养一斋文集》卷二中确实未见《海国纪闻序》。《海录》中有两处提到《海国见闻》，其实都是指陈伦炯的《海国闻见录》，而与李兆洛所说的《海国纪闻》无涉。又，"徐继畬《瀛环志略》、魏源《海国图志》咸采取之"[2]的《海录》一书，《书目答问》云杨炳南著，谢云龙《重刻海录序》则谓"从载笔者而言也"。朱杰勤《我国历代关于东南亚史地重要著作述评》认为，现在流行的《海录》，笔受者应为杨炳南。理由是：伍崇曜《海山仙馆丛书》收入《海录》，署杨炳南为编者；《嘉应州志》中吴兰修传未提及笔受《海录》事，而杨炳南传则记有此事。[3]可见的确有进一步考实、辨析的必要。

作者通信地址：广西省来宾市铁北大道966号广西科技师范学院文化与传播学院，邮编：546199

责任编辑：王富鹏

---

① 冯承钧：《海录注序》，（清）谢清高口述，（清）杨炳南笔受，冯承钧注释：《海录注》，中华书局，1955年，第1—4页。
② （清）吴宗焯修，温仲和纂：《杨炳南传》，《[光绪]嘉应州志》卷二三，《中国方志丛书》第一一七号，成文出版社，1968年，第430页。
③ 朱杰勤：《我国历代关于东南亚史地重要著作述评》，《学术研究》1963年第1期，第76页。

岭南灸法古籍《采艾编翼》版本研究*

1张显慧** 1李慧敏*** 2谢晓燕**** 2潘华峰***** 3庄礼兴******

1广州图书馆，广东广州，510632

2广州中医药大学，广东广州，510006

3广州中医药大学第一附属医院，广东广州，510405

摘　要：《采艾编翼》是明清时期岭南地区重要的灸法专著。目前学界普遍认为，该书所存版本为清嘉庆十年（1805）六艺堂刻本。该书清抄本的发现，不仅在版本目录学领域有重要意义，亦为解决学界若干悬而未决的问题提供了重要史料。文章拟对《采艾编翼》刻本及抄本进行对比研究，并结合抄本所载资料，考察该书的作者、成书时间、原书体例及内容等。

关键词：采艾编翼；作者；版本；岭南医学

　　《采艾编翼》是明清时期岭南地区的一本艾灸专著，是反映明清时期岭南地区医学发展的一部重要地方文献。该书灸药并用，包罗病症范围广，记载了大量岭南地区实用的疾病治疗经验，独特的药材炮制方法，具有鲜

---

*　本文系广州中医药历史文化研究基地2019年度重点课题"《广州大典》一种岭南针灸古籍的研究与挖掘"（编号：粤中医办函〔2018〕5号）的阶段性研究成果。

**　张显慧（1984—　　），女，汉族，广西桂平人。广州图书馆副研究馆员。

***　李慧敏（1963—　　），女，汉族，广东广州人。广州图书馆研究馆员，现任广州图书馆副馆长。

****　谢晓燕（1991—　　），女，汉族，广东潮州人。广州中医药大学针灸推拿学2018级博士。

*****　潘华峰（1965—　　），女，汉族，四川泸州人。现任广州中医药大学副校长，中医内科学硕、博士导师，中医内科学博士。

******　庄礼兴（1955—　　），男，汉族，广东普宁人。现任广州中医药大学第一附属医院康复中心主任，针灸学博士生导师。

明的岭南地方特色。在岭南医学史上，该书继承《黄帝内经》理论，总结清代以前岭南灸法，首提艾灸治疗八法，提倡辨证施灸，对后世的岭南中医针灸发展有深远影响，有极高的中医临床实用价值，是岭南医学史上的重要文献，属"岭南医学宝库中的尚待雕琢的一枚璞玉"[①]"针灸宝库中尚未发掘的珍品"[②]。

一 《采艾编翼》版本情况

据《中国医籍通考》《中医古籍珍本提要》《中国医籍大辞典》《中国针灸文献提要》《中国中医古籍总目》等书记载，《采艾编翼》现存版本为清嘉庆十年（1805）六艺堂刻本，流传甚少，现藏于中国科学院图书馆、中国中医研究院图书馆、广州中医学院图书馆和广州图书馆。1985年，中医古籍出版社据中国中医研究院图书馆所藏清嘉庆十年（1805）六艺堂刻本影印出版，列入《中医珍本丛书》系列。中医研究院图书馆藏本钤有"寿祺藏书""橘香草堂"藏印，此二方印为民国岭南医师苏任之藏书印。苏氏生前对岭南医籍多有留意，搜集不遗余力，所藏岭南医籍200余种。2010年，苏氏后人将其藏书赠予广州图书馆，其中包括两种不同版本的《采艾编翼》：一为清嘉庆十年（1805）六艺堂刻本，一为清咸丰七年（1857）抄本。抄本为国内仅有，且基本不为世人所知。

《采艾编翼》清抄本的发现，在版本目录学上具有重要意义，并且有一定的中医针灸临床医学研究价值。此外，抄本记载的珍贵史料，为考察该书尚待解决的问题提供了重要线索。

二 《采艾编翼》清刻本与清抄本之异同

广州图书馆藏清嘉庆十年（1805）六艺堂刻本《采艾编翼》（下文简称"清刻本"），三卷，清代叶茶山辑。半叶八行二十字，小字双行同，白口，左右双边，单黑鱼尾，版框高18.5厘米、宽12.6厘米。前有清嘉庆十

---

① 刘小斌、郑洪、靳士英主编：《岭南医学史（上）》，广东科技出版社，2010年，第391页。

② 中医古籍出版社编辑部编：《采艾编翼·前言》，中医古籍出版社，1985年，第1页。

年（1805）叶茶山《采艾编翼序》。卷一主论经络、腧穴及灸法总论，卷二为治症综要，分为大人科、幼科、妇科、外科，卷三为外科单方。

广州图书馆藏清咸丰七年（1857）抄本《采艾编翼》（下文简称"清抄本"），上下两卷，后附《太乙神针方》一卷，清鲁宗□（注：缺字）抄，一册。半叶八至九行二十一至二十六字，小字行数、字数不等，无栏格。前有清咸丰七年（1857）鲁宗□《采艾编翼序》、清康熙五十年（1711）叶兆锡《采艾编翼缘起》。卷一主论经络、腧穴及灸法总论。卷二为治症综要。后附《太乙神针方》，有清道光十一年（1831）黄彩高"太乙神针方序"、周有德原序。是书介绍"太乙神针"之法，附穴道图，该法按穴治病，用药纯正，用法不伤及肌肉，功效神验。

广州图书馆藏清刻本《采艾编翼》护页有苏任之墨笔手书题记：

> 此书予另有抄本。读其序，知尚有《采艾编》，当再求以窥全璧。又，此本与抄本比较，知版片漫漶，鱼鲁甚多，且分段章节并不划一，改不胜改，除却从新抄录，难以整齐。且刻板时有考覆，刻者所添入并非原书，俟有暇时订其异同可也。[①]

由上文知苏氏曾将刻本与抄本进行比对，发现刻本讹误甚多，且有从他书补入者，欲暇时再仔细考证刻本与抄本之异同并正误。笔者承顺苏氏思路，将《采艾编翼》刻本与抄本相比较，发现二者所载内容有较大差异，具体见下表。

表 1 　　　　　　　　　　　　《采艾编翼》刻本与抄本对比表

	刻本	抄本
序跋	清嘉庆十年（1805）叶茶山《采艾编翼序》	无
序跋	无	清咸丰七年（1857）鲁宗□《采艾编翼序》

---

① （清）叶茶山辑：《采艾编翼》，陈建华、曹淳亮主编：《广州大典》第363册，广州出版社，2015年，第521页。

续表

	刻本	抄本
序跋	无	清康熙五十年（1711）叶兆锡《采艾编翼缘起》
卷一	《十二经循行部位歌》《头前正面图》《头前正面歌》《头后项颈图》《头后项颈歌》《胸腹图》《脊皆（脊背）图》《胸腹脊皆（脊背）歌》《手髀臂外图》《手髀臂内图》《手髀臂外内歌》《足膝外图》《足膝内图》《足膝外内歌》	皆无
卷一	《脉诀》之"九候"条、"交经"条、"四时"条、"主应"条、"六机"条、"六要"条、"本脉"条、"顺脉"条、"内外"条、"表里"条、"三因"条、"死脉"条、《分配藏府脉图》《脉部位歌》《脉分主歌》《浮沉脉歌》《濡弱芤伏牢革诸脉歌》《虚实微散诸脉歌》《迟数缓疾结促代诸脉歌》《滑涩弦紧洪细大长短动诸脉歌》《痈见疽脉疽见痈脉歌》《痈疽伏脉歌》《肿疡溃疡浮脉歌》《肿疡溃疡沉迟脉歌》《肿疡溃疡数脉歌》《肿疡溃疡滑脉歌》《肿疡溃疡涩脉歌》《肿疡溃疡虚实脉》《肿疡溃疡长脉歌》《肿疡溃疡短脉歌》《肿疡溃疡洪脉歌》《肿疡溃疡微脉歌》《肿疡溃疡动紧脉歌》《肿疡溃疡缓脉歌》《肿疡溃疡芤弦脉歌》《肿疡溃疡牢脉歌》《肿疡溃疡濡弱脉歌》《肿疡溃疡散脉歌》《肿疡溃疡大细脉歌》《肿疡溃疡促脉歌》《肿疡溃疡结代脉歌》	皆无
卷二	目录	无
卷二	《幼科》之"切部"条	无
卷二	无	《幼科》"镇惊丸"条
卷二	《幼科》之"初生"条	无
卷二	《妇科》	基本无，只抄录了"胎动刺痛""小产恶血""横生""死胎"条
卷二	《外科》"满身风癣"后"凡疮大"条	无
卷二	《外科》"还魂散""千金内托散"等9个验方	无

续表

	刻本	抄本
卷二	《外科》"自缢"条以下至卷末	"伏气""鬼击""犬兽""蛇虫""蜈蚣蜘蛛咬""汤火""金疮""铁子弹入肉""恶刺""鱼骨入腹""破伤风"条
卷三	《肿疡主治类方》《肿疡敷贴类方》《溃疡主治类》《洗涤类方》《膏药类方》《麻药类方》《去腐类方》《生肌类方》	全卷皆无
附	无	《太乙神针方》一卷

三 《采艾编翼》基本问题研究

目前学术界对《采艾编翼》的研究主要围绕刻本进行，集中在作者、内容、与《采艾编》的关系等方面①。由于史料阙如，该书的基本问题如作者、成书时间、原书体例等，学术界尚未有定论。清抄本中"采艾编翼序"与"采艾编翼缘起"为刻本无，二文提供了重要线索，有助于考察清楚以上诸问题。

---

① 何扬子《〈采艾编翼〉考证》一文对《采艾编翼》的辑校者、内容进行了考证，并对其学术特点进行了总结，认为《采艾编翼》原作者佚名，辑校者所署"叶茶山"者，系托名叶广祚茶山公。关于其内容，何扬子首次指出现存清嘉庆十年（1805）刻本《采艾编翼》有相当篇幅的内容为叶茶山兄弟三人从《医宗金鉴》补入。李妹淳、刘小斌二人基本沿袭其观点。李会敏、董尚朴认为叶茶山非托名，应为真名，叶氏在《采艾编》残本基础上补辑校正而成《采艾编翼》。周睿《岭南灸法古籍〈采艾编〉与〈采艾编翼〉整理及相关研究》对《采艾编》与《采艾编翼》（卷上）点校注释，梳理了《采艾编翼》各方剂来源情况，认为《采艾编翼》是参考《采艾编》，仿照其体例，节录其论述，并于灸治法后辑录大量单方验方而成。另有冼建春《〈采艾编翼〉炮制技术探讨》和黄迎春、周睿、李禾、何扬子《〈采艾编〉与〈采艾编翼〉作者及两书相关性探讨》等文可参阅。

（一）作者考证

关于《采艾编翼》的作者，目前学术界主要有以下几种不同的观点：原作者佚名、补辑者叶茶山即作者、作者为叶广祚托名叶茶山而作，众说纷纭，莫衷一是。

清刻本《采艾编翼序》载：

> 是篇藏弃虽久，尚未校订。盖以前编残缺几半，痛无力以补辑，不暇痛心。戊子春，妹夫君以载怃然自任，捐赀镌复。庚寅冬，以载复趣余抄正是帙，而同社顾君昆苑、陈君其统、彭君达海、李君子刚咸愿捐助，登之梨枣。于是与每野、活人二家兄检视校订，阅两月而编就。书林弟父大亦蠲工六之一。成之，俾公之同志云。
>
> 时嘉庆岁次乙丑之春岭南叶茶山题于环翠书屋。[①]

是书既然为叶茶山"藏弃"，可知叶氏非其作者。叶氏所藏"残缺几半"，欲重新校订补辑，但难度较大，心有余而力不足。清乾隆三十三年（1768）戊子，叶氏在家人的支持下筹划补辑刊行该书。清乾隆三十五年（1770）庚寅，亲友出资捐助，叶氏三兄弟合力补辑校正，书商亦减免六分之一的费用，使该书得以顺利出版，于嘉庆十年（1805）乙丑刊行问世。故叶茶山乃辑校者也，目前所见清刻本即叶氏补辑重刊本。叶氏在乾隆年间即开始筹划此事，三十五年后才得以刊行，可见补辑、刊刻难度之大。

上引序言署名"叶茶山"者，有的学者认为即《采艾编》的作者叶广祚，故认为叶广祚即本书作者。据周睿考证，叶广祚，字绪维，别字昀倩，号明传，晚年隐居茶山，自号茶山草木隐，人称茶山先生，广东新兴县筠城梧村人，生于明万历三十年（1602），卒于清康熙十七年（1678）后。《采艾编翼》成书于清康熙五十年（1711），不太可能为叶广祚所著，辑校者

---

① （清）叶茶山辑：《采艾编翼》，陈建华、曹淳亮主编：《广州大典》第363册，广州出版社，2015年，第521—522页。

署叶茶山者，当属托名①。

既然叶茶山与叶广祚非《采艾编翼》作者，那么作者为谁？清抄本《采艾编翼缘起》载：

> 《采艾编》于医理约且该矣，未尝登堂，焉知室奥。妇人、孺子但取某病某穴用之，病有同异，候有由兼，不究经脉，则谓秘而不传。夫某方某症者枝叶耳，五脏征诸部位，五行乘乎阴阳，明乎根本，而枝叶可推也。……要之，医理源头悉备首卷，是故循经脉而脏腑之交络乃明，察阴阳而表里之虚实攸辨，征诸色则部位粲设，发于声则轻重自陈，然后诊视，以审其正变，治法从此得矣。……兹所辑医理综要，补以简易良方，分为上下翼。上卷经脉，下卷症治，一依《采艾编》订明，所以启其门路，非有异闻也。识者正之。
>
> 康熙辛卯上元叶兆锡识。②

由此知《采艾编翼》的作者为叶兆锡。叶兆锡认为《采艾编》一书所载医理"约且该"，不够详明。而医理为医学根本，知医理，则"举隅而反，触类可伸"。为补《采艾编》医理不甚详明之失，特辑一书以辅翼之，成《采艾编翼》二卷，上卷经脉，下卷症治。《采艾编翼》所载灸法以《采艾编》为参考，仿照其体例，在灸治法基础上辑录了大量单方验方，灸治选穴与《采艾编》多有不同，所辑单方验方，药味切当精要，朴实无华，方便易寻，炮制方法独特，治法多样，自有创见。惜史料阙如，叶兆锡生平不详，疑为广东新兴人。

（二）成书时间考证

中医古籍出版社1985年影印出版清嘉庆十年（1805）刻本《采艾编翼·前言》提到，该书约成书于康熙五十年（1711），但未注明所依据出

---

① 周睿：《岭南灸法古籍〈采艾编〉与〈采艾编翼〉整理及相关研究》，广州中医药大学2010年硕士学位论文。
② 《采艾编翼·采艾编翼缘起》，清咸丰七年（1857）抄本。

处。翻阅全书，亦无关于成书时间的片言只语。然学者在提到该书的成书
时间时，大多不加考证，纷纷转述此说。

清抄本《采艾编翼缘起》载：

> 兹所辑医理综要，补以简易良方，分为上下翼。上卷经脉，
> 下卷症治。一依采艾编订明，所以启其门路，非有异闻也。识者
> 正之。
> 康熙辛卯上元叶兆锡识。①

上文为该书的成书时间提供了明确的史料依据，其成书时间为"康熙
辛卯上元"，即清康熙五十年（1711）正月十五。

（三）原书体例与内容考证

前述刻本苏氏题记有言，清刻本有从他书补入者，即指清刻本非原书
面貌。现代学者何扬子与周睿曾考证，清刻本《采艾编翼》卷三内容与前
二卷内容毫无关联，卷三有大量后人补入的《医宗金鉴·外科心法要诀》
的内容。《采艾编翼》成书于清康熙五十年（1711），《医宗金鉴》刊行于
清乾隆七年（1742），因此，《采艾编翼》成书时抄录《医宗金鉴》内容的
可能性不大②。叶茶山补辑时补入的可能性较大。

笔者通过比对《采艾编翼》刻本与抄本发现，刻本所补内容恰为抄本
所无。剔除刻本卷三，可看出《采艾编翼》是一部灸药并重的临床专著，
卷一为医理、灸法基础，主要论述经络、腧穴、灸法治则等；卷二为灸法
治疗学，主要论述临床各科疾病的灸法治疗，附简易良方。此与清抄本叶
兆锡《采艾编翼缘起》所言"兹所辑医理综要，补以简易良方，分为上下
翼。上卷经脉，下卷症治"吻合。

经考证，叶茶山摭取《医宗金鉴》补入《采艾编翼》的内容有：

卷一《十二经循行部位歌》《头前正面图》《头前正面歌》《头后项颈

---

① 《采艾编翼·采艾编翼缘起》，清咸丰七年（1857）抄本。
② 何扬子：《〈采艾编翼〉考证》，《中国针灸》2000年第12期，第752—753页；周睿：《岭南灸法
古籍〈采艾编〉与〈采艾编翼〉整理及相关研究》，广州中医药大学2010年硕士学位论文。

图》《头后项颈歌》《胸腹图》《春皆（脊背）图》《胸腹春皆（脊背）歌》《手髆臂外图》《手髆臂内图》《手髆臂外内歌》《足膝外图》《足膝内图》《足膝外内歌》。①取自《医宗金鉴》卷六一"十二经循行部位歌"。

卷一《分配藏府脉图》《脉部位歌》《脉分主歌》《浮沉脉歌》《濡弱芤伏牢革诸脉歌》《虚实微散诸脉歌》《迟数缓疾结促代诸脉歌》《滑涩弦紧洪细大长短动诸脉歌》《痈见疽脉疽见痈脉歌》《痈疽伏脉歌》《肿疡溃疡浮脉歌》《肿疡溃疡沉迟脉歌》《肿疡溃疡数脉歌》《肿疡溃疡滑脉歌》《肿疡溃疡涩脉歌》《肿疡溃疡虚实脉》《肿疡溃疡长脉歌》《肿疡溃疡短脉歌》《肿疡溃疡洪脉歌》《肿疡溃疡微脉歌》《肿疡溃疡动紧脉歌》《肿疡溃疡缓脉歌》《肿疡溃疡芤弦脉歌》《肿疡溃疡牢脉歌》《肿疡溃疡濡弱脉歌》《肿疡溃疡散脉歌》《肿疡溃疡大细脉歌》《肿疡溃疡促脉歌》《肿疡溃疡结代脉歌》。②取自《医宗金鉴》卷六一"脉诀"。

卷三"肿疡主治类方、肿疡敷贴类方、溃疡主治类、洗涤类方、膏药类方、麻药类方、去腐类方、生肌类方",③即全卷取自《医宗金鉴》卷六二"肿疡主治类方""肿疡敷贴类方""溃疡主治类方""洗涤类方""膏药类方""麻药类方""去腐类方""生肌类方"。

以上内容是叶氏兄弟只字不差地自《医宗金鉴》相关卷帙中抄录而来。而清刻本卷二卷端题"采艾编翼下",卷三卷端题"肿疡主治类方"。如是书原是三卷本,应分别为:采艾编翼上、中、下,更为合理。此处纰漏应该是叶氏兄弟在补辑刊刻时未做改动,直接补录《医宗金鉴》相关内容所致。

另,清抄本《采艾编翼序》有言:

> 余自五年冬后患眼疾起,几于两载,省肇俱未得善医者。向闻新兴有《采艾翼》一书,内兼载眼科,欲求之,而同观海望

---

① （清）吴谦编,刘国正等点校:《医宗金鉴》卷六一,中医古籍出版社,1995年,第707—709页。

② （清）吴谦编,刘国正等点校:《医宗金鉴》卷六一,中医古籍出版社,1995年,第713—716页。

③ （清）吴谦编,刘国正等点校:《医宗金鉴》卷六三,中医古籍出版社,1995年,第726—741页。

洋。本年三月，恰遇新兴之役，与世伯谭鸣轩先生在新邑遍访
此书，几半载，始访得，如获至宝，借回即于营盘抄录。其分
《采艾编》上下二卷，又《采艾编□》上下二卷，共四卷，不下
十七八万字，两月余始录成。……

咸丰七年冬月鲁宗□谨识。①

鲁氏于新兴访得之书为《采艾编》二卷、《采艾编翼》二卷。所抄《采
艾编翼》底本亦为二卷本。

综上可知，叶兆锡所著之《采艾编翼》原为上下二卷。叶茶山叶氏兄
弟于清嘉庆十年（1805）将家藏《采艾编翼》重新辑补刊行，因残缺较多，
故从《医宗金鉴》补入部分内容。

四　结语

《采艾编翼》清抄本的发现，厘清了该书的作者、成书时间、原书体
例等问题，得以窥见是书原貌。本文抛砖引玉，希望对学者深入研究《采
艾编翼》，促进岭南地方史、岭南医学研究的发展，进一步传承岭南中医
药文化有所帮助。

作者通信地址：广东省广州市天河区珠江东路4号广州图书馆，邮编：
510623

责任编辑：黄小高

---

① 《采艾编翼·采艾编翼缘起》，清咸丰七年（1857）抄本。

文学探讨

岭南端士欧必元的君子人格与家国情怀[*]

李婵娟^{**}

佛山科学技术学院，广东佛山，528000

摘　要： 岭南诗人欧必元一生创作了许多表达人性关怀、关注社会现实、批判社会黑暗、讴歌祖国大好河山等内容的诗篇，展现出丰富的人文情怀，体现了古代文人士子推己及人的仁爱精神与坦荡豪迈的君子人格、关注现实政局的经世之志与济国安民的担当意识，及对山川风物的热爱与对家国的认同感与归属感，兼具文学性和思想性的双重价值。

关键词： 岭南端士；欧必元；君子人格；家国情怀

欧必元（1573—1642），字子建，顺德人，出生于诗书世家，其祖欧大任、从弟欧主遇皆有诗名。欧必元自小亦有诗才，除与陈子壮、陈子升、黎遂球等重修南园诗社外，还与黎遂球、李云龙、梁梦阳、戴柱、梁木公辈重开诃林净社，在明末岭南诗坛享誉一时。"族祖虞部大任尝评其诗，谓雁行李于鳞、王弇州间也。"^①《粤东诗海》云："方伯孙朝肃慕其才，谓与若祖后先继美，赠以诗云：'中郎既去无宗匠，北海年来有典型。'"^②对

---

* 本文为2015年度国家社会科学基金重大项目（第二批）"岭南诗歌文献整理与诗派研究"（批准号：15ZDB076）、2016年度教育部人文社科研究青年基金项目"明清之际岭南诗坛研究"（批准号：16YJC751012）阶段性成果。

** 李婵娟（1979—　　　），女，湖北天门人。佛山科学技术学院教授，博士。

① （清）王永瑞纂修：《［康熙］新修广州府志》卷三九，北京图书馆古籍出版编辑组：《北京图书馆古籍珍本丛刊》第39册，书目文献出版社，1998年，第963页。

② （清）温汝能纂辑，吕永光等整理，李曲斋、陈永正审定：《粤东诗海（中）》，中山大学出版社，1999年，第937页。

他评价甚高。欧必元著有《勾漏草》《罗浮草》《溪上草》《琭玉斋稿》等，今有清刊本《欧子建集》传世。欧必元坦率耿直，心怀天下苍生，曾被当时缙绅誉为"岭南端士"。他将自己的满腔抱负与忧国忧民的儒士情怀融入笔墨，创作出许多展现人性关怀、关注社会现实、批判社会黑暗、讴歌祖国大好河山等内容的诗篇，表现出岭南诗人仁义豪迈的君子人格、强烈的社会责任感及浓郁的家国情怀。

一 仁义豪迈的君子人格

欧必元家境殷实，家学渊源深厚，从小受到良好的儒学教育和熏陶，形成了仁义豪迈的君子人格。"仁爱"是孔孟之道最核心的精神所在。孔子曰："里仁为美。"孟子曰："君子所以异于人者，以其存心也。君子以仁存心，以礼存心。仁者爱人，有礼者敬人。"儒家传统认为"仁义"是君子的美德，是君子区别于人的本质表现。儒家提倡"仁者爱人"，从爱身边的家人开始，推己及人，"老吾老，以及人之老；幼吾幼，以及人之幼。"此种仁爱精神可以说伴随欧必元一生。

欧必元的仁义精神首先表现为对妻子儿女的亲人之情。对妻子的深情，在欧必元诗中表现得格外真挚动人。如《经相思滩寄内》诗云："别子出门后，方知行路难。离情经月苦，消息隔年看。极浦愁今夜，相思何处滩。莫将望夫泪，遥寄楚云端。"[①]诗歌最后两句用了从对方写来的手法，不直接抒写自己对妻子的思念，而是反过来劝妻子不要因为思念自己而流泪，语淡情真，表现了夫妻之间的贴心与温情。《答内》诗云："纨扇闲题寄所思，不因儿女问归期。穷来久客愁偏切，梦里还家醒自疑。即使春光如泡电，不教丝鬓负蛾眉。黄金散尽谁颜色，憔悴唯堪报汝知。"[②]也非常直接地表现了对妻子的思念及夫妻之间相濡以沫的深情。值得提出的是，此类表现夫妻情深的诗歌在古代诗人的作品中较为少见，

---

① （明）欧必元撰：《勾漏草》，陈建华、曹淳亮主编：《广州大典》第431册，广州出版社，2015年，第520页。

② （明）欧必元撰：《琭玉斋稿》卷六，陈建华、曹淳亮主编：《广州大典》第431册，广州出版社，2015年，第354页。

而欧必元大胆言及爱妻之情，可看出他柔软的人性与对妻子的脉脉温情。除了妻子，欧必元对儿女也表现出无限的慈爱。如《寄示家儿》诗云："阿闾才六岁，儿是十龄时。莫笑而翁拙，全凭汝母慈。乡关常在望，风雨一题诗。去去归何暮，还家不计期。"①表达了羁旅之人对家中儿女的挚爱与思念。

欧必元诗中对兄弟朋友间的牵挂与关爱也令人感动。如《与子宏弟舟中对月》诗云："余今称独子，汝亦叹孤身。江海同为客，风波愁杀人。岂无朋旧好，不似弟兄亲。把酒对寒月，翻忆故园春。"②抒发了对兄弟的怀念，特别是"岂无朋旧好，不似弟兄亲"两句表现出血浓于水的深情。对朋友之谊的讴歌与表现，在欧必元诗集中也随处可见。如《酬马伯起》诗云："西山匿白日，风棲雪以繁。念兹岁云暮，忧来感无端。朝华既已萎，百草亦凋残。顾我同游子，劲节凌岁寒。俛首事千古，担石聊自安。大雅久沉没，感君振其澜。兴至鼓琴瑟，扬徽试一弹。一弹清商曲，下里难为欢。愿托钟期侣，知音起长叹。"③表现了知己良朋之间的相知相勉与相慰相惜。另《答李烟客崔季默二子》诗："黄鹄恣冲天，骏马志千里。一去一回鸣，四顾悲俦侣。神力岂不前，宁难铩其羽。所怀在同声，去乡非吾美。凛凛岁将徂，行役殊未已。聚散固有常，株守徒为尔。努力事前征，轮飚疾于驶。诵我同心言，譬彼佩兰芷。因风用寄音，在遐不忘迩。"④在乱世的漂泊里，在追寻人生理想的坎坷之途中，朋友对于欧必元的意义，是患难与共的精神支撑，同歌同哭，相互砥砺。

欧必元的仁义之情还由家人朋友推及到其他人，进而上升为一种博爱精神，其君子人格也在仁爱之外，又多了一层豪迈之气。史称欧必元一生极为慷慨，乐善好施，颇重朋友之义，尤喜交结豪侠之士。"先是，其家

① （明）欧必元撰：《勾漏草》，陈建华、曹淳亮主编：《广州大典》第431册，广州出版社，2015年，第525页。
② （明）欧必元撰：《勾漏草》，陈建华、曹淳亮主编：《广州大典》第431册，广州出版社，2015年，第518页。
③ （明）欧必元撰：《璆玉斋稿》卷四，陈建华、曹淳亮主编：《广州大典》第431册，广州出版社，2015年，第325页。
④ （明）欧必元撰：《勾漏草》，陈建华、曹淳亮主编：《广州大典》第431册，广州出版社，2015年，第518页。

素封。元喜豪侠，与公卿大夫游，为文字交。儿辈所不敢望。复挥金如土，第可致客之欢，且周人之急，多不吝惜。常慕孔北海，曰：'坐上客常满，杯中酒不空。与醉搦管，下笔千言立就。人得其文辞，珍如拱璧。'"①欧必元的豪迈大气，重义轻利，表现了古代君子"义以为上"的是非判断标准。他的周人之急，更具有一种杜甫式的"博爱精神"，是中国传统儒家道德中的最高境界。同时，他极为仰慕能诗善文、举贤好士、喜议时事、颇有政声的东汉名儒孔融，并在生活中刻意效仿，显见其豪迈意气、坦荡胸怀与渴望为世所用的博大志向。

明末社会动荡不安，特别是面临江山易帜之危难时刻，欧必元与陈子壮、欧主遇等诸多岭南诗人砥砺志节，密切关注政局发展，关心民生疾苦，他们重修南园诗社，并多次举办雅集活动，互为唱和，创作了大量爱国忧民佳作，也将岭南的诗歌创作推到顶峰。欧必元深受内心深处无法消弭的立功意识的激励，胸怀天下，关心民瘼，仁爱之心在其诗歌中比比可见。如《登高丘而望远海》诗云："登高丘，望远海，三千徐市今何在。员崾断六龙，鲸鲵光五彩。金阙空悬夜蚌珠，珠光显晦常相待。君不见海师河伯递沉浮，精灵不到蓬莱洲。饮民之膏食民血，嗟哉万里烟尘何处收。"②此诗寥寥数语，却写得慷慨激昂，荡气回肠。诗人有感于官府不体恤民生疾苦，只知道一味搜刮民脂民膏，加上战乱频仍、硝烟四起，慨叹这种水深火热的艰难处境何时才能到头。诗歌用歌行体写就，句式灵活，收放自如，将记事、描写、议论和抒怀融为一体，内容充实，情感充沛，表现了诗人对百姓的体贴与同情，读后令人唏嘘不已。另《夜坐》诗云："萧萧风雨坐相侵，独守寒灯抱膝吟。扪虱倦谈当世事，闻鸡还起济时心。云连烽戍兵犹满，雁度关河雪正深。收粟未能填酒债，解貂宁问入秦金。"③萧萧风雨之夜，诗人独守寒灯，难以入眠。心忧国事民生，虽已对官场心生厌倦，但仍愿为受苦的百姓重新燃起斗志。边疆战事未解，国家前途一片

① （清）王永瑞纂修：《［康熙］新修广州府志》卷三九，北京图书馆古籍出版编辑组编：《北京图书馆古籍珍本丛刊》第39册，书目文献出版社，1998年，第963—964页。
② （明）欧必元撰：《琭玉斋稿》卷二，陈建华、曹淳亮主编：《广州大典》第431册，广州出版社，2015年，第317页。
③ （明）欧必元撰：《琭玉斋稿》卷六，陈建华、曹淳亮主编：《广州大典》第431册，广州出版社，2015年，第353—354页。

黯淡。诗人生活拮据，收成尚不足抵还酒债，却想要带着仅有的钱财赴京，以期为国分忧。诗人不在乎自身得失，即便仕途受挫，其爱国之情、仁爱苍生之心丝毫未减，知其不可为而为之，拳拳赤子之情溢于言表，读之真能摧人肝肠。

二 关注现实政局的经世情怀

“立德”“立功”“立言”是中国古代士人所追求的三种人生不朽及实现人生价值的方式。欧必元钟情于“立功”而未遇其时，惟有借“立言”来弥补。他将满腔经世济民之志倾注于笔墨之间，以诗歌为载体来展现自己强烈的经世情怀，这种报效国家的经世情怀是其家国情怀的集中体现。

欧必元少时就表现出卓荦超群之才气，乡人对之寄以厚望。史载必元：“少负不羁之才，与香山何吾驺、李孙宸同学。以淹博闻，十五补邑弟子员。试辄第一。文望蔚起，远近名士获奉交游恐后。”特别是其同学何吾驺、李孙宸二位次第成名之后，“众亦莫不以青紫期之”，然而现实却是“十数秋数奇弗售”[①]，着实令人扼腕。直至六十岁时，欧必元才因岁荐扬名于朝廷，“尝与修府县志乘，颇餍士论。”[②]

欧必元仕途坎坷，能参与政事的机会实在太少，一生的远大理想与豪迈意气不得施展，但欧必元治国平天下的政治抱负从未消歇。儒家君子的政治价值取向是以民为本，力求通过政治来完成“博施于民而能济众”的既仁且圣的伟大功业。欧必元的可贵之处在于，即便无法真正参与政事，他依然不坠青云之志，从未放弃自己执守多年的立功意愿与救世理念，心系时局与政事，时刻关注民生，体现出强烈的经世情怀。他“以时事多艰，慨然诣粤省巡抚，上书条陈急务”[③]，“言海内情形，民生利病，娓娓章牍，

---

① （清）王永瑞纂修：《[康熙]新修广州府志》卷三九，北京图书馆古籍出版编辑组编：《北京图书馆古籍珍本丛刊》第39册，书目文献出版社，1998年，第963页。

② （清）温汝能纂辑，吕永光等整理，李曲斋、陈永正审定：《粤东诗海（中）》，中山大学出版社，1999年，第937页。

③ （清）温汝能纂辑，吕永光等整理，李曲斋、陈永正审定：《粤东诗海（中）》，中山大学出版社，1999年，第937页。

皆救时急务"。当时官员感叹曰:"粤东奇士有如必元者,天下无双矣。"①
虽然欧必元的治世谋略最终未被采用,但他在治国安民方面的主张和以天
下苍生为念的胸怀体现出明代士人的使命担当与社会责任感,被当时缙绅
誉为"岭南端士"。端士一词,出自《大戴礼记·保傅》:"于是皆选天下
端士,孝悌闲博有道术者以辅翼之,使之与太子居处出入,故太子乃目见
正事,闻正言,行正道,左视右视前后皆正人,夫习与正人居,不能不正
也。"意指正直之人。古人往往信奉"达则兼济天下,穷则独则其身"的
处世原则,而欧必元虽是一介布衣,却表现出异于常人的"穷亦兼济天
下"的勇气与担当,使其人生站上一个迥然挺出的新高度。"岭南端士"
的美誉正是时人对他"先天下之忧而忧"的精神的认同与赞赏。

对那些品德高尚、真心为国家谋前程、为百姓谋福祉的官员,欧必元
心怀敬仰,从不吝惜赞扬与悼念。如《赠刘京兆元声,其先公以名御史直
谏忤旨,戍浔阳而卒》诗云:"京兆原乘使者骢,霜威人道似先公。官怜
稽绍名俱起,谊比王褒事不同。幸有枌榆过畏垒,肯将勋业薄扶风。西来
欲作怀湘赋,落日逢君感慨中。"诗下自注:"公时占籍浔阳。"②该诗表达
了对敢于冒死进谏的忠直之臣刘台的尊敬与颂扬。明万历四年(1576)正
月,刘台上疏弹劾首辅张居正,陈述张居正专权擅威、排挤异己、任人唯
亲、胁制在朝言官科臣、贪婪受贿等罪状,触及张居正痛处,尤其是他作
为张居正门生而弹劾座师,使张居正无法容忍,心中久久不快。后在张居
正的授意下,刘台被人诬陷贪赃而遭遣戍,冤死戍所,家属也遭连累。张
居正卒后被朝廷清算,刘台才得平冤昭雪。后来刘台家乡安福县人士为了
表彰他的名节,为他建立祠堂,寄托思念之情。在出游湖南途中,欧必元
还亲自拜谒刘公祠,表达了自己对这位直臣的景仰。其《谒侍御刘公祠》
诗云:"莫以怀沙吊屈原,当时谁共叩天阍。无论未死明臣节,纵是投荒
亦主恩。一疏回天留壮气,千秋伏腊荐忠魂。西风不返辽阳鹤,暮云愁听
岭外猿。世有勋名饶国恤,官仍清白见贤昆。江兰欲采无由赋,怅望湘潭

---

① (清)王永瑞纂修:《[康熙]新修广州府志》卷三九,北京图书馆古籍出版编辑组编:《北
  京图书馆古籍珍本丛刊》第39册,书目文献出版社,1998年,第963页。
② (明)欧必元撰:《勾漏草》,陈建华、曹淳亮主编:《广州大典》第431册,广州出版社,2015
  年,第520—521页。

不可言。"①刘台弹劾张居正的奏疏写得正气凛然，义正辞严，令天下文士景仰，因此欧必元说："一疏回天留壮气，千秋伏腊荐忠魂。"这两句诗也正是欧必元自身的政治理想与人格追求。他在晚年给粤省巡抚上书，指陈时弊，其勇气与胆识与刘台如出一辙。此外，《谒吴东湖先生墓》一诗也表达了欧必元对敢于直言抗争阉宦的吴县令的赞扬，他希望官员们能真正以家国为念，磊落行事，仗义执言，表现了他匡时救世的政治愿望与美好的政治理想。

欧必元的经世情怀还体现在他始终不易用世之志，与同道中人相互砥砺，希冀能有机会为国分忧，坚持不懈地努力。明崇祯元年（1628）四月，袁崇焕被朝廷重新启用，并被追加为兵部尚书兼右副都御史，督师蓟辽。在袁崇焕入京赴职之际，满怀激情的岭南名士们聚集广州光孝寺，为他饯行。当时，五十六岁的欧必元也参与其中，他同其他岭南文人们一同庆贺同乡袁崇焕再次被委以重任，并希望他能继续抗击后金，建立功勋。欧必元诗云："拥传归来两粤中，四朝三命主恩浓。书从淝水征安石，碑树淮西表晋公。采芑但歌周室节，赐来疑是鼎湖弓。已知一月张三捷，饮御何时到泮宫。"②诗歌称赞了袁崇焕的丰功伟绩，并希望他不要辜负君主和朝廷的厚望，再度驰骋疆场，平定边疆叛乱。特别是诗歌中"四朝三命主恩浓"一句，既表现了欧必元对君主的称赞，又表现了他因袁崇焕能重被启用而高兴，还可看出他自己因此也倍受鼓舞，期待有朝一日能被朝廷委以重任，以实践自己在治国安民方面的主张与建功立业的抱负。在同窗好友何吾驺进京应试之际，欧必元曾作《送社人何龙友入试春官》诗以赠。该诗记叙了二人相识相知的交往过程，对朋友的一身才华与正气十分赞赏。"陷贼归来无寸土，一身骨立徒萧然"非常传神地写出了何吾驺的耿介个性。"君今砥柱障狂澜，小人非敢私怀惠"是对好友正气凛然、叱咤政坛的赞赏与勉励。"丈夫致身苦不早，富贵功名如露草。得时须及会风云，人有荣名堪自宝。世间不朽惟其三，虚羡眼前常美好。白日西逝黄河东，

---

① （明）欧必元撰：《勾漏草》，陈建华、曹淳亮主编：《广州大典》第431册，广州出版社，2015年，第523页。

② 陈永正主编：《全粤诗》第18册，岭南美术出版社，2017年，第599页。

倏忽少年成丑老。"①时光如梭，一去不复返，欧必元期望朋友能珍惜机遇，实现自己的理想与抱负。该诗写得情真意切，言简意赅，对朋友真诚的期望与勉励跃然纸上。

面对社会的黑暗与不公，欧必元敢于仗义执言，控诉批判，这是其经世情怀的另一种表现。欧必元曾作有一些政治讽喻诗，此类诗虽数量不多，却敢于大胆揭露时弊、表达自己鲜明的政治见解，发出一种极具社会震撼力和影响力的声音，表达出欧必元绵长而厚重的经世情怀。在创作手法上，此类诗深受盛唐白居易新乐府诗的影响，一诗专讽一事，诗题下并有诗序，以点明诗歌主旨。如《有狐》诗四首云：

> 有狐有狐，出自北门。匪忧匪虑，虎视猋猋。岂无子遗，隔于九阍。曷其有垣，莫我存也。
>
> 有狐有狐，出自熊都。昊天上帝，宁俾尔殂。岂无嘉石，畏此简书。曷其有明，莫我□□。
>
> 赫赫奕奕，天子之威。今我康矣，彼巳氏胡来。
>
> 穰穰田野，万国之盈。今我庶矣，胡山海其有征。②

该诗题下注云"刺征榷宦官骚动四方也"，明确交代了诗歌的讽刺主题。明末朝廷在田赋中加派"三饷"，又派出税监矿使，四处搜刮工商税，搞得天怒人怨、民不聊生。此诗即针对此种黑暗现实而作。题目"有狐"乃"狐假虎威"之义，讽刺宫中宦官借皇家威严，趁征收榷税之机四处搜刮百姓，以致怨声载道。诗共四首，前两首每首八句，后两首每首两句，篇幅短小精悍，比白居易新乐府诗更为凝练。

另《东门》一诗，诗题注云"贤者被谗而作也"，也是直接道明诗歌主旨。其诗云：

---

① （明）欧必元撰：《璚玉斋稿》卷五，陈建华、曹淳亮主编：《广州大典》第431册，广州出版社，2015年，第341—342页。

② （明）欧必元撰：《璚玉斋稿》卷三，陈建华、曹淳亮主编：《广州大典》第431册，广州出版社，2015年，第319—320页。

> 东门之锦，曷其贝分。岂其理哉，无若而口哉。
>
> 东门之鸟，曷其莺分。岂其凤哉，无若而斥鹦哉。
>
> 毁之来也，予之非也。人之多言，亦可哀也。
>
> 毁之谬也，予之咎也。人之多言，亦可丑也。[①]

诗歌辛辣地讽刺了当时权奸当道、贤者受讥谗的黑暗现实。此类诗歌以四言为主，文字上一唱三叹，明显又是模拟《诗经·国风》中的诗篇而作，具有很强的现实讽喻意义。难怪有人评价欧必元"诗综盛唐，隐秀遒丽，行风人之旨"[②]。

三　山川风物描绘中渗透出的家国情怀

作为一名深受儒家传统教育的知识分子，家国情怀不仅融入欧必元的血液里，还递嬗成他生命中的人文基因。欧必元喜欢出游，游踪所及地域广泛，河北、江苏、浙江、广西及广东境内的很多名胜古迹均留下了他的足迹，家乡及祖国各地的山水美景令他流连忘返。他将浓郁的家国情怀融入诗歌，尽情抒发了对山川风物的欣赏与热爱，表现了他对家国天下的关注，也表达了他对人生的感悟与思考。

欧必元曾经出游广西桂平白石山景区，创作了一系列动人的诗篇。其《初入白石山寄怀杨荆州天培》诗云："千层紫气拥云浮，夹道长松径自幽。未论青山怀谢朓，且看黄绢识杨修。标题绝壁悬天外，名姓磨崖在上头。若道衡阳无过雁，八行谁为寄荆州。"[③]白石山属典型的丹霞地貌，集幽、奇、雅、险、静于一体，其景观令人惊叹。此诗即展现了初次进入白石山所欣赏到的雄奇险峻之景观。再如《三清观道士出山中酒小饮》一诗描绘了白石山三清观的壮丽景色。诗歌开篇两句"丹霄缥缈俯尘寰，万仞

---

① （明）欧必元撰：《璚玉斋稿》卷三，陈建华、曹淳亮主编：《广州大典》第431册，广州出版社，2015年，第320页。

② 罗志欢著：《岭南历史文献》，广东人民出版社，2006年，第110页。

③ （明）欧必元撰：《勾漏草》，陈建华、曹淳亮主编：《广州大典》第431册，广州出版社，2015年，第521页。

天门尚可攀"写出了白石山的地势之高。白石山气势宏大,上山必经之路一线天由三百余级石阶形成,仰头上望只见悠悠白云。正如诗中所说"琪花多在白云间"。三清观则建于险峻的峭壁之上。大自然壮观的景色启发了诗人丰富的想象,诗歌中充满了神奇宏伟的色彩。特别是"悬空挂石连蓬岛,泻溜鸣泉响佩环"①两句,写出了三清观恢宏壮观的气势和清幽静谧的环境,突显了壮美与优美的结合,可谓神来之笔。

欧必元的山水纪游诗并不纯粹以写景取胜,有很多诗篇都展现了诗人的个性与情怀,写得意趣盎然。如《登白云最高顶》诗云:"生平负奇游,十洲与蓬莱。乘筏荡沧溟,振衣蹑丹梯。灵岳奠南澳,岩峣白云齐。上属千星斗,下盘鳄龙低。日浴扶桑东,地逼濛汜西。沿麓茂松柏,修坂荫朱黄。回首睇人间,城郭相参差。致身于绝境,非复滋漭时。夙慕阆风近,乃遘兹山奇。倘遇羡门子,长袖揖安期。"②开篇两句明确表达自己一生对奇险之境的爱好与向往;"乘筏荡沧溟,振衣蹑丹梯"两句诗生动形象地展现了诗人不畏艰险、乘风破浪、勇攀高峰的镇定、豪迈的气度;"回首睇人间,城郭相参差。致身于绝境,非复滋漭时"则写出了居高临下、俯瞰大地时的自豪与豁达,充满了浓郁的个性化色彩。欧必元还在诗歌中抒写了自己登山时的不同感受。如《白云窝》诗用夸张的手法描绘了攀登最高峰时险趣横生的切身体验。另如《入壶天洞》序:"洞在三清观之左,两峰壁立万仞,莫可跻攀。洞有石户,仅能容身。又蓬棘塞焉,湮没久已。近为吾友人黄尊元、杨天培所辟。抉莽诛茅,乃得其穴户而入。过此则洞空无际,骇人心目,即章亥莫能穷也。意者旧志所云'通勾漏者'即此耶?名曰'小壶天'。"③该诗序记录了诗人与友人探险开拓洞穴且为之命名之事,表现了探险之趣,充满了文人情怀。而《游三石室》诗序则记载了一次不太"顺畅"的出游。诗人爱好探访奇险之境,每次出游,总以登到最高峰或探到最险远之地为乐。而此番出

① (明)欧必元撰:《勾漏草》,陈建华、曹淳亮主编:《广州大典》第431册,广州出版社,2015年,第521—522页。
② (明)欧必元撰:《璆玉斋稿》卷四,陈建华、曹淳亮主编:《广州大典》第431册,广州出版社,2015年,第329页。
③ (明)欧必元撰:《勾漏草》,陈建华、曹淳亮主编:《广州大典》第431册,广州出版社,2015年,第521页。

游三石室，虽风景奇美，"爽人心目"，却因有鱼龙出没，且听到虎豹之声而放弃。作者对中途放弃颇为遗憾，感叹"仙缘分薄""奇游固有待"，展现了个人性情，写得有情有味，与一般的纯粹写景迥然不同。再如《登白石山观音阁同黄尊元关周望龙叔玉黄仲黄赋》一诗，再现了白石山古木参天、藤萝缠绕的怡人风景及在山中接泉烹茶之雅趣，凸显了山林生活的美好。

旅居在外，欧必元对异域他乡的风俗民情也格外留心，并通过诗歌记载下来。如《浔州杂歌》诗云："绕郭临江列草堂，门前三径任教荒。编篱密竹应防虎，更怕春来水是乡。（其一）宴客槟榔馔有余，江庖虽美食无鱼。由来风俗蛮荒古，不惯烹鲜惯杀猪。（其二）踏歌明月正当街，口嚼槟榔袖里怀。欢若邀侬江店饮，待侬脱下草头鞋。（其四）"①此组诗作于欧必元出游广西浔州期间。作为一名外来游客，欧必元对浔州有别于自己家乡的风土人情感到惊奇。第一首诗描绘了浔州绕山临水、整齐划一的民居建筑，门前的大片院地并没有开荒成农田，屋前后有编织严密的篱笆和翠竹，与广东的建筑习惯不大一样。第二首诗注云："宴客宰猪，居人以为常。"浔州人招待客人的食物主要有槟榔和猪肉，这与广东之地以鱼鲜来待客的习俗大不相同。第四首诗注云："此处呼我为侬。"记载了浔州人不同的语言文化。此类诗对异乡风俗的记载生动具体，有助于读者增长见识，了解不同的民间文化，反映了诗人探索和走向外部世界的开阔胸襟。

作为一位广东籍诗人，欧必元对家乡的历史故事、名胜古迹非常熟悉，他在出游时通过自己敏锐的感悟力与细腻的表现力对之一一呈现，写下了很多优秀的诗篇。如肇庆七星岩是岭南著名风景区，被誉为"人间仙境""岭南第一奇观"。历代岭南诗人均作有七星岩的纪游诗。欧必元《同族叔理先从弟子弘饮七星岩水洞》诗云："石室钟灵胜，岩壑多洞天。既登岞崿险，复激清流湍。攀岩碍巨石，逾岭凌苍烟。径幽云霭霭，溪浅流涓涓。玉乳垂洞底，金书镌云巅。下窥元气渺，上与星辰连。草木经霜落，琪花当晚妍。岚气袭裾上，晴光媚眼前。浩歌众山和，谷响群鸟喧。酣饮

---

① （明）欧必元撰：《勾漏草》，陈建华、曹淳亮主编：《广州大典》第431册，广州出版社，2015年，第523页。

澹忘醉，采采芳杜蓁。恣游慰夙志，含毫述短篇。"①描绘出七星岩洞水相连、山峰耸立、石钟乳倒垂、洞内溪水淙淙，鸟语花香的奇丽美景。诗人对七星岩的风景可谓情有独钟，曾多次前往游览。《游七星岩二首（其二）》诗有云："避暑携尊自爽然，上方楼阁倚云巅。奔雷骤雨无常态，叠石重岩有别天。"②可见诗人将七星岩当作夏日的避暑胜地，诗中充满了对家乡风物的热爱及岭南人的自豪感。另素有岭南第一山之称的罗浮山也是岭南诗人频频歌咏的对象。欧必元《初入罗浮山径》诗云："路迂穷日夕，山近逼氤氲。策杖回青霭，披衣染白云。苔痕深莫辨，树密色难分。一过莲池上，泉声到处闻。"③生动地刻画了罗浮山云雾缭绕、山林幽深、莲花盛放、泉水叮咚的清秀景色。

在描绘家乡美景的同时，欧必元也将自己的身世之感与人格性情一并带入。如《九日同社中诸子登粤秀山宴集》诗云："高秋凉气至，佳辰在今夕。缱绻故里间，念我平生戚。斗酒相存问，度阡复逾陌。粤王有高台，台下俯积石。登高览九原，但见松与柏。杖屦随所钦，浊醪聊自适。感慨付当歌，伯图亦尘迹。良时弗为欢，衰暮叹何益。素丝有苍黄，岐途多南北。鹤鸣振云霄，虫织响窗壁。愁为纵酒宽，恶以佩萸辟。安得岁寒菊，采之尘虑息。"④此诗记载重阳日与诗社友人同登粤秀山之事。诗歌情景交融，既描绘登上粤秀山所见的高旷淡远的秋景，也写出自己的人生失意之感与强自振奋之态。诗歌将环境描绘与直抒胸臆相结合，寓情于景，又触景生情，最后两句诗表达对淡泊宁静生活的向往。《秋日马仲高余承采诸子登粤秀山》诗有"世情虽卤莽，吾道有绸缪。遁迹青山好，时名浊酒休。乾坤终有尽，一醉复何求"⑤等诗句，表现了诗人淡泊名利、向往山林的高洁志趣与及时行乐、

---

① （明）欧必元撰：《勾漏草》，陈建华、曹淳亮主编：《广州大典》第431册，广州出版社，2015年，第519页。

② （明）欧必元撰：《璚玉斋稿》卷六，陈建华、曹淳亮主编：《广州大典》第431册，广州出版社，2015年，第350页。

③ （明）欧必元撰：《罗浮草》，陈建华、曹淳亮主编：《广州大典》第431册，广州出版社，2015年，第480页。

④ （明）欧必元撰：《璚玉斋稿》卷四，陈建华、曹淳亮主编：《广州大典》第431册，广州出版社，2015年，第327页。

⑤ （明）欧必元撰：《璚玉斋稿》卷七，陈建华、曹淳亮主编：《广州大典》第431册，广州出版社，2015年，第363页。

随遇而安的人生态度。另《清远孙令公招饮峡山寺》一诗则记述与友人聚会于清远峡山寺（即飞来寺）时的所见所感，"古寺岩峣倚碧栏"一句栩栩如生地描绘飞来古寺依傍于巅峰峭壁的雄奇风姿，"峡水流清深见底，松声将雨夏犹寒"二句展现峡山寺景区潭水清澈、松林密布、幽深清冷的特色，"雄谈不是人间语，莫惜尊前酒易干"①二句则写出在神奇壮观的大自然面前，诗人与友人高谈阔论、超脱于尘世之外，不为眼前俗事所牵绊的高远情怀。全诗立意高妙，显见诗人开朗豁达的襟怀。

此外，在《游仙诗五首（罗浮山中作）》组诗中，诗人则通过"平生志寥廓，所思三神山""安得长生药，千年当复来""远望登高峰，餐霞思幽室""神驰阆风苑，兴在神山中"②等诗句表达自己对神仙般修道生活的向往。这种出尘之思正展现了诗人怀才不遇之际的抑郁与茫然。此类游仙诗虽数量不多，却真实表现了诗人在政治失意与人生无奈之下的自我超脱与慰藉，是其家国情怀的另一种呈现。

总之，在研究和探析岭南诗人欧必元时，我们不能仅仅把他看作是一位正直侠义的"端士"，更应该视作一位有着创作激情和杰出才华的诗人。因为在他的诗歌中有着丰富的人文内涵，体现出古代文人士子的仁爱、进取精神，与坦荡豪迈的君子人格、济国安民的经世之志、救亡济时的担当意识，以及与对家国炽热的认同感与归属感，兼具文学性和思想性的双重价值。

作者通信地址：广东省佛山市禅城区魁奇一路11号3区9座202房，邮编：528000

责任编辑：赵晓涛

---

① （明）欧必元撰：《璚玉斋稿》卷六，陈建华、曹淳亮主编：《广州大典》第431册，广州出版社，2015年，第360页。

② （明）欧必元撰：《罗浮草》，陈建华、曹淳亮主编：《广州大典》第431册，广州出版社，2015年，第480—481页。

论吴梯的杜诗学研究[*]

——以《读杜姑妄》为中心

刘晓亮[**]

广东开放大学文化传播与设计学院，广东广州，510091

摘　要： 岭南杜诗学者吴梯积数十年心血而成的《读杜姑妄》，是其杜诗学研究的集成。吴梯承众多杜诗学者，在《读杜姑妄》中以"集注"加"疏"的体式对杜诗进行了校勘、阐释以及诸多问题的辨析；对杜诗体式进行了艺术上的探索；对杜律的分派表达了自己的看法；从声病说的角度对杜律之细进行了全面阐释。他的杜诗学研究，不仅保存了诸多杜诗学文献，也为今人探索杜诗艺术提供了诸多视角。

关键词： 吴梯；读杜姑妄；杜诗学；范式；体式

吴梯（1775—1857），字秋航，一字云川，号岭云山人。广州府顺德县黎村（今荔村一带）人。嘉庆六年（1801）广东乡试解元，由大挑出仕山东蒙阴知县。调任潍县、禹城知县，擢任胶州、济宁知府。后告病还乡，倾力注杜。能文善诗，文宗昌黎，诗祖少陵。道光年间与林联桂、谭敬昭、黄培芳、张维屏、黄玉衡、黄钊并称"粤东七子"。著有《岱云编》三卷、《岱云续编》三卷、《归云编》二卷、《归云续编》二卷、《巾箱拾羽》二十卷、《读杜姑妄》三十六卷等。

---

* 本文为2019年度《广州大典》与广州历史文化研究专项课题《吴梯〈读杜姑妄〉校点》（批准号：2019GZY20）阶段性成果、广东开放大学2020年度校级科研重点项目日本图书馆藏杜集书目整理与研究（项目编号：ZD2003）阶段性成果。

**　刘晓亮（1985—　），男，河北迁西人。广东开放大学文化传播与设计学院讲师，博士。

　　吴梯告病还乡后，倾力注杜，中经三年断续，终刊成《读杜姑妄》一书。笔者曾对广东省立中山图书馆所藏该书之版本、底本、体例予以考辨①，兹复以此书为中心，探讨吴梯的杜诗学研究特色，以呈现此书之全貌，以及吴梯的杜诗学研究特色，以突出其在杜诗学史上的位置。

一　吴梯的杜诗学研究范式

　　本文所谓"研究范式"，是指吴梯对杜诗阐释所遵循的原则及呈现的样式。杜诗的阐释发源于北宋，虽然历代杜诗阐释之作均可纳入"注"的范畴，但其实各种样式之间确然存在一些差异，这就是杜诗学研究范式的不同。我们所熟知的宋郭知达《九家集注杜诗》、明王嗣奭《杜臆》、清朱鹤龄《杜工部诗集辑注》、清卢世㴶《读杜私言》、清卢元昌《杜诗阐》、清仇兆鳌《杜诗详注》、清浦起龙《读杜心解》、清杨伦《杜诗镜铨》等，书名诚为范式的标榜，然至今尚未从杜诗学史的角度对这些杜注书名作整体研究。

　　笔者将吴梯的杜诗阐释体例分为杜诗题解、杜诗校勘、杜旨阐释、杜诗分段、杜诗析疑五种，但不管哪一种体例，吴梯都遵循着同样的范式，也就是他在《读杜姑妄》卷首《自序》中所说的"旧解所有，存是去非；旧解所无，独抒鄙见"②，这一范式类似于"集注"加"疏"，也就是辑录前代诸说，然后或从或驳，各申以己见。这与卢元昌《杜诗阐》、仇兆鳌《杜诗详注》所遵循的范式大体一致。卢元昌在《杜诗阐自序》中说："予于杂者芟之使归于一，于凿者核之使确，于繁者约之使不多指而乱视，于陋者泽之使雅，于简者栉比而遍识之使不罣漏，而又加以镕铸组织之功焉。"③仇兆鳌在《杜诗详注序》中也说："汰旧注之楦酿丛脞，辩新说之穿凿支离。"④

---

①　刘晓亮：《广东省立中山图书馆藏吴梯〈读杜姑妄〉考辨》，《杜甫研究学刊》2020年第2期。

②　（清）吴梯撰：《读杜姑妄》卷首序，陈建华、曹淳亮主编：《广州大典》第517册，广州出版社，2015年，第301页。

③　（唐）杜甫著，（清）卢元昌注：《杜诗阐》，清康熙二十五年（1686）书林刊本。

④　（唐）杜甫著，（清）仇兆鳌注：《杜诗详注》序，中华书局，1979年，第2页。

仇兆鳌在《杜诗凡例》"历代注杜""近人注杜"两条中已基本指出《杜诗详注》所采录的注杜之作，吴梯《读杜姑妄》虽未明言，但通过笔者分析、核对，其所辑录、参考的前代杜诗注解（包括笔记、诗话）之作共有：郭知达《九家集注杜诗》、钱谦益《钱注杜诗》、仇兆鳌《杜诗详注》、浦起龙《读杜心解》、杨伦《杜诗镜铨》、五家评本《杜工部集》、江浩然《杜诗集说》、查慎行《初白庵诗评》、洪迈《容斋随笔》、杨慎《丹铅总录》、翁方纲《石洲诗话》等。个中尤以《杜诗详注》《读杜心解》为多。虽《读杜姑妄》中引述较多王嗣奭、朱鹤龄、黄生、卢元昌、申涵光等人之注，但皆是转引自《杜诗详注》。

为了更清晰了解吴梯所谓"旧解所有，存是去非；旧解所无，独抒鄙见"的内涵，现举例以说明之。

"旧解所有，存是"者，如卷七下《古柏行》："霜皮溜雨四十围，黛色参天二千尺。"吴梯引范温和朱鹤龄二家注：

> 范元实曰："诗有形似之语，盖出于诗人之赋，'萧萧马鸣，悠悠旆旌'是也；有激昂之语，盖出于诗人之兴，'周余黎民，靡有孑遗'是也。古人形似之语，如镜取形，灯取影。激昂之语，《孟子》所谓'不以文害辞，不以辞害意'者。今游武侯庙，然后知《古柏》诗所谓'柯如青铜根如石'信然，决不可改，此乃形似之语。'霜皮溜雨四十围，黛色参天二千尺。云来气接巫峡长，月出寒通雪山白。'此乃激昂之语。不如此，则不见柏之高大也。文章固多端，然警策处往往在此两体。"
>
> 朱注：四十围、二千尺，皆假象为词，非有故实。《梦溪笔谈》讥其太细长，《缃素杂记》以古制围三径一驳之，次公注又引南乡故城社柏大四十围，皆为鄙说。考《水经注》，社柏本云三十围，亦与此不合。[1]

以上范温和朱鹤龄之说，仇兆鳌亦引，但无任何说明，而吴梯则加按

---

[1] （清）吴梯撰:《读杜姑妄》卷七,陈建华、曹淳亮主编:《广州大典》第517册,广州出版社,2015年,第459页。

语云："范、朱二家之说并是，其余纷纭纠结，直可斩尽葛藤。"①

"旧解所有，去非"者，如卷六上《赤谷》"乱石无改辙"，吴梯引赵次公云："言涂虽值乱石，业已欲前矣，不以乱石之故而改辙焉。"吴梯加案语云："赵解非。乱石载涂，只有一辙，非能改而不欲，乃欲改而不能。仆前莅蒙阴，由县城西南行，往盘车沟。中有数里，遍地皆石，车从石面转轮，更无他径，沟之得名以此。每到其间，辄诵杜诗'乱石无改辙'之句，为黯然销魂焉。"②吴梯以自己的亲身经历来印证杜诗。再如卷六下《成都府》"信美无与适"，吴梯引杨西河曰："《登楼赋》'虽信美而非吾土兮'，谓弟妹等不可见。"吴梯加案语云："此解恐非。'无与适'者，言初至成都，素无交旧，故无与适也，非不见弟妹之谓。杜《两当县吴十侍御江上宅》诗有'出门无与适'句，亦指交旧言。"③吴梯最擅长以杜注杜，此条可见一斑。

对于"旧解所无，独抒鄙见"，书中屡见"注家亦未得解""此篇古今无致疑者，鄙见……""诸家俱欠分晓""蠡测所及，愿质方家"等表达，表现出吴梯的自得与自信。比如他对《江亭》《江上值水如海势聊短述》《水槛遣兴》三诗题目互换的阐释。在《江亭》诗后吴梯有一段长案语：

> 此诗古今无致疑者，文义亦非难理会，惟收二语突入归心，兼及裁诗排闷，似乎别有见地。记仆从幼读杜诗，即疑《江上值水如海势聊短述》一首诗与题不相应，百思不得其故。后忽读此，有悟恍然。曰"坦腹江亭暖，长吟野望时"，二句乃"江上"二字；"水流心不竞，云住意俱迟"，二句乃"值水如海势"五字；"寂寂春将晚"至"排闷强裁诗"，乃"聊短述"三字。则此诗当以"江上值水如海势"为题，而彼诗则却当以二十三卷之"水槛

① （清）吴梯撰：《读杜姑妄》卷七，陈建华、曹淳亮主编：《广州大典》第517册，广州出版社，2015年，第459页。

② （清）吴梯撰：《读杜姑妄》卷六，陈建华、曹淳亮主编：《广州大典》第517册，广州出版社，2015年，第428—429页。

③ （清）吴梯撰：《读杜姑妄》卷六，陈建华、曹淳亮主编：《广州大典》第517册，广州出版社，2015年，第447页。

遣兴"为题,何也?彼诗起四句"为人性僻耽佳句,语不惊人死不休。老去诗篇浑漫与,春来花鸟莫深愁",乃一"兴"字;五、六"新添水槛供垂钓,故着浮槎替入舟",乃"水槛"二字;结"安得思如陶谢手,令渠述作与同游",乃"遣兴"也。至此诗之题为"江亭"者,则当移为"去郭轩楹敞"及"蜀天常夜雨"二首,题曰"江亭二首"。虽其诗中未点"亭"字,然前一首曰"去郭轩楹敞",第二首曰"江槛已朝晴",不言亭而亭可知,且诗中句句是江亭情景。如此互换,庶得诗与题应。不敢臆断,亦不欲蓄疑,姑存以质为杜学者。①

在解释《江上值水如海势聊短述》的诗题及诗后阐释时,吴梯仍不忘再次重申此说。且不论吴梯对以上三首诗的题与文互换合理与否,但至少为今人研究杜诗的编排提出了一个疑问,古人印书的确存在错行断简、题文不符的问题。吴梯的疑问从幼年读杜即产生,而到晚年才有所悟,足见其对杜诗的痴心。

但吴梯"自得与自信"有时值得商榷。如卷三〇中上《咏怀古迹五首》其一"支离东北风尘际",吴梯对此诗的阐释:

> 此篇前六句皆自道,结乃点庾信,而古迹亦不显,故读者疑焉。不知宋玉以下四篇皆直咏古人,不与己身相似,而此篇将庾信与己合而为一。前面支离漂泊,哀时未还,说己处即说信;后面平生萧瑟,诗赋江关,说信处即说己。我即古人,古人即我,感慨系之,故当以是终焉。宜与《戏为六绝》"庾信文章老更成"一首参看,盖彼诗亦直以信自居,绝不让也。此论为古人所未及,姑识以俟卓裁。②

---

① (清)吴梯撰:《读杜姑妄》卷二二,陈建华、曹淳亮主编:《广州大典》第518册,广州出版社,2015年,第25页。

② (清)吴梯撰:《读杜姑妄》卷三〇,陈建华、曹淳亮主编:《广州大典》第518册,广州出版社,2015年,第257页。

吴梯这里的"此篇将庾信与己合而为一""我即古人,古人即我,感慨系之",并要读者连同《戏为六绝》"庾信文章老更成"一首参看,说"彼诗亦直以信自居,绝不让也",言外之意,此诗亦是"直以信自居"。但这种见识王嗣奭早已道得,只是因为吴梯并未见到王嗣奭原本《杜臆》。王嗣奭对这一首的解释:

> 自蜀言之,则中原皆为东北。"支离"犹云"割裂",不相属也。公在巫峡,栖于西阁,故云"三峡楼台",而"淹日月"谓留滞多时也。"五溪衣服"犹云"左衽",而"共云山"谓同居也。说到羯胡,追溯其漂泊之繇。公于此自称"词客",盖将自比庾信,先用引起下句;而以己之哀时,比信之哀江南也。荆州有庾信宅,江关正指其地。公自萧瑟,借诗以陶冶性灵,而借信以自咏己怀也。①

两相对照,意旨大体相同。从吴梯所引前代杜注以及吴梯的过于"自得与自信",我们会发现另一个问题,即这些杜诗注本在岭南的传播,待另文讨论。

二 吴梯论杜诗体式及杜律分派

(一)论杜诗体式

本文所说的体式指的是诗歌的体裁(或体格)。古典诗歌经由六朝的发展,至初唐经过沈佺期、宋之问等人对诗歌声律的实践,要求讲究平仄、粘对、押韵、对偶等格式的近体诗最终确立。杜诗的体裁总体来说分古体与近体,浦起龙细分为五古、七古、五律、五排、七律、七排、五绝、七绝等八种。葛晓音教授在《杜诗艺术与辨体》中对杜诗的五古、五言乐府、七言新题乐府、七古、歌行、五律、七律、五绝、七绝等九种体式进行了艺术分析。杜诗体式的分析也是吴梯杜诗学研究的重要问题。

---

① (明)王嗣奭著,曹树铭增校:《杜臆增校》,艺文印书馆,1971年,第450页。

1.杜诗有没有乐府体

据葛晓音教授的分析，明清诗论家辨体意识增强，因此如胡应麟、许学夷、冯班等人开始从辨体的角度对杜甫的某些古诗、歌行进行了体式上的重新确认，结果便是如"三吏""三别"以及《兵车行》《留花门》等诗均被当作新题乐府予以重新阐释。葛晓音教授更是通过分析，对杜甫五言新题乐府和七言新题乐府的艺术特色进行了总结和分析①。清代诸杜诗注家也表现出与诗论家同样的趋向，如浦起龙，他所作《读杜心解》虽然在《目录》的编排上有六种体式，但在论述具体篇目时却对个别诗篇进行了体式上的重新确认，比如卷一上《兵车行》，吴梯引浦起龙云：

> 是为乐府创体，实乃乐府正宗。齐梁间拟汉魏者，意在仿古，非有所感发规讽也。若古乐府，未有无谓而作者。②

浦起龙认为《兵车行》乃"乐府正宗"，与齐梁间拟汉魏乐府只是一味仿古而无"感发规讽"不同，杜甫的乐府与古乐府一样，乃"有谓而作"。这也正是葛晓音所阐发的："杜甫的七言新题乐府与五言新题乐府一样，借鉴了汉魏古乐府即终事名篇的传统，自创新题，不仅在反映现实的深度和广度上远超同时代诗人，而且在艺术上极富独创性。"③"杜甫运用了汉乐府取材典型化的原理，也采用了对话、独白和截取情节片段的叙述方式，但既能将事件发生的广阔背景展示出来，又使高度提炼的场景具有普遍意义，不为一时一地的历史事件所局限。"④葛晓音用以验证该观点的例子即是《兵车行》。

由明清诗论家胡应麟、许学夷、冯班等人到浦起龙，再到葛晓音，可见人们对杜甫的"新题乐府"有了比较一致的看法，但吴梯恰不这么认为，他说：

① 葛晓音著：《杜诗艺术与辨体》，北京大学出版社，2018年，第100—122页。
② （清）吴梯撰：《读杜姑妄》卷一，陈建华、曹淳亮主编：《广州大典》第517册，广州出版社，2015年，第333页。
③ 葛晓音著：《杜诗艺术与辨体》，北京大学出版社，2018年，第113页。
④ 葛晓音著：《杜诗艺术与辨体》，北京大学出版社，2018年，第114页。

愚见以为乐府至唐已失其音节，不能入乐，空有虚名。杜不独无乐府旧题，而所作亦未尝自谓乐府，仍古诗耳，此可法也。世人不知杜近体有二格，古体亦有二格。其一体按部就班，含宫咀羽，命意运笔，涂辙可寻，世人指为古诗者是也。其一体飞行绝迹，不主故常，感慨悲歌，惟意所适，世人指为乐府者是也。其实俱是古诗，并非乐府，强以加之，为失杜旨。①

萧涤非先生曾分析乐府的内涵：

乐府之范围，有广狭之二义。由狭义言，乐府乃专指入乐之歌诗，故《文心雕龙·乐府篇》云："乐府者，声依永，律和声也。"而由广义言，则凡未入乐而其体制意味，直接或间接模仿前作者，皆得名之曰乐府。

然此二者之界限，并无当于今之所谓乐府也。窃谓在今日而谈乐府，其第一着即须打破音乐之观念。盖乐府之初，虽以声为主，然时至今日，一切声调，早成死灰陈迹，纵寻根究底，而索解无由，所谓入乐与未入乐者等耳。侈言律吕，转滋清惑。故私意以为今日对于乐府之鉴别，宜注意下列两点：（一）文学之价值；（二）历史之价值。②

按照萧涤非先生所指出宜注意的两点，有些虽然入乐，如《郊庙歌辞》《燕射歌辞》，却非乐府，而具备文学价值和历史价值的诗歌虽不入乐，但亦可以乐府论之。王运熙先生也曾指出："要理解乐府诗，必须懂得乐府诗的体例。乐府诗的一个曲调，除原始古辞（有时古辞亡佚）外，以后产生不少同题之作。这些作品的内容，往往与曲名与曲调本事不相符合，但在题材、主题或声调上仍保持或多或少的联系。不理解这种情况，

---

① （清）吴梯撰：《读杜姑妄》卷一，陈建华、曹淳亮主编：《广州大典》第517册，广州出版社，2015年，第333页。
② 萧涤非著，萧海川辑补：《汉魏六朝乐府文学史（增订本）》，人民文学出版社，2011年，第11页。

容易对某些乐府篇章产生误会。"①

我们来反观吴梯所持的观点，他仍局限于萧涤非先生所分析的狭义的乐府概念上，也未能认识到王运熙先生所指出的"题材、主题或声调上仍保持或多或少的联系"，仅以入乐与否来判定是否为乐府，是不太符合杜诗创作实际的。尤其抹杀了杜甫对乐府诗的发展所起到的作用。浦起龙把《丽人行》《后出塞五首》定为乐府体，杨伦把《无家别》《前出塞九首》定为乐府，这些都被吴梯予以否认。他一再申明："愚则谓必音节可以入乐，方成乐府。唐时，乐府音节已失，故老杜不肯作。集中如《兵车行》、'三吏''三别'之类，皆非乐府，乃古诗之绝高古者耳。"②

吴梯这种辨体意识虽存在偏颇，却提示我们：诗歌体式并非一成不变，从其产生到成熟再到衰落，从体式演变的角度或许能对某一体式的诗歌发展进行重新认识。个人以为，葛晓音教授对杜诗体式的分析便是这一思路，它让我们重新认识杜诗及其所代表的盛唐诗歌。

2. 论杜诗绝句

（1）杜诗绝句非律诗截句

绝句是否为律诗的截句，这涉及绝句的起源及绝句的体制。有关绝句的起源及发展，可详参葛晓音教授的《初盛唐绝句的发展——兼论绝句的起源和形成》③。李晓红经梳理指出："以'绝句'为'截句'，虽是宋元以来才涌现之观念，但具有较深的文化渊源。"④在某些明清诗论家看来，绝句乃律诗的截句，杜诗学者亦有持此论者，如仇兆鳌评《绝句二首》其一"迟日江山丽"云：

> 此诗皆对语，似律诗中幅，何以见起承转阖？曰：江山丽而花草生香，从气化说向物情，此即一起一承也。下从花草说到飞

① 王运熙：《研究乐府诗的一些情况和体会》，《王运熙文集》第一卷《乐府诗述论·附录》，上海古籍出版社，2012年，第498页。

② （清）吴梯撰：《读杜姑妄》卷三，陈建华、曹淳亮主编：《广州大典》第517册，广州出版社，2015年，第380页。

③ 原载《文学评论》1999年第1期，收入氏著《诗国高潮与盛唐文化》（北京大学出版社，1998年，第357—368页），亦收入氏著《唐诗流变论要》（商务印书馆，2017年，第81—108页）。

④ 李晓红：《绝句文体批评考论》，《学术研究》2011年第6期，第149页。

禽，便是转折处。而鸳燕却与江山相应，此又是收阖法也。范元实《诗眼》曾细辨之。①

仇氏此"截句"说本于元人范梈，仇氏在《赠李白》一诗注后引范梈曰："绝句者，截句也，或前对，或后对，或前后皆对，或前后皆不对，总是截律之四句。是虽正变不齐，而首尾布置，亦由四句为起承转合，未尝不同条而共贯也。"②吴梯辩驳："起承转阖乃村学究八股家数，作时文而本领从古文出者尚不屑为，乃持以论诗，且持以论杜诗，亦方枘而圆凿矣。此诗四句平排，何处索起承转阖？而必强古人以就我范围，老杜有知，应绝倒也。"③

仇氏认为《绝句二首》（"迟日江山丽""江碧鸟逾白"）"前是截五律中四，此是截五律下四"。吴梯对此辩驳，指斥仇说"大谬"，认为律诗和绝句的产生先后还不能下定论，故反问"安知非先有绝而后有律"？"至五绝而四句平排，古人先有，杜集尤多……考杜全集，止有绝句，而无截句。"杜甫之绝句，乃"维意所适，故以名之。全整全散，整散兼行，无所不可"。认为"绝""截"乃"双声之转"，故"截中截下之说，可发一笑也"④。葛晓音教授曾总结："五绝与七绝分别起源于汉代和西晋的民间歌谣。五绝律化于齐，七绝律化于梁中叶。"⑤由葛教授的总结可以印证，仇氏"截句"说不成立，吴梯的绝句定义不仅注意杜甫创作心理，也注意体制上的考虑（"全整全散，整散兼行，无所不可"），符合杜诗绝句创作实际。

（2）杜甫绝句之体格

王力先生将绝句分为古体绝句和近体绝句两种，并认为董文涣《声

---

① （唐）杜甫著，（清）仇兆鳌注：《杜诗详注》卷一三，中华书局，1979年，第1135页。

② （唐）杜甫著，（清）仇兆鳌注：《杜诗详注》卷一，中华书局，1979年，第43页。

③ （清）吴梯撰：《读杜姑妄》卷二五，陈建华、曹淳亮主编：《广州大典》第518册，广州出版社，2015年，第120页。

④ （清）吴梯撰：《读杜姑妄》卷二五，陈建华、曹淳亮主编：《广州大典》第518册，广州出版社，2015年，第121页。

⑤ 葛晓音：《初盛唐绝句的发展——兼论绝句的起源和形成》，《唐诗流变论要》，商务印书馆，2017年，第94页。

调四谱》所分"律绝""古绝"和"拗绝","其所谓'拗绝',实在就是失黏失对的'古绝',和失黏失对的'律绝',所以实际上只能分'律绝'和'古绝'两种。"因此认为这种分法与自己的一样①。吴梯根据杜甫绝句创作的实际,分为古绝、律绝和"一句一义之格"的绝句三种。他并未分析律绝,只是对人们有所误会的"古绝"和"一句一义之格"的绝句加以申论。

古绝和律绝之分,其实早在《声调四谱》之前,明末清初之际邵长蘅已有此分。如吴梯引邵评《三绝句》云:"有古绝,有律绝。此及《黄河》二首,皆古绝也。"吴梯认可邵氏的分法,并谓:"世人论绝句,多以风调胜者为正格,转谓老杜不工此体,直儿童之见。"②

相对于其他诸体创作,杜甫绝句的确遭到胡应麟、王士禛等人的诟病,认为杜甫之绝句非正声典范,乃变格③。但吴梯不这样认为,在《绝句》"江边踏青罢"的按语中他说:"诸说未尝不是,然俱不敢论杜,意谓非所长也。杜五绝一意古调,迥绝时蹊,故学步固难,而知音亦少。"④吴梯认为杜甫的绝句是古绝,且"迥绝时蹊,故学步固难",因此能够喜欢、赏识的不多。吴梯这一看法,与明末清初的杜诗学者卢世㴶不谋而合,卢世㴶曾说:"天生太白、少伯,以主绝句之席。……子美恰与两公同时,又与太白同游,乃恣其倔强之性,頠然自放,独成一家。宁为鸡口,勿为牛后。天实生才不尽,才人用才又自不同。若子美者,可谓巧于用拙,长于用短,精于用粗,婉于用憨者也。"⑤

杜诗绝句又有一种"一句一义"之格,明人杨慎评《绝句漫兴九首》时说:"绝句诗一句一义,如杜诗此章,本于古诗《四时咏》。王维诗:'柳条拂地不忍折,松干捎云从更长。藤花欲暗藏猱子,柏叶初齐养麝香。'

① 王力著:《汉语诗律学》,上海教育出版社,1979年,第41页。
② (清)吴梯撰:《读杜姑妄》卷九,陈建华、曹淳亮主编:《广州大典》第517册,广州出版社,2015年,第501页。
③ 葛晓音:《杜诗艺术与辨体》,北京大学出版社,2018年,第43页。
④ (清)吴梯撰:《读杜姑妄》卷二四,陈建华、曹淳亮主编:《广州大典》第518册,广州出版社,2015年,第81页。
⑤ 卢世㴶:《读杜私言·论五七言绝句》,转引自葛晓音:《杜诗艺术与辨体》,北京大学出版社,2018年,第44页。

欧阳公诗:'夜凉吹笛千山月,路暗迷人百种花。棋散不知人换世,酒阑无奈客思家。'亦是此体。"对杨慎的这一说法,吴梯表示赞同,并详细添加了数句杜诗:

> 杜又有"两个黄鹂鸣翠柳,一行白鹭上青天。窗含西岭千峰雪,门泊东吴万里船""堂西长笋别开门,堑北行椒却背村。梅熟许同朱老吃,松高拟对阮生论"二绝;五言又有"日出篱东水,云生舍北泥。竹高鸣翡翠,沙僻舞鹍鸡""凿井交棕叶,开渠断竹根。扁舟轻裊缆,小径曲通村""急雨捎溪足,斜晖转树腰。隔巢黄鸟并,翻藻白鱼跳""舍下笋穿壁,庭中藤刺檐。地晴丝冉冉,江白草纤纤""江动月移石,溪虚云傍花。鸟栖知故道,帆过宿谁家"五首,并是此体,而升庵反遗之,何也?①

明清诸杜诗学者,对杜诗绝句给予赞同意见的,均从"别调"的角度入手,吴梯曾详加引述:

> 李东阳云:"少陵《漫兴》诸绝句,有古竹枝词意,跌宕奇古,超出诗人蹊径,韩退之亦有之。"
>
> 申涵光曰:"绝句以浑圆一气、言外悠然为正,王龙标其当行也,太白亦有失之轻者。然超轶绝尘,千古独步,惟杜诗别是一种,能重而不能轻,有鄙俚者,有板涩者,有散漫潦倒者,虽老故不可一世,终是别派不可效也。李空同处处摹之,可谓学古之过。'恰似春风相欺得,夜来吹折数枝花',语尚轻便;'莫思身外无穷事,且尽生前有限杯',似今小说演义中语;'糁径杨花铺白毡',则俚甚矣。"
>
> 浦(起龙)云:"七言绝句,至龙标、太白入圣矣,少陵自是别调。然宋元以还,每以连篇作意别见新裁,王、李遗音已成《广陵散》,渊源故多出自少陵也。特声韵比杜贴谐耳,明空同、

---

① (清)吴梯撰:《读杜姑妄》卷二二,陈建华、曹淳亮主编:《广州大典》第518册,广州出版社,2015年,第34页。

大复多效此种。"

杨西河曰："绝句以太白、少伯为宗，子美独创别调，颓然自放中，有不可一世之概。卢德水所谓'巧于用拙，长于用短'者也。"

针对以上看法，吴梯对杜诗绝句进行了总结：

前人之论如此，鄙人别有见地。绝句有二派：其一老朴肆横，杜、韩皆是；其一风流蕴藉，余家多然，有至有不至耳。此如词家二派，一则缠绵婉挚，一则慷慨激昂。世必以老杜、坡公为非当行，大可笑也。大抵见浅者喜风流，见深者喜老朴。见浅者多，故好杜者少。识量限之，不可强也。"莫思身外无穷事，且尽生前有限杯"，至以为小说演义中语，愚无所辩，但诵退之"断送一生惟有酒，寻思百计不如闲"与听而已。①

吴梯不仅指出了杜诗绝句的派别，并对诸家不喜杜甫绝句之原因进行了揭示，值得今天研究杜诗绝句者注意。

（二）论杜律分派

葛晓音教授对杜甫五律、七律的艺术分析十分精到，可详参其著作②。吴梯对杜甫律诗的艺术特色，尤其是风格定位，是基于他对杜律的分派。在《登高》一诗末，他先引述明人张綖论杜诗分派的说法：

少陵诗有二派：一派立论宏阔，如此篇"万里悲秋常作客，百年多病独登台"，又"二仪清浊还高下，三伏炎蒸定有无"等作，其流为宋诗，本朝庄定山诸公祖之；一派造语富丽，如"珠帘绣柱围黄鹄，锦缆牙樯起白鸥""鱼吹细浪摇歌扇，燕蹴飞花落舞筵"等作，其流为元诗，本朝杨孟载诸公祖之。

① （清）吴梯撰：《读杜姑妄》卷二二，陈建华、曹淳亮主编：《广州大典》第518册，广州出版社，2015年，第35页。
② 葛晓音：《杜诗艺术与辨体》，北京大学出版社，2018年，第179—269页。

针对张说，吴梯加案语：

> 张说似是而非。杜律固有两派，一是宏阔雄壮，一是清空如话。张氏不知清空一派，而以造语富丽当其一。不知造语富丽即包在宏阔雄壮一派中，所见殊左。①

按照吴梯的说法，张綖所分的两派实为一派。吴梯所谓"宏阔雄壮"即葛晓音教授所分析的"豪放派"。

在《晓望》一诗的评论中，吴梯引胡应麟所谓"诗眼为病"论调，胡氏云：

> 盛唐句法浑涵，如两汉之诗，不可以一字求。至老杜而后，句中有奇字为眼，才有此句法，便不混涵。昔人谓石之有眼为研之一病，余亦谓句中有眼为诗之一病。如"地坼江帆隐，天清木叶闻"，故不如"地卑荒野大，天远暮江迟"也。如"返照入江翻石壁，归云拥树失山村"，故不如"蓝水远从千涧落，玉山高并两峰寒"也。此最诗家三昧，具眼自能辨之。

对胡应麟的说法，吴梯表示不以为然，他评价：

> 胡氏此论似是而非，以论后人则可，以论老杜则不可。盖"诗眼"二字后人说耳，老杜无所谓诗眼，而其诗自有两派，其一沉雄警炼，其一高妙自然，各极其工而不相掩。乃持后人之见以律老杜，未许为知音也。即如此诗，"地坼江帆隐，天清木叶闻"，亦自然高妙，何诗眼之足云？②

---

① （清）吴梯撰：《读杜姑妄》卷二六，陈建华、曹淳亮主编：《广州大典》第518册，广州出版社，2015年，第154页。

② （清）吴梯撰：《读杜姑妄》卷三二，陈建华、曹淳亮主编：《广州大典》第518册，广州出版社，2015年，第328—329页。

　　吴梯仍然从杜律的艺术风格着眼，不局限于一字一句，他在这里提出的杜律两派"沉雄警炼、高妙自然"应是分别对应上述的"宏阔雄壮、清空如话"。而在其他杜律的评价中，吴梯着眼的主要是常被其他杜诗学者误解的清空一派，因此他屡屡提出，以正诸家，如《寄杜位》，在引述王渔洋、顾宸、卢元昌诸家之说后，吴梯总结："渔洋评非，顾、卢评近是，却俱未知杜律自有此清空如话之一派，故皆逐末而遗其本。"①如《赤甲》，吴梯引朱瀚评曰："卜居、迁居，重复无法。'献天子'突甚。'由来知野人'筋脉不收。中联厄塞，全无顿挫磊落气象。'笑接'不典。'郎中评事'岂律诗可著？或置题中可耳。末句从'近识峨嵋老，知余懒是真'偷出，潦倒甚矣。且抱病何能深酌？与'比来病酒开涓滴'参看自知。"针对朱瀚之说，吴梯加案语云："瀚说有意求疵，却不中窾，盖全未会杜旨。此篇亦清空一派，老朴，非杜不办。惟'炙背、美芹'两句同一出典，不可为训，而瀚固未之知也。"②他不引述，集中尚多。

　　吴梯所谓的"清空"是什么意思呢？根据吴梯所评诸诗及其表述，其意旨当包括：

　　1. 明白易懂，真率如话。如朱瀚评杜甫《至后》诗："此诗疑赝作。复点'至'字，累坠。'日初长'，剩语。有何意？可发一笑。'金谷铜驼'正是故乡，但可云风景非昔耳。'不自觉'兀率。竟以'棣萼'为兄弟，亦是俚习。七、八如村务火酒，薄劣异常。"而吴梯认为属于清空一派③。像这种明白易懂的律诗，杜集中非常多，如葛晓音教授分析的《江村》《客至》等，这些诗"好像是把口语稍加剪裁"，能够达到"句调声情欲诗意切合，却似信手拈来，极富潇洒流逸之致"。④

① （清）吴梯撰：《读杜姑妄》卷二六，陈建华、曹淳亮主编：《广州大典》第518册，广州出版社，2015年，第149页。

② （清）吴梯撰：《读杜姑妄》卷二七，陈建华、曹淳亮主编：《广州大典》第518册，广州出版社，2015年，第176页。

③ （清）吴梯撰：《读杜姑妄》卷二六，陈建华、曹淳亮主编：《广州大典》第518册，广州出版社，2015年，第153页。

④ 葛晓音：《杜诗艺术与辨体》，北京大学出版社，2018年，第238页。

2.率尔为作，老朴自然。这里是指杜甫运用诗歌语言所达到的随心所欲，不加雕饰而臻于极工的境地。如《崔评事弟许相迎不到应虑老夫见泥雨怯出必愆佳期走笔戏简》，朱瀚评曰："为一酒食侵晓而待，亦太无聊。云'不负春色'，语尚可通。雨不孤白帝，便无意义。沾湿有何好处？醉则龙钟，何得体轻？虚疑、冲泥，声韵颓唐。马行何必银鞍？且马又何必傍险赴燕，岂逃难耶？"邵长蘅注："通首逐句顺下，俱带戏词。"针对朱、邵二家说，吴梯加案语评论："朱说非，邵说是。诗亦清空一派，通首八句皆对，一气贯注，非杜不办。朱氏忘却题中'戏'字，句句以庄语求之，抑固矣。至'马'字犯复，偏看不出，可谓失之目前。"①再如《垂白》，吴梯指出王慎中（遵岩）前后共抹六句，并评云："暗涩，绝无兴致。"吴梯辩驳说："其谬如此，盖由不知杜律有清空一派，故致率尔狂妄。"②杜律艺术的至境，便是看似游戏、率尔之作，技法却臻于老到自然。尤其是"老朴"一词，是吴梯对杜甫诗歌艺术的至高评价，另文探析。此等率尔为作、老朴自然之律诗，便是葛晓音教授所论流畅自然之杜律。吴梯用"高妙自然"来等同清空，亦是此率尔、老朴之意。

以"清空"来论杜律，不仅有着源远流长的诗学理论传统，并且有着深厚的义理内容，值得我们细细挖掘。尤其是"清空"还被宋末张炎作为其宣扬词学的理论大纛，这就更值得我们对吴梯所总结的杜律分派作进一步分析，并且要与词学之"清空"加以对比。

吴梯对杜诗的体式分析是他杜诗学研究的重要组成部分，除上述分析外，他在分析《曲江三章章五句》时指出："此题在集中为变格，直是后人序注《诗经》之体。全集只此一题为然，而读者罕觉，其诗亦集中变体，向无的解。"③在分析《溪陂西南台》时指出："此诗除起、结外，余并工对。而'蒹葭天水'一联虽对，而平仄与上下不粘，似律非律，颇近选体。

① （清）吴梯撰：《读杜姑妄》卷二七，陈建华、曹淳亮主编：《广州大典》第518册，广州出版社，2015年，第178页。
② （清）吴梯撰：《读杜姑妄》卷三〇，陈建华、曹淳亮主编：《广州大典》第518册，广州出版社，2015年，第237页。
③ （清）吴梯撰：《读杜姑妄》卷二，陈建华、曹淳亮主编：《广州大典》第517册，广州出版社，2015年，第344页。

通篇每四句相承，自为意义，亦他诗所无，读者多未之知也。"①再如他对"吴体"的分析等等皆可作进一步分析。他对杜诗句法的分析，也是其论杜诗体式的有机构成，此不复赘。

三 吴梯的杜诗声病说

杜甫是律诗的集大成者，尤其是他对律诗格律的运用，后世诗家莫能超越，因此历来注杜诸家多有探讨杜诗格律的。吴梯的声病说基于他对杜诗校勘所遵循的一个原则——以沈约提出的"上尾"声病来校定杜诗个别字的对错。

南朝沈约等人提出的"八病说"是针对五言诗的，但杜诗学者则施诸杜诗，其目的是说明杜律之细。吴梯论杜诗声病，主要是传承仇兆鳌等人关于"上尾"这一声病的分析。

但对于上尾的定义至今仍存在分歧。第一种看法如唐朝时日本僧人遍照金刚所谓："上尾，或名土崩病。上尾诗者，五言诗中，第五字不得与第十字同声，名为上尾。诗曰：'西北有高楼，上与浮云齐。'"②宋人魏庆之亦引沈约定义③，与遍照金刚相同。第二种看法除认同第一种说法外，另增加单句（即出句）句脚如果同声，则是犯上尾。简单来说，即五言诗第五字与第十五字同声（上、去、入），则为犯上尾。持此种说法的，有朱彝尊④、陶开虞⑤、仇兆

---

① （清）吴梯撰：《读杜姑妄》，陈建华、曹淳亮主编：《广州大典》第517册，广州出版社，2015年，第348页。

② ［日］遍照金刚著，周维德校点：《文镜秘府论》西卷"文二十八种病"，人民文学出版社，1975年，第182页。

③ （宋）魏庆之编：《诗病·诗病有八》，《诗人玉屑》卷一一，上海古籍出版社，1978年，第234页。

④ 朱彝尊云"老杜律诗单句句脚必上去入俱全"，转引自王力著《汉语诗律学》，上海教育出版社，1979年，第121页。

⑤ 仇兆鳌引陶开虞曰："杜五律有偶然失检者，如《移居》诗云'春知催柳别''农事闻人说'，别、说同韵，与王摩诘'新丰树里行人度''闻道甘泉能献赋'，度、赋同韵，皆犯上尾，学者不可不知。"〔（唐）杜甫著，（清）仇兆鳌注：《杜诗详注》卷一五，中华书局，1979年，第1266页。〕

鳌①、吴梯②，今人王力先生则进而引申说：

> 出句句脚上去入俱全，这是理想的形式。最低限度也应该避免临近的两联出句句脚声调相同，否则就是上尾。临近的两个出句句脚声调相同，是小病；三个相同是大病；如果四个相同，或首句入韵而其余三个出句句脚声调都相同，就是最严重的上尾。③

对王力等人的上尾说，今人有赞同者，如冯春田④；但也有反对者，认为王力等人把沈约所说的鹤膝当成了上尾⑤。魏庆之引沈约谓鹤膝："第五字不得与第十五字同声。如'客从远方来，遗我一书札。上言长相思，下言久离别。''来''思'皆平声。"⑥沈约所定义的"鹤膝"的确等同于仇兆鳌、王力等人的上尾，但宋代《蔡宽夫诗话》对沈约的鹤膝说也提出了质

① 仇兆鳌云："所谓上尾者，上句尾字与下句尾字俱用平声，虽韵异而声则同，是犯上尾。如古诗'西北有高楼，上与浮云齐'，楼与齐皆平声；又如'庭隅有若榴，绿叶含丹荣'，榴与荣亦平声也。又一句尾字与三句尾字连用同声，是亦上尾。如古诗'客从远方来，遗我一书札。上言长相思，下言久离别'，来、思皆平声。又如'新制齐纨素，皎洁如霜雪。裁为合欢扇，团圆似秋月'，素、扇皆去声，亦犯上尾矣。其在七律，如杜诗'春酒杯浓琥珀薄'与'误疑茅堂入江麓'，同系入声。王维诗'新丰树里行人度'与'闻道甘泉能献赋'，去声同韵，皆犯上尾也。又如杜《秋兴》诗'西望瑶池降王母，东来紫气满函关。云移雉尾开宫扇，日绕龙鳞识圣颜'，王母、函关、宫扇、圣颜，俱在句尾，未免叠足，亦犯上尾。若'林花着雨胭脂落，水荇牵风翠带长。龙虎新军深驻辇，芙蓉别殿漫焚香'，前联拈落、长二字于句尾，后联移深、漫二字于上面，便不犯同矣。"〔（唐）杜甫著，（清）仇兆鳌注：《杜诗详注》卷一，中华书局，1979年，第49页。〕

② 吴梯云："惟单句末字无隔句同声，乃律之定例。"〔（清）吴梯撰：《读杜姑妄》卷二二，陈建华、曹淳亮主编：《广州大典》第518册，广州出版社，2015年，第40页。〕按：吴梯所举出的上尾例子太多，此不复举。

③ 王力著：《汉语诗律学》，上海教育出版社，1979年，第127页。

④ 冯春田：《永明声病说的再认识——谈平头、上尾、蜂腰、鹤膝》，《语言研究》1982年第1期，第189—196页。

⑤ 王振权：《关于诗病"上尾"的讨论》，《榆林高等专科学校学报》1997年第3期，第34—37页。此文中还引及日本儿岛吉郎的观点，亦认为王力的说法不对。

⑥ （宋）魏庆之编：《诗人玉屑》卷一一《诗病·诗病有八》，上海古籍出版社，1978年（新1版），第234页。

疑，他说：

> 蜂腰鹤膝，盖出于双声之变。若五字首尾皆浊音，中一字独清，则两头大而中间小，即为蜂腰。若五字首尾皆清音，中一字独浊，则两头细而中间粗，即为鹤膝矣。今按张衡诗"邂逅承际会"，是以浊夹清，为蜂腰也；如傅玄诗"徽音冠青云"，是以清夹浊，为鹤膝也。旧注以"客从远方来""上言长相思"为鹤膝，意不分明。①

吴梯利用这一声病说，主要是为了校勘杜诗，这里仅举一例，如《秋野五首》其五有云："大江秋易盛，空峡夜多闻。"吴梯云：

> 此联古今无致疑者，鄙见是必有误。"盛"字去声押脚，与起句"身许麒麟画"为犯声病。且"盛"字属大江，"闻"字属人，亦未适称。疑本作"大江秋易感"，则与"空峡夜多闻"俱属人言较胜。盛、感形近而讹。②

四　结语

本文以吴梯《读杜姑妄》为中心，对他的杜诗学研究进行了总结，吴梯所采用的研究范式为我们保留了诸多杜诗学文献；他对杜诗体式、杜律和杜诗声病的探析，加深了我们对杜诗艺术的进一步认识，也为我们研究杜诗提供了诸多视角。但我们也看到他的研究存在些许不足，这是无法避免的，吴梯身处岭南，他的杜诗学研究也处于清代中后期的相对式微期，但他的《读杜姑妄》足可以代表岭南杜诗学研究的集大成者。吴梯的《读杜姑妄》因流传少，又久藏广东省立中山图书馆和中山大学图书馆，今天即使收入《广州大典》，但它的传播仍有限，今人对它的认

---

① （唐）杜甫著，（清）仇兆鳌注：《杜诗详注》卷一，中华书局，1979年，第49页。
② （清）吴梯撰：《读杜姑妄》卷三〇，陈建华、曹淳亮主编：《广州大典》第518册，广州出版社，2015年，第256页。

识还有待进一步挖掘。

作者通信地址：广东省广州市越秀区下塘西路1号广东开放大学文化传播与设计学院，邮编：510091

责任编辑：赵晓涛

晚清民初"词学改良"阶段的二元选择[*]

——以王闿运、梁启超二家词选为中心

马 莎[**]

暨南大学,广东广州,510632

摘 要:晚清民国时期,中国词学经历从传统到现代的转型,词选这一独特的批评形式也反映并影响了转型过程的趋势。湘人王闿运《湘绮楼词选》意图以词体引导性情、诚正人心,代表旧派学人延续传统词学的最后尝试。粤人梁启超倡导的词学改良重在以旧形式熔铸新精神,不惟以现代形态的研究方式清晰界定了各类传统诗词表情法及其适用的情感类型,更提出研究词体以配合音乐改良的可行性,而《艺蘅馆词选》则是梁氏词学改良观念的集中体现。

关键词:王闿运;梁启超;词学改良;晚清民国

晚清民国时期,是中西方文学思想及社会思潮交融激荡的革新时期,也是传统词学向现代词学过渡的转折时期。创作上名家辈出的同时,词学研究也呈现出传统评点式词论与现代学术论著并兴的态势。其中,词选这一独特的批评手段,以其在传播方面独具影响力的优势,成为新旧学人不约而同的重要选择。正如之前先后占据清代词坛主流的浙、常二派,晚清民国阶段的词学发展大势同样存在"风气转移,乃在一、二选本之力"[①]的

---

* 本文为2015年度《广州大典》与广州历史文化研究资助专项课题《梁麦诸家与岭南近代词学传承》(批准号:2015GZY11)阶段性成果。

** 马莎(1981—),女,汉族,浙江诸暨人。暨南大学中文系副教授,文学博士。

① 龙榆生:《选词标准论》,《龙榆生词学论文集》,上海古籍出版社,1997年,第73页。

情况。本文通过对王闿运、梁启超二家之关涉词学者，特别是其各自所编词选进行具体而微的观照，希求见微知著地捕捉中国词学的现代转型走向及其动因。

一 王闿运治词经历及其《湘绮楼词选》

中国近代史开端于1840年，但在晚清咸丰至光绪时期，虽已国事日非、风雨飘摇，却又毕竟未至穷途末路；时人既难免忧惧日深，又尚怀振兴衰局之望。西方文化的影响多限于沿海通商口岸一带，对内陆的渗透较为缓慢。不过，江南制造局的成立、洋学堂的面世、传教士的活动等等已是不容忽视的现实，标志着中兴之局的平定太平天国起义事件也直接得益于西人相助，这一切均不能不引起有识之士的关注乃至警惕。近半个世纪内，尽管大部分士大夫阶层无论其社会思想抑或文学理念都依旧因循传统，但已无法对民族危机所引发的文化入侵置若罔闻，这种史所未有的精神冲击，正是"有欲言难言之苦"①。时势如此，也在词学领域投射出清晰的印记：一方面，这一时期的传统词学并非僵死之后的惯性延续，而是仍在蓬勃发展，即如王易所云："十数年来，士学曾未稍辍，文风进而益昌。"②而另一方面，无论创作还是研究，必然要愈来愈深地浸染上忧生念乱的时代色彩，选本也概莫能外。

现代词学大家龙榆生曾将选词目的概括为四种：便歌，传人，开宗，尊体。要皆属于词学研究本体范畴，操选政者之性灵、学问、襟抱固有异同，而"于斯四事必有所居"③。但在晚清咸丰至光绪这一特殊的历史阶段，选词目的溢出此外者颇有其人，以词体感应时势、寄托兴衰的整体导向清晰可辨，乃至体现了受到西学东来之潮冲击的第一代传统学者"救亡图存"的危机意识。其中，湘人王闿运及其《湘绮楼词选》三卷堪为代表。

王闿运本以经师身份名世，于词之一道原非专长，其《湘绮楼词选》以《词综》《绝妙好词》为基础辑成，而所选"皆晚宋诸家词之流利显豁

① （清）陈廷焯著，杜维沫校点：《白雨斋词话》卷一，人民文学出版社，1959年，第6页。
② 王易著：《词曲史》，江苏教育出版社，2005年，第279页。
③ 龙榆生：《选词标准论》，《龙榆生词学论文集》，上海古籍出版社，1997年，第59页。

者"①，对"言近旨远"式的审美趣味不以为然，与整个有清一代的尊体大势亦不相合。尽管如此，其治词经历却颇为启人深思。

王氏最初接触词学是受孙麟趾影响，但他在咸丰二年（1852）初识孙氏时，"方抗意汉魏诗文"，并未措意于词。及次年八月，王氏因太平军占领南昌避还长沙，"闻李仁元及希唐并殉国守，独对所题《燕子图》，吟想悲凄，始自作小令、长慢"，未几却又因友人之父的劝诫而放弃。其后数十年，王氏治礼、注经、评诗、讲学，乃至为湘军指陈兵略，无暇他顾。直至年近五十，于成都主讲尊经书院之际才又事填词，并"阑入北宋，非复前孙氏宗旨"。又十余年，时已六十六岁的王氏在衡阳主船山书院讲席期间，自谓因"杨氏妇兄妹学诗之功甚笃，然未秀发"②，欲以闲情逸致、游思别趣启其性情、发其心思，遂自辑选本作为教程，"以示诸从学诗文者"。③是选编成，去其初始为词已逾四十余年。

要理解王氏在古稀之年忽然有意词学的心理本源，不能不推及时势。光绪二十三年（1897）前后，正是湖南维新运动如火如荼之际，王闿运编辑词选的前一个月，尚有诗作斥责梁启超创办《时务报》及湖南巡抚陈宝箴、学政江标等提倡新学之举④。次年，长沙设南学会推广新学，王氏力阻之，并终生指新学为抹煞君父、斥维新为"狂人乱政"⑤。种种举动皆可表明，王氏虽自认绝非"迂儒枯禅"，却无疑是传统意义

① 施蛰存：《历代词选集叙录（六）》，《词学》编辑委员会编辑：《词学》第六辑，华东师范大学出版社，1988年，第226页。

② 杨氏妇兄妹，指王闿运第四子代懿之妻杨庄及其兄，见集中《周甲七夕词六十一绝句》之"小楼夜夜读书声"一首自注及《与四子妇》书信。杨庄，字兆仙，聪慧能诗，颇为王闿运所喜，《湘绮楼词》中收有与其倡和之作。

③ 王闿运：《湘绮楼词选·自序》，《王闿运手批唐诗选》（附《湘绮楼词选》），上海古籍出版社，1989年，第1436—1437页。其治词经历乃笔者据《自序》并参照陶先淮《王闿运生平大事年表》梳理而成。陶文见《中国文学研究》1985年第1期，第41—52页。

④ 见王闿运《周甲七夕词六十一绝句》，诗云："陈江下担起风波，南海蛛丝巧最多。总向天仙求富贵，不知身已入云罗。"自注云："丙申，陈幼民抚湘，江标督学，引黄遵宪为首道，梁启超主学报，发明南海先生之学，云翁同龢之意也。一国若狂，湘人多被扇诱，至今未解。"〔（清）王闿运撰，马积高主编：《湘绮楼诗文集》，岳麓书社，2008年，第444页。〕

⑤ 见王闿运《周甲七夕词六十一绝句》自注，（清）王闿运撰，马积高主编：《湘绮楼诗文集》，岳麓书社，2008年，第444页。

上的粹然儒者。与其政治态度相呼应的是，他一生专注于传统儒学，认为"经者常法，万物所不能违"①，而新学新政皆淆乱人心，无益世道。事实上，在康梁等维新者眼中，重新诠释儒学确实是变法改制的思想前提，那么在王闿运等守旧派看来，维护传统学术与保卫纲常名教也自然为一体之两面。

王氏生平从未笃嗜词学，却在儒家学者精神世界的基础受到新学严峻挑战的紧要关头，在提笔痛斥变法维新运动的同时把词纳入研究视野，恐难以纯学术的动机来解释，其中多少也有着起衰救弊的意图。只不过他欲振兴的并非"词学"本身，而是安顺于儒家思想的"人心"。尽管在他看来，与经史诗文相比，词赋固为小道，然"词赋似小，其源在诗。诗者，正得失，动天地，吟咏性情，达于事变"②。是故词之一体虽不能直接起到经世治事的作用，却也能产生陶冶性情、矫正人心的效果，而令学者"知小道可观，致远不泥之道"。

其实，王氏对词的这一理解可以回溯到他最初填词之际：太平天国起义期间，王闿运虽数欲从军未果，却多次为湘军策献军谋，并在得悉乐平知县李仁元等人殉国之后，伤痛莫名，始意为词。可以说，他本人对词体最初的兴趣，便是由忠君爱国、忧时念乱的情怀触发的，进而由早期缘乎性情的兴趣，演化出了以词体导引性情、诚正人心的想法。

自然，姑且不论王氏的词学思想及选词眼光是否能够震动词坛、启迪后学，这一选本都不可能完成这种过于沉重的历史责任。事实上，与王闿运本人的意愿截然相悖的是，词选编成次年，其门生杨锐、刘光第即投身新政，最终列身"戊戌六君子"而垂名后世；而直接促成其编辑词选的杨庄兄妹更竟东游日本，以致王氏"辄为之三日不食"③。在席卷一切的时代大潮面前，任何类似的举措都无异于螳臂当车，注定不会成功。

① （清）王闿运：《论通经即以治事》（答张佩仁问），（清）王闿运撰，马积高主编：《湘绮楼诗文集》，岳麓书社，2008年，第29页。
② （清）王闿运：《读书之要》，（清）王闿运撰，马积高主编：《湘绮楼诗文集》，岳麓书社，2008年，第267页。
③ （清）王闿运：《与四子妇》，（清）王闿运撰，马积高主编：《湘绮楼诗文集》，岳麓书社，2008年，第245页。

二 梁启超父女词学批评及其《艺蘅馆词选》

以词体陶铸性情，复以性情导乎人心，这一选词之旨并非守旧派的独得之秘。1922年，梁启超在为清华大学学生所作演讲《中国韵文里头所表现的情感》中，格外强调"情感这样东西，可以说是一种催眠术，是人类一切动作的原动力"，所以，"古来大宗教家大教育家，都最注意情感的陶养，老实说，是把情感教育放在第一位"，而"情感教育最大的利器，就是艺术"。①

中国韵文的艺术，当然也包括了尤宜抒情的词体，梁令娴在《艺蘅馆词选·自序》中提到自己对于倚声的爱好，"家大父谓是性情所寄，弗之禁也"②。只不过，梁启超与王闿运引导情感的方向南辕北辙，一欲维新，一欲复古，也就注定了结局的不同。就词学而言，挽大厦于将倾固不可为，但以之为沟通新旧文化的桥梁却未尝不可，梁启超的词学观及梁令娴所辑《艺蘅馆词选》便是这一词学改良之风的领军。

康有为《新学伪经考》《孔子改制考》等对儒家思想的激进解构无异于颠覆传统士大夫的基本信念与核心价值观，势必会引起保守士绅阶层的猛烈反击；而康梁均主张开启民智的政治教育应以中国文化传统和西方政治理想两方面共为基础，毕竟是为中西方文化的调和共存留下了余地。具体到对待传统格律诗词的态度，梁启超《饮冰室诗话》中有一段堪称提纲挈领的议论，不仅适用于狭义的诗，也同样适用于包括词体在内的广义的"诗歌"③：

> 过渡时代，必有革命。然革命者，当革其精神，非革其形式。吾党近好言诗界革命。虽然，若以堆积满纸新名词为革命，是又满洲政府变法维新之类也。能以旧风格含新意境，斯可以举革命之实矣。苟能尔尔，则虽间杂一二新名词，亦不为病。不尔，则

---

① 梁启超：《中国韵文里头所表现的情感》，《作文入门》，教育科学出版社，2007年，第55页。
② 梁令娴编，刘逸生校点：《艺蘅馆词选》，广东人民出版社，1981年，第1页。
③ 按梁启超论韵文时的"诗"常指广义之诗，杨柏岭《也论梁启超的词学思想》一文（见《学术界》2004年第1期，第220—230页）已有详尽论证，此不敷述。

徒示人以俭而已。侪辈中利用新名词者,麦孺博为最巧,其近作有句云:"圣军未决蔷薇战,党祸惊闻瓜蔓抄。"又云:"微闻黄祸锄非种,欲为苍生赋《大招》。"皆工绝语也。[①]

简言之,这段话的要旨并不提倡抛弃旧体诗的形式,而是强调以旧形式写新时代之精神,与张之洞"中学为体,西学为用"的倡导正好背道而驰。当然,要做到这一点,必须既拥有深厚的旧学根基,同时又具备新学知识背景。梁启超举出了挚友麦孟华(字孺博)为个中典范,而麦孟华正是指导其女梁令娴习词,并助其编定《艺蘅馆词选》的词学导师,同时也是与梁启超齐名的《中外公报》时事述评主笔。以《艺蘅馆词选》基本能够反映梁启超的词学观,当不为无稽之谈。

在前述演讲中,梁启超把中国韵文的传统表情方式分为三类,即"奔迸的""回荡的"和"含蓄蕴藉的"。梁氏本人推为"情感文中之圣"的是第一类,但也承认词之一体"最讲究缠绵悱恻,也不是写这种情感的好工具",勉强只有辛弃疾《菩萨蛮》(郁孤台下清江水)、吴梅村《贺新郎》(万事催华发)、苏东坡《水调歌头》(明月几时有)三首差可当之;其次,"回荡的表情法,用来填词,当然是最相宜",这一类表情法又分"曼声"与"促节"两种,前者以稼轩为最佳,后者推清真为圣手。最后,指出我国文学家最乐道的写情法"多半是以含蓄蕴藉为原则,像那弹琴的弦外之音,像吃橄榄的那点回甘味儿",而"向来词学批评家,还是推尊蕴藉"。对表情方式条分缕析的原因,梁启超已在演讲的开头特予申明:

我讲这篇的目的,是希望诸君把我所讲的做基础,拿来和西洋文学比较。看看我们的情感比人家谁丰富谁寒俭,谁浓挚谁浅薄,谁高远谁卑近。我们文学家表示情感的方法,缺乏的是那几种。先要知道自己民族的短处去补救他,才配说发挥民族的长处。这是我演讲的深意。[②]

---

① 梁启超著:《饮冰室诗话》第六三则,人民文学出版社,1982年,第51页。
② 梁启超:《中国韵文里头所表现的情感》,《作文入门》,教育科学出版社,2007年,第56页。

先对传统文学作一客观深入的了解，然后再将中西文学加以比较，并在比较中衡鉴取舍，这种态度，较之一味固守旧规抑或全然吐弃国学，无疑都更为合理且更具可操作性，因而也庶几成为西学东来背景下许多国学研究者的普遍选择。基于这种态度，在词学领域，尽管梁启超本人始终最为关注稼轩词[1]，却还是在1923年开具的《国学入门书要目及其读法》中，将最能代表传统词学主流趣味的《清真词》列于宋人词集之首[2]。《艺蘅馆词选》录宋词人84家，稼轩词27首居首，清真词24首居次。显然，梁启超对词体特质的判断并没有偏向于自己的审美趣味，而是尊重占据传统词学主流的正变观，承认在词体中真正能够尽态极妍的还是回肠荡气、蕴藉缠绵一类作品。故此，梁启超又认为，拿"晓风残月"与"大江东去"来比较品格高下是不对的，"我们应该问哪一种情感该用那一种方式"。且看梁启超对"回荡的表情法"所下的定义：

> 是一种极浓厚的情感，蟠结在胸中，像春蚕抽丝一般，把他抽出来。这种表情法，看他专从热烈方面尽量发挥，和前一类正相同。所异者，前一类是直线式的表现，这一类是曲线式或多角式的表现。前一类所表的情感，是起在突变时候，性质极为单纯，容不得有别种情感掺杂在里头。这一类所表现的情感，是有相当的时间经过，数种情感交错纠结起来，成为网形的性质。人类情感在这种状态之中者最多，所以文学上所表现，亦以这一类最多。[3]

笔者以为，这段话实为梁启超文学观的菁华所在，不惟有助于理解他本人兼爱各派风格的原因，而且可以为清代中后期以来词学批评中的一个显著变化作出明确的解释：在清代中叶以前，推崇"蟠郁顿挫"或"含蓄蕴藉"而排斥"热烈磅礴"的词学观确属词坛主流，但与此相反的推崇

---

① 梁启超对稼轩词的爱赏体现在许多方面，目前研究梁启超词学思想的论文对此均多有阐发，此不赘述。
② 梁启超：《国学入门书要目及其读法》，《读书指南》，中华书局，2010年，第18页。
③ 梁启超：《中国韵文里头所表现的情感》，《作文入门》，教育科学出版社，2007年，第64—65页。

苏、辛而贬抑周、柳、吴、姜、史的论调也屡见不鲜。最极端的例子,便是刘熙载《艺概·词曲概》极尊苏、辛词品,而将清真、梅溪评为"周旨荡而史意贪"①。然而,自常州派兴起以来,这风格迥异的两派在词学批评家的视野中,渐渐由壁垒分明的对峙局面,走向了调和并举的兼赏状态:张惠言在《词选》序中,将苏、辛、周、姜并列于"渊渊乎文有其质"的宋代词家之盛者②,周济复以稼轩为上达清真的必由之路;陈廷焯指出彭骏孙《词藻》"品论古人得失,欲使苏辛周柳,两派同归。不知苏辛与周秦,流派各分,本原则一"③;冯煦在极赏清真、梅溪的同时,也肯定刘熙载之论东坡"尤为深至"④,并对稼轩词大加推许⑤;况周颐许东坡"为一代山斗"⑥,同时认为"宋词深致能入骨,如清真、梦窗是"⑦。

要解释这一显而易见的两派合流趋向,固然可以从上述各家的词学论著中寻绎缘由,却不如由梁启超的这段话中直探本源:即文学的表情方式与人类的情感乃至品格本身并非可以一一确指的关系,同样是浓烈、深厚、真挚的情感,由于发展变化阶段的不同乃至作者经历个性的差别,完全可能以"一泻无余"和"百转千回"两种迥然不同的表达方式组织成文。是故,悲壮之情未必出之以"醉里挑灯看剑",爱国之志也不必系于"笑谈渴饮匈奴血"。梁启超对辛派之"热烈磅礴"与周派之"蟠郁顿挫"并不偏有抑扬,乃至认为以清真、稼轩为代表的两派词风"其实亦不能严格的分别",正是因为以苏、辛为"豪放派",以周、吴诸家为"婉约派"的区分,是仅就表情方法而言才有其合理性,若将之与技巧或品格的高下混为一谈,则无异于指鹿为马。

清中叶以还的许多词家能够兼赏周、吴与苏、辛,也正是因为已经清醒地认识到了这一点。譬如,况周颐在阐释"重"的概念时指出:"重者,

---

① (清)刘熙载:《艺概》,(清)刘熙载著,薛正兴点校:《刘熙载文集》,江苏古籍出版社,2001年,第140页。

② (清)张惠言:《词选序》,中华书局仿宋影印版,1957年,第8页。

③ (清)陈廷焯著,杜维沫校点:《白雨斋词话》,人民文学出版社,1959年,第126页。

④ (清)冯煦著,顾学颉校点:《蒿庵论词》(外二种),人民文学出版社,1959年,第60页。

⑤ (清)冯煦著,顾学颉校点:《蒿庵论词》(外二种),人民文学出版社,1959年,第66页。

⑥ (清)况周颐著,王幼安校订:《蕙风词话》卷二,人民文学出版社,1960年,第25页。

⑦ (清)况周颐著,王幼安校订:《蕙风词话》卷三,人民文学出版社,1960年,第57页。

沉著之谓。在气格，不在字句。"并举梦窗为例，谓之"中间隽句艳字，莫不有沉挚之思"，因此"梦窗与苏、辛二公，实殊流而同源"。①

当然，同样是阐释表情方法与情感本身应区分看待的问题，梁启超的论述明显要比《蕙风词话》清晰准确，易于理解。盖传统词学不惟创作上多尚含蓄蕴藉，即使议论也不免"发之又必若隐若见，欲露不露，反复缠绵，终不许一语道破"②，而现代形态的词学研究在语言表达上明显有其优势。可以说，梁氏这段议论给予后人的启发还不仅在于其内容本身，也以其实际效果证明了词学转型的必要性。

在区分表情法与情感本身这两个概念之外，梁氏对词体特有的表情传统亦深有认识，因此指出不惟词家向来"最讲究缠绵悱恻"，而且"凡文学家多半寄物托兴"③，"香草美人，寄托遥深""谈空说有，作口头禅"，皆古今诗家之结习④。若抛开这一表情特质去捉摸词作的情感指向，则无异于抛开我国传统戏剧提鞭当马、搬椅做门的表演特点而妄言其所演何事。梁氏在演讲中举了周邦彦《兰陵王》为促节幽咽的典范，《艺蘅馆词选》录其批点云："斜阳七字，绮丽中带悲壮，全首精神提起。"⑤"悲壮"二字按语，足以表明梁氏并未将此词视为据传赠别李师师的香艳之作，而是看出了其中的伤心人别有怀抱。对表情方法与情感基调之间关系的把握，正是梁启超在趣味性情皆近稼轩的前提下，犹能体味清真的基点。在梁启超本人为数不多的词作中，也颇有自觉运用"回荡法""含蓄法"来表达现实题材的作品，而此类作品自不免与周、吴一派有着直接的渊源，也体现出对于词体比兴寄托作用的认可。如其《六丑》一阕，明言是效习清真以伤春寄寓感慨的词法，其小题云："伤春，学清真体柬刚父。庭院碧桃开三日落尽矣，藉寓所伤。后之读者，可以哀其志也。"⑥又如其《西河·基隆怀古（用美成韵）》与《念奴娇·基隆留别（用玉田韵）》，也明显是"蟠郁顿挫"的风格类型。

① （清）况周颐著，王幼安校订：《蕙风词话》卷二，人民文学出版社，1960年，第48页。
② （清）陈廷焯著，杜维沫校点：《白雨斋词话》卷一，人民文学出版社，1959年，第5页。
③ 梁启超：《中国韵文里头所表现的情感》，《作文入门》，教育科学出版社，2007年，第87页。
④ 梁启超著：《饮冰室诗话》，人民文学出版社，1982年，第80页。
⑤ 梁令娴编，刘逸生校点：《艺蘅馆词选》，广东人民出版社，1981年，第73页。
⑥ 梁启超著：《饮冰室合集·文集之四十五（下）》，中华书局，1989年，第84页。

厘清以上关键，目前梁启超词学研究中有所争议的一些问题也可随之明朗。笔者以为，梁氏对于现代词学的贡献，并不仅在于"摒弃旧文人中常见的固步自封的做法，最大限度地发现、容纳和欣赏各种词的异质之美"①；也不限于"以较为先进的新的方法，着重阐释稼轩词的社会意义，并给予词史上最高的评价"②；更重要的是，以现代形态的文学研究方式，清晰界定并分析了包括词体在内的各类传统韵文表情方法及其适用于何种情感类型，从而点明了清代中叶以来两派合流现象的深层原因，并且有效地示范了词学改良的可行性。

至于梁启超本人的词作，究竟是"内容和形式均未能冲破北宋婉约词人的藩篱"，抑或是"绝非北宋婉约词家所能及"③，似也并无争论的必要。"香草美人""言近旨远"，本来便是梁启超加以肯定并有意汲取的词体本色技法，在这方面，梁词与清真、梦窗等所谓"婉约派"词家当是薪火相传的关系。以传统表现手法来抒写具有时代精神的言外之旨，恰能符合"以旧风格含新意境"的诗词改良目标。其所谓"新意境"，乃是关注新时代风云变幻者胸中自有的精神格局，与"旧风格"的表情方式之间绝非不能并存的对立关系。无论理论所倡还是创作实践，"茹今而孕古"，始终是梁启超倡导的诗词改良"理想风格"。④

此外，梁氏父女治词的一个重要原因，是意图令词之一体在新时代发挥更为积极的作用。《饮冰室诗话》认为"欲改造国民之品质，则诗歌音乐为精神教育之一要件"，欲使中国文学复兴，也当摆脱"诗、词、曲三者皆为陈设之古玩"的局面。若能配合音乐改良，"则吾国古诗今诗，可以入谱者正自不少；如岳鄂王《满江红》之类，最可谱也"⑤。梁令娴深受

---

① 刘石:《梁启超的词学研究》,《文学遗产》2003年第1期,第91—103页。

② 谢桃坊:《梁启超的稼轩词研究之词学史意义——兼论近世关于豪放词的评价》,《词学辨》,上海古籍出版社,2007年,第320页。

③ 前言见梁鉴江为汪松涛《梁启超诗词全注》所作序(广东高等教育出版社,1998年,第4页),为反驳此论,杨柏岭《也论梁启超的词学思想》(《学术界》2004年第1期,第229页)以相当篇幅论证了梁词如何以伤春送别寄寓对时世的关注以及如何直接抒写"国难、社会、人生"等主题,从而得出后一种结论。

④ 梁启超著:《饮冰室诗话》第一〇九则,人民文学出版社,1982年,第86页。

⑤ 梁启超著:《饮冰室诗话》第一一九则,人民文学出版社,1982年,第96页。

乃父此论影响，不但在《自序》中自陈初习倚声的契机时便将"嗜音乐"与"喜吟咏"连为一谈，更明言其编辑词选的动机与意义即是为了配合音乐教育：

> 抑令娴闻诸家大人曰：凡诗歌之文学，以能入乐为贵。在吾国古代有然，在泰西诸国亦靡不然。以入乐论，则长短句最便。故吾国韵文，由四言而五七言，由五七言而长短句，实进化之轨辙使然也。诗与乐离盖数百年矣，近今西风沾被，乐之一科，渐复占教育界一重要之位置，而国乐独立之一问题，士夫间莫或厝意。后有作者，就词曲而改良之，斯其选也。然则兹编之作，其亦可以免玩物丧志之诮欤！

由这段话看来，梁氏父女在诗词回归合乐的问题上似乎稍有分歧：梁启超明确提出的意见，是将古诗词谱以新乐，以避免"国歌之乏绝"[①]；而梁令娴则进一步表明自己选词"斟酌于繁简之间"，是希望能够为编写新乐歌词的作者提供灵感，"就词曲而改良之"。不过，梁令娴的这一层用意，还是来源于其父的启发。

梁启超在《饮冰室诗话》中说："今欲为新歌，适教科用，大非易易。盖文太雅则不适，太俗则无味。斟酌两者之间，使合儿童讽诵之程度，而又不失祖国文学之精神，真非易也。"[②]此外，梁氏还举了一个就古诗词改编入乐的成功例子，是以"风萧萧兮易水寒""别时容易见时难"等改为尾声，拍以新谱，虽然"近于唐突西施，点窜《尧典》，然文情斐茂，音节激昂，亦致可诵也"，其良好的艺术效果能令"举座合唱，声情激越，闻者皆有躬与壮会之感"。[③]可见，梁氏提倡的研究词体以配合音乐改良，并非仅限于将古诗词入乐这一方面[④]，也提倡将古词作为揣摩学习的对象，

---

① 梁启超著：《饮冰室诗话》第一一九则，人民文学出版社，1982年，第96页。
② 梁启超著：《饮冰室诗话》第一二〇则，人民文学出版社，1982年，第97页。
③ 梁启超著：《饮冰室诗话》第一三七则，人民文学出版社，1982年，第112—113页。
④ 见朱惠国《论梁启超词学思想及其对词学现代化转换的意义》，《上海大学学报（社会科学版）》2005年第4期，第81—87页。其文认为梁氏在词乐结合问题上比较保守，"只是强调将古诗词入乐"，因而"还是一种对传统文化的利用与改造，不属于新文化的范畴"。

以便在新式歌词中"保存祖国文学之精神"。

要之，以旧形式熔铸新精神，并且在情感教育和音乐改良中起到积极作用，便是梁启超父女所倡导的词学改良之方向。

三 结语

从王闿运以湘楚大儒选录小词，到梁启超以新学领军批讲倚声，尽管方向不同，对于词体社会功能的要求却是一致的，醉翁之意不尽在词学本身。值得重视的是，无论是王闿运意欲借助小词引导性情，还是梁启超试图令词体也能"独辟新界而渊含古声"①，传统词学的主流风格始终未曾遭到摒弃。换言之，至少在词学改良这一阶段，复古抑或维新的二元选择并不直接表现为不可调和的矛盾，反而存在着殊途同归的可能性。

作者通信地址：广东省广州市天河区黄埔大道西601号暨南大学文学院二楼，邮编：510632

责任编辑：陈子

---

① 梁启超著:《饮冰室诗话》第二则,人民文学出版社,1982年,第1页。

古直生平、思想与陶渊明之关系[*]

郭鹏飞[**]

湖南师范大学，湖南长沙，410013

摘　要：古直是民国时期著名的陶学研究专家，早年投身革命，做过高要县长，不久辞官隐居庐山，从事撰述与研究，以陶学研究闻名于世。古直的思想也经历了从早年热衷事功到立言寄志的转变。他的生平经历、思想转变都与陶渊明颇多相似，可谓深具"了解之同情"，堪称千古慕陶第一人。

关键词：古直；陶渊明；思想转变

古直是民国时期著名的陶渊明研究专家，早年投身革命，有着强烈的政治抱负，对事功自期颇高，做过高要县长，不久辞官隐居庐山，从事撰述与研究，以陶（渊明）学研究闻名于世，堪称千古慕陶第一人。下面试就其生平经历、思想转变与陶渊明之关系展开论述。

一　古直生平概述

古直（1885—1959），字公愚，号层冰。广东嘉应州（今梅州市梅南镇）人。自幼好学，十六岁后师从著名学者罗翱云（字霭其）、谢威谦（字吉莪）。他的生平可分为五个阶段[①]：

---

* 本文是 2018 年广州市委宣传部《广州大典》与广州历史文化研究项目"古直研究"（批准号：2018GZB03）阶段性成果。

** 郭鹏飞（1987—　），男，河南沈丘人。湖南师范大学文学院讲师，文学博士。

① 按：据古直自传手稿（1951 年）总结整理，后称《古直自传稿》（1951 年），今藏广东省文史馆，下同。

（一）1890年六岁到1899年十五岁

这九年古直在家读书。从《三字经》《四书》《五经》《唐诗三百首》，到《古文释义》，学作时文、试帖诗，再到研读《昭明文选》及经史典籍，可见古直少年时所走的是当时社会普遍推崇的科举晋学之路。本师罗霭其精通古音、训诂之学，著有《客方言》十卷，章太炎曾为之作序，评价颇高。这一阶段的学习为古直打下了诗文创作与文学研究的坚实基础。

（二）1900年十六岁到1920年三十六岁

这二十年间古直热心政治，投身革命。

古直青年时即受到家乡革命风气的影响，1906年加入同盟会，为早期同盟会会员。1907年，古直与李同（季子）、钟动等人结"冷圃"文社，以文字鼓吹革命。南社成立次年，叶楚伧南下汕头接替陈去病在汕头《中华新报》社的工作，古直经叶氏介绍于1911年1月加入南社，成为早期南社社员。辛亥革命后，古直受同盟会指派在汕头创办《大风日报》，宣扬共和，拥护孙中山政策。1915年冬，革命同志兼同学好友钟动时任云南护国军唐继尧的总参议，致信古直，请他赴香港赞助讨袁事宜。古直于是积极策划反袁斗争，旋往香港，被唐继尧委任为"南洋筹饷讨袁专员"，并于1916年初奉命下南洋筹饷。1917年在滇府工作，复被唐继尧委任为"云南护国军政府特派慰劳华侨使者"，赴南洋招商，引进外资开采个旧锡矿，并为云南讲武堂招收华侨子弟。1919年，旧桂系主治广东，古直因曾在云南工作，受桂系林虎推荐为陆军部秘书，寻出为封川县县长，年底调任高要县县长，皆有政声。

但在第一次粤桂战争爆发后，桂系被赶出广东，古直失去了依托，且见忌于林虎手下官僚，只好解职告归，政治生涯草草收场。胡一声《古直传略》云："是年10月，粤军自闽回粤，桂军败走，古直亦辞官回梅县。当时因中国南北军阀内战不息，而国民党内部亦内讧不已，古直感到救国无望，急求离开都市及官场，转入深山无人之处闭门读书，他的革命救国热情一时甚为低落。"[1]

---

[1] 中国人民政治协商会议广东省梅县市委员会文史资料研究委员会编：《梅县市文史资料》第十辑，广东省梅县市委员会文史资料研究委员会，1986年，第69页。

图1 古直20岁肖像（《东林游草》）

（三）1921年三十七岁至1938年五十四岁

这十八年是古直从事著述的主要阶段。

此前，古直好友、农学专家侯过自日本留学归国后，在江西农业专门学校任教，并负责庐山白鹿洞林场。1920年，大概是受时任云南省教育司司长钟动的邀请，侯过准备去云南考察林业。暑期过肇庆，受到古直的热情招待。二人契阔相逢，侯过向古直大言庐山之美，让古直很是向往，但并未真正动心。同年底，桂系退出广东，古直辞官。1921年春，古直与好友曾謇（字晚归）共赴庐山隐居。

古直少时熟读《文选》，醉心《陶渊明集》，对陶诗非常熟悉，加上为官经历的相似，陶诗已深入他的内心。从1921年春到1926年，古直整日与《陶渊明集》为伴，对百余首《陶渊明集》诗文熟至能诵。在庐山的头两三年，古直作了近一百首集陶诗，1923年冬结集为《新妙集》一卷。《新妙集自序》曰：

> 有晋征士浔阳陶渊明，《孟子》所谓"奋乎百世之上、百世之下，闻者莫不兴起"者也。余诵其诗，读其书，尚想见其德，廿年如一日。……偶感"性刚才拙，与物多忤，自量为己，必贻俗患"之言，拂衣径去，止乎匡庐。岂惟乐其山水，亦欲少近栗里，以遂景仰之私而已。山栖二载，灌畦鬻蔬之暇，每有会意，便集陶诗数句，久之成帙。①

---

① 古直著：《新妙集》单行本，1924年铅印本。

此外，古直还将集陶诗之外的作品结集为《庐山樵唱稿》一卷，所收诗作始自1921年，终于1924年。较之隐居庐山前所作《层冰诗存》，诗风大有转变。

古直读陶诗、集陶诗、和陶诗，尚想其为人，积累有年，顺理成章转向了学术研究。1924年夏，古直撰成《陶靖节述酒诗笺》一卷，于1925年发表于《华国》第二卷第七期。该文对宋代学者汤汉的笺注作了许多补充和新证。此后一发不可收拾，古直将陶诗四卷全都作了新笺。古直当时最主要的参考书是清人陶澍的集注本《靖节先生集》，此书是当时最为精善的陶诗注本，其后附有《年谱考异》。笺注之学讲究知人论世的功夫，古直心得渐多，就有了重编陶谱的想法。正好梁启超出版了《陶渊明》一书，其中有他新撰的《陶渊明年谱》。梁启超首先推翻传统的史传说（陶享年六十三岁说），提出陶渊明享年五十六岁的新说。古直读到梁启超《陶渊明年谱》后，觉得其说疏而不密，于是重订新谱，提出陶享年当为五十二岁一说。此即近代陶学史上又一经典之作——古直《陶靖节年谱》。古直在研究陶渊明期间，还撰有《陶集校勘记》一卷、《汪容甫文笺》三卷、《诸葛武侯年谱》一卷等。

图2　古直43岁肖像（《东林游草》）

1925年，古直获聘为国立广东大学文学院教授。此后十余年间，执教中山大学，著述不断。20世纪30年代，古直曾任中文系主任，在陈济棠主政下高调推行"读经运动"。此事招致胡适等学者的不满，胡适曾私下动员学生发表文章攻击古直。1935年1月，胡适到香港接受香港大学荣誉博士学位，曾发表有诋毁广东形象嫌疑的演讲。古直告请中山大学校长邹鲁取消原定胡适来中大的演讲计划，胡适最终郁郁而走。同时，受客家事件影响，古直还撰有《客人丛书》等客家学著作多部，是为客家学研究的奠基之作。

（四）1939年五十五岁到1950年六十六岁

这十一年间，古直主要是在梅县继续从事教育、文化事业。古直很重视基础教育，这与他的亲身经历有关，可以说是从他的平生经验得出。自从青年时代参与民主革命运动以来，古直在家乡创办了许多学校。1938年10月广州沦陷后，中山大学奉命西迁，古直则回到梅县老家避难。1939年出任梅南中学校长，创办梅南文学馆，编《文馆年刊》等。国民党梅县政府取缔南中后，古直继续办文学馆，直到1945年。后接替谢贞盘任梅县修志馆馆长，直到1949年秋改任私立南华大学教授，专讲陶渊明诗。

（五）中华人民共和国成立后

古直在梅县土改运动中受到冲击，后来在学生胡一声、郑天保和友人侯过等的帮助下，得以调至广东省参事室工作。1953年加入广东省文史研究馆，直到1959年6月逝世。

二 古直思想之转变

古直出身于一个清寒的农民家庭。他的祖父、父亲都以务农为业。罗翔云《滂溪老叟古君墓表》云："先世籍增城，徙梅州。明末有曰锐者，避乱迁梅南之滂溪，至君（指古直祖父）凡十三世。曾祖玉书、祖增伯、父廷均，并以农世其业。"① 尽管出身贫寒，古直内心却一直饱含"立志为

---

① 古小彬、古向明主编：《国学家古直》，香港新闻出版社，2008年，第309页。

学，扬名后世"的崇高理想，这一理想贯以终身，在他的著述和行迹中处处可见。不难理解，在面对晚清民初时代的各种出处困惑时，迫使他做出取舍行藏的深层原因便是以这一理想作为支撑。

《左传·襄公二十四年》载叔孙豹语曰："大上有立德，其次有立功，其次有立言，虽久不废，此之谓不朽。"[1]此"三不朽"之论，名擅千古，妇孺能详。历代读书人莫不受其感化，修身行道，著书立言，以期扬名后世，从而不朽。古直早年寄意于政治，意欲成就一番事业，故积极参与政治，胸中常怀济民富国之策，以一腔热血实践自己的事功之梦，如供职滇府期间，为唐继尧献策发展经济，扩办云南讲武堂；在高要县任上，努力改善城市卫生，开办县苗圃，兴办初级师范学校、暑期讲习所，又聘请顺德女技师来县开办教学班，修筑围基防洪，等等，无不是筹划长远之计，惟民生是务。这与当时许多官员的做派是不同的，尤其是在北洋时期官如流水的世局下显得难能可贵。

古直早年有《怀谢生》诗云："尼父叹逝川，日月抛双丸。人寿云几何，学海诚漫漫。婉娈岂不怀，所忧在简编。人生亦胡为，立志追昔贤。不学狂嚣子，草草尽百年。"[2]在庐山隐居时，有诗《送曾晚归回粤三首》，其一有句曰："有才为世出，奚必老岩丛。我友且行矣，努力赴事功。"[3]结合古直的政治抱负及其生平经历，可以想见他对事功的热切之望。

1924年夏，古直在庐山撰《诸葛忠武侯年谱》，藉序文以抒其块垒。文曰：

> 夫立德、立功、立言，古谓三不朽。侯德范遐迩，功盖季叶，固无得而称焉，即其言教书奏，体事达情，诚贯金石，千载之下，读者为之感激，亦岂寻常文苑之雄所能？庶几可谓旷古寡俦矣。……昔朱子在南康日，祠侯于庐山卧龙冈上，复于卧龙潭侧起亭，而祝之曰："龙之渊卧者，可以起而天行矣！"朱子之言，

---

[1]　杨伯峻编著：《春秋左传注（修订本）》，中华书局，2009年，第1088页。

[2]　柳亚子编：《南社诗集》第一册，中学生书局，1936年，第192页。

[3]　古直著：《东林游草》，上海聚珍仿宋书局，1928年铅印本。

盖含隐痛。吾之斯谱，亦岂徒作？忧深之士，其必有会于斯。①

可见古直以强烈的忧患意识蒿目天下，其心境实与汉末诸葛武侯之高卧相似，可惜古直官运平平，未见大用。

古直在庐山隐居期间，不乏政要往还，但他并没有得到回归政坛的机会。于是他逐渐放弃了事功的愿望，改以立言为新的追求。《秋夕怀姑射滇池》诗云："知音苟不存，何事空立言。"②《题汤颐园老人生日燕游图》诗云："世寿迋大齐，不朽惟德言。"③《少年行寿黄枯桐》诗云："一言兴邦古有此，立言不朽不骞崩。"④《长歌寿晖宸》诗云："富而且寿人所期，我更期君以不朽。"⑤1943年门人梁浚甫在《层冰堂诗集序》中记述称："一日，先生谓浚甫曰：'立言于古为三不朽之一，平生犹有著述，然未足以当立言也。先友李审翁谓诗文为立言之一帜，吾有诗集数卷，子其为我定之。'"⑥足见古直作为一个有抱负的志士，对人生理想的追求是多么的迫切，正如曹丕《典论·论文》所言："日月逝于上，体貌衰于下，忽然与万物迁化，斯志士之大痛也！"从他诗文的字里行间，可以看到很多魏晋时代文人对人生的思考。

因此，辞高要令，隐居庐山，是古直思想的转折点。从这一年（1921年）开始，古直发愤著述，将事功抛诸脑后，努力藉文字以寄托其生命的价值。

有鉴于此，我们就不难理解，为什么古直早年如此新潮，热衷革命，宛然一派进步青年的形象，而后来却如此守旧，在20世纪30年代竟特立独行地主持"读经运动"，极力与北方的胡适、钱玄同等人唱反调，甚至可谓逆潮流而行！1935年1月，胡适的中山大学演讲计划的取消也与古直有直接关系，古直还将中山大学的布告消息及此事报道收入他所主编的《文学杂志》。

---

① 古直：《诸葛忠武侯年谱序》，上海聚珍仿宋书局，1929年铅印本。
② 古直著：《新妙集》单行本，1924铅印版。
③ 古直著：《东林游草》，上海聚珍仿宋书局，1928年铅印本。
④ 古直著：《层冰堂诗集》卷三，1944年梅县鹤和楼校勘铅印本。
⑤ 古直著：《层冰文略续编》卷一，《层冰堂五种 层冰文略续编》，国立编译馆中华丛书编审委员会，1984年，第26页。
⑥ 古直著：《层冰堂诗集》，1944年梅县鹤和楼校勘铅印本。

事功是追求现世的理想和成就，以期改变社会，造福社会，创造价值，从而成就自我；立言则寄托于后世知己，与古为鉴，力争以文字著述与古人抗席，从而实现自身价值。这是截然不同的生命价值观，是两种出路。

古直思想的转变，除了与陶渊明研究密切相关，又与扬雄的精神人格渊源相通。扬雄的思想是对儒家立言说的极大发展，魏晋时人多崇拜扬雄，奉为圣贤。陶渊明也很崇拜扬雄，对此前人多有论述，毋庸赘述。古直《六榕寺东坡楼钱罗先生》诗曰："家丘自有千秋业，寂寞扬云后世知。"[①]这句诗便足以表明古直对儒家立言说（包括孔子的"述而不作"之说）和扬雄思想的深刻认同。又如，陶渊明《饮酒》（其五）"结庐在人境"，古直注曰："《汉书·扬雄传》：'结以倚庐。'周寿昌曰：'陶潜结庐二字，即节取此语。'"[②]可见，陶诗包含不少对扬雄思想的推崇。古直《陶靖节诗笺》是陶诗注本中最先将这些精义笺注出来的。古直与前贤如扬雄、陶渊明等古代优秀学者、诗人所追求的东西本质相同，他们都希望通过立言以追求不朽，故不在意一时声价，而托志于后世知己。

陶渊明《饮酒》（十八）曰："子云性嗜酒，家贫无由得。时赖好事人，载醪祛所惑。觞来为之尽，是谘无不塞。有时不肯言，岂不在伐国。仁者用其心，何尝失显默。"[③]范子烨先生谓："此诗充分表现了（陶渊明）对扬子人格和精神的认同、解悟与赞佩。"[④]

清人陶澍的集注没有揭橥《饮酒》诗的深旨。古直注则曰："直案：汤注自况子云之说是矣，陶氏潜易其说，徒疑雄为莽大夫耳，不知汉魏六朝间人视雄犹圣人也。"又举《汉书》等材料说明陶诗出处，以及陶氏何以以柳下惠自比，真知灼见，真足以发覆千古！范子烨先生《游目汉庭中：陶渊明与扬雄之关系发微——以饮酒其五为中心》一文，征引古直注极多，论述陶渊明与扬雄之关系甚详，兹不赘言。从本文的角度看，

① 并见古直著：《取匀集》卷三、《层冰堂诗集》卷三等。

② 范子烨著：《悠然望南山：文化视域中的陶渊明》，东方出版中心，2010年，第340页。

③ 古直著：《陶靖节诗笺定本》卷三，中华书局，1935年铅印本。

④ 范子烨：《游目汉庭中：陶渊明与扬雄之关系发微——以饮酒其五为中心》，《四川师范大学学报（社会科学版）》2013年第2期，第148页。

这恰是充分表明古直自隐居庐山以来，思想经历了从追求事功向追求立言的转变。

三 古直与陶渊明

古直最初接触陶渊明，始于《昭明文选》。据《古直自传稿》，他十五岁开始在其师罗翱云的指导下学习《文选》，自此终生研读不辍。

青少年时期的古直非常热心政治，深为民族革命思想所洗礼，一心想成就一番事功。陶渊明早年亦对事功充满向往，例如他在《命子》诗中历述祖德就是热衷事功的反映，只是时运不济，未能得志，陶渊明才感叹道："嗟余寡陋，瞻望弗及。顾惭华鬓，负影只立。"[①]梁启超认为《命子》诗是少作，作于陶渊明二十一岁时。[②]古直则认为作于陶渊明三十一岁。[③]但无论为何者，此诗都可以说明陶渊明早年负志之高，亦曾于政治别有怀抱，而经历略似的梁启超和古直可谓对此深有体悟。惟时代不同，际遇各异，陶渊明于晚年始有"耻屈异代"之事，而古直在青年时即已遭遇鼎革；陶渊明忠于晋室，而古直则推翻皇清，拥护共和。民国初，徐世昌曾论当时形势云："世界上有三种有志之人：一为有志仙佛之人，一为有志圣贤之人，一为有志帝王之人。求为仙佛之人多则国弱，求为圣贤之人多则国治，求为帝王之人多则国乱。"[④]古直与一群"求为帝王之人"并生末世，自不免让他对事功充满向往。无论是为了自求出路，还是为了救国富民，他的政治热情里都体现着时代的深刻烙印。

陶渊明作《闲情赋》，自昭明太子提出"白璧微瑕"的批评以来，后人受其影响多从其说，或者不甚重视。《苕溪渔隐丛话》引东坡之语云："渊明作《闲情赋》，所谓'《国风》好色而不淫'，正使不及《周南》，与

① （晋）陶渊明：《命子》诗，《陶渊明集》卷一，宋刻选修本。
② 梁启超：《陶渊明之文艺及其品格》，又《陶渊明年谱》"十七年壬辰先生二十一岁"条，皆见《陶渊明》（商务印书馆，1923年）。此非本文中心，故不展开讨论。
③ 古直笺注：《陶靖节年谱》三十一岁条，《陶靖节诗笺（附年谱）》，台北广文书局，1974年。
④ 徐世昌：《韬养斋日记》乙卯十二月廿二日条，转引自林志宏著《民国乃敌国也：政治文化转型下的清遗民》，中华书局，2013年，第37页。

屈、宋所陈何异？而统大讥之，此乃小儿强作解事者。"①古直《陶靖节诗笺》初版末附《订评》云：

> 案：《易·文言》曰："闲邪存其诚"，"闲情"之名，义取乎此。观《赋序》曰："检逸辞而宗澹泊，始则荡以思虑，而终归闲正。将以抑流宕之邪心，谅有助于讽谏。"意亦见矣。昭明以为白璧微瑕，固非。东坡比之《国风》好色，亦误。《五柳先生传》云："尝著文章自娱，颇示己志。"窃谓此赋乃陶公少年示志之作也。其发端云："夫何瑰逸之令姿，独旷世以秀群。表倾城之艳色，期有德于传闻。"此自比其才德也。继云："欲自往以结誓，惧冒礼之为愆。"此欲遇时而恶不由其道也。终之曰："尤《蔓草》之为会，诵《召南》之余歌。"盖自矢决不越礼以骋志也。陶公出处大节，见端于此，而何"微瑕""好色"之云乎！②

古直《陶靖节诗笺》本不及陶文，然其《陶靖节年谱》以渊明二十岁起为州祭酒，实即对陶渊明少年有志事功"具了解之同情"③，以上《订评》数语尤能见其体悟。古直以此揭橥陶渊明少而负志，自比才德，并表其出处大节，实际上正是隐含了古直自己的政治抱负及其对不得其道之结果的反思。按照古直的看法，陶渊明的出处大节主要包含了两个层次：一是少而抱志，自负才德；二是不得其道，持节自守。陶渊明也是经历了前后不同的生命价值观的转变。

青年古直热衷事功，为革命事业倾尽心力，就像早年的陶渊明那样，正是少而抱志、自负才德的表现。陶渊明自言"少年罕人事，游好在六经"（陶诗《饮酒二十首》其十六），又云："先师有遗训，忧道不忧贫。"（陶诗《癸卯岁始春怀古田舍》）等等，古直《陶靖节诗笺》最早注出陶诗大

---

① （宋）胡仔纂集，廖德明校点：《苕溪渔隐丛话》前集卷一，人民文学出版社，1962年，第2页。

② （晋）陶渊明撰，古直注：《陶靖节诗笺》，上海聚珍仿宋印书局，1926年铅印本。

③ 按：陈寅恪《冯友兰〈中国哲学史〉上册审查报告》："凡著中国古代哲学史者，其对于古人之学说，应具了解之同情，方可下笔。"

量化用《论语》等儒家经典之处，便注意到陶渊明青少年时期形成的以儒家经学为中心的"主导思想"（见下引逯钦立说）。逯钦立在《形影神诗与东晋佛道之关系》一文中进一步实证陶渊明反对报应说，反对形尽神不灭论，"据此渊明之见解宗旨，与慧远适得其反，《形影神》诗实此反佛论之代表作品"[①]。逯钦立认为陶渊明思想根柢儒家而持自然之论。后来，逯钦立在《读陶管见》中所论更加清晰：

> 值得注意的是，江州一带成为上述各种思潮（笔者按：据逯文，此指范宣、范宁提倡经学；王凝之提倡五斗米道；慧远提倡佛学等）矛盾焦点之一，而其时又适值陶渊明的青壮年时代。不难理解，陶渊明既然是在这样的社会环境中生活、成长起来的，他的生活思想、人生观和创作思想不能不受到上述各种社会文化思潮的影响与考验。通过上述考察，我们就比较了解到渊明抉择了什么，反对了什么，扬弃了什么。譬如，明确了上述情况，我们就能认识到陶渊明少年时代的主导思想来自当时的儒家经学，这决定了他的从政理想和事业心，乃至决定了他的一生的伦理道德观点。[②]

陈寅恪在《陶渊明之思想与清谈之关系》一文，认为在当时崇名教、任自然的两派中，渊明以此诗表达任自然的思想，渊明之思想实为"外儒内道"。[③]此则是进一步引申之论，恐难服人。自陈寅恪首谈陶渊明思想，此后尤其是中华人民共和国成立后的陶学研究也颇喜欢讨论陶渊明的思想。陈氏所论是为其观点立场服务，未必在于专门讨论陶渊明思想的变迁，所以"内儒外道"也许才更符合陶渊明思想的实际。

韦凤娟《陶渊明的儒家风范》指出："前人论及陶渊明与儒家的联系时，多着眼于陶诗中采用《论语》词语。其实，后世奉儒的文人之所以推崇陶渊明，并非因为陶诗'专用《论语》'，而是因为陶渊明以他的人生

① 逯钦立：《形影神诗与东晋佛道之关系》，《逯钦立文存》，中华书局，2010年，第286页。
② 逯钦立：《读陶管见》，《逯钦立文存》，中华书局，2010年，第291页。
③ 陈寅恪著：《金明馆丛稿初编》，三联书店，2001年，第201—229页。

道路、生活态度体现了儒家传统精神。"①韦文认为陶渊明的儒家传统精神包含三个方面：一是"人生道路的抉择"，由"仕"（兼济）而"隐"（独善），立身行道，是儒家人生哲学的实践典范；二是"固穷"之节与"乐在其中"，是儒家安贫乐道信念的体现；三是"吾与点也"，陶渊明的生活境界符合孔子所赞许的人生理想。这个说法或许有些道理，但是人的思想形成总是有一个过程，有一定阶段性的，在成长中自然会有所变化，会有所融通，并不是陶渊明一生都贯彻了某一种精神面貌或思想。因此，有必要强调"早年"这一阶段，用发展的眼光看问题，才足以观照和深入地辨析陶渊明的思想及其变化。同时，在此基础上，我们也可以理解和同情古直"少而抱志，自负才德"及其中年思想或生命价值观的转折。

陶渊明早年游好六艺，秉持儒家思想，渴望事功，成年后受道家思想影响而崇尚自然，或有所融会，此亦合乎情理，皆能与时代及其文字相印证。古直《陶靖节年谱》元兴二年条云："盖先生公相之后，少年猛志，非无意于家国。及至出为镇军参军，见朝政日非，方镇日肆，内无王、谢之伦，外无陶、温之侣，大厦之倾，吾末如何，所以望绝当年，心存往古，愿与沮、溺为徒也。虽以后复作参军、县令，亦因去家不远，聊复为之已耳。"②古直正是用发展的观点研究陶渊明。

青年古直在罗翙云师的教导下，阅读了当时比较先进的著作，如清麦仲华编《皇朝经世文新编》、徐继畲著《瀛寰志略》等。1903年后，因罗氏北上应考（后中光绪癸卯恩科举人），古直转到州城谢吉羲塾馆读书。当时同学间相互传阅梁启超主编的《新民丛报》、严复所译《天演论》《群学肄言》等书，古直后读到杨笃生的《新湖南》、邹容的《革命军》。这些新思想读物对古直影响很大，激发了他立志从政，努力事功的斗志。因此，古直不久便加入中国同盟会和以同盟会会员为主的革命团体——南社。从生存处境看，青年古直既迫于生计，又有志事功，而参加政党从事革命正好解决了这些问题，这与早年陶渊明被迫出仕的处境有些相似。

1916年，古直被云南都督唐继尧任命为筹饷专员赴南洋筹饷，归国任

---

① 韦凤娟：《灵光澈照：魏晋南北朝文学中关于生死、自然、社会的思考与叙述》，河北教育出版社，2014年，第425页。

② 古直笺注：《陶靖节年谱定本》卷三，中华书局，1935年铅印本。

滇府顾问。古直向唐继尧建言未获大用，自思不能展其怀抱，次年冬复辞职归里，后来仍感到遗憾①。1919年初，桂系主政两广，古直出游广州，因此前助滇讨袁事曾结识林虎（时任广东护法军政府陆军部次长），遂受林氏举荐任陆军部秘书。林氏又荐古直为封川县县长，旋改任高要县县长。

古直至此认为一展抱负的机会到来，这不得不使人联想到陶渊明。陶渊明起初三仕三辞（州祭酒、镇军参军、建威参军）大概也出于此，无非是不得其道，不行其志，未必真如陶氏诗文所"包装"的那样——平生之志在田园。义熙元年（405），陶渊明等得彭泽令的机会，他很快就去上任，相比于役军伍而言，县令明显更能一展其才德，所以陶渊明起初应是乐意接受这一职务的。

古直在高要县长任上，大力改善城镇卫生，做了很多切实有益民生的工作。1951年《古直自传稿》云：

> 一九二〇年，我三十六岁。我去腊由封川调任高要，到任即极力改善城市卫生。今年初春，先开县苗圃，继办《要言旬刊》，后办高要初级师范、暑期讲习所等等。以前，高要蚕茧甚丰，而不晓缫丝，将茧出卖，失亏甚大。我查得此情形，即刻聘请顺德妇女来县开办妇女缫丝训练班。又，县城对岸新江数十里，每年必待西水落后，乃能莳田，灾害沉重。新江人民想筑围基，而金东围人民则以妨害金东围之安全为恐，故数十年不能成功。我批新江人民《请筑围基呈文》，主张以测量方法决定，必使南北两岸围基两利，则人不能反对，而新江围后遂照此原则筑成云。②

在民初政局多变、兵荒马乱的环境下，古直仍欲有所作为，但因1920年第一次粤桂战争后，桂系退出广东，古直失去依靠，只得自免去职。此外更有人事方面的原因，胡一声谓："高要是西江最大县份，把古直由最

---

① 按：古直1940年所作诗《民国六年奉慰侨使命来游泗水迄今二十四年矣感赋一绝》，自注云："余以富民策干滇督唐继尧。唐公行其初步招收华侨学生入云南讲武堂办法，而第二步办法卒未行也，至今以为遗憾焉。"

② 古直著：《古直自传稿》（1951年）。

小的县调至最大的县。他自己亦莫名其妙！据其他人说，林虎觉得古直能文能武又以廉明著名，选贤与能，对林氏自己的声望亦有帮助。但不免见妒于林氏之左右。"①古直在《新妙集自序》亦自道："向立以来，误落尘网，腰虽未折，亦几为乡里小儿所窘矣。"

反观陶渊明《归去来兮辞》之序所谓"亲故多劝余为长吏，脱然有怀，求之靡涂。会有四方之事，诸侯以惠爱为德，家叔以余贫苦，遂见用为小邑"，可见渊明对于此次出任彭泽令原本就是念兹在兹，如一偿夙愿，而"脱然有怀"，只是为了照应下文的说辞而已。至于居官八十余日解组辞归，乃云："眷然有归欤之情……于是怅然慷慨，深愧平生之志"，复云："寻程氏妹丧于武昌，情在骏奔"，前者托于辞，后者托于事，要之皆因不得展其才志，复受气于小吏，才愤而辞职。古直做县长的经历，与陶渊明何其相似！

古直《陶靖节年谱》认为陶渊明辞彭泽令在三十岁。《古直自传稿》对辞高要令以前三十余年的人生经历有一段总结：

　　我出身贫雇农家庭，故少年思想局于一隅，不出入学中举、显亲扬名的几种。及读书稍多，交游胜己之人，与之讨论，始知民生困穷，在于政治不好，故革命思想遂随新潮流而生。及辛亥革命，民国成立，全国人民喁喁望治，乃政治腐败反有过于满清者，故我不复挂名党籍，而惟从事教学工作。然此时年富力强，壮心不已，故讨袁之役，万里奔波，因此结识唐继尧，望其能救中国。后觉无望，悔然而返。继细察南北军阀皆是人民之敌，决无容我们藉手之处，故高要归来，即急求离开都市，转入深山无人之处。②

古直任职高要不满一年，在发展经济、改善民生、强化吏治、促进教育等许多方面，都有自己的一套设想，俨然把自己当作诸葛一样的人物。

① 胡一声：《民主革命宣传教育家古直传略》，广东省政协文史委员会编：《广东文史资料存稿选编》第四卷，广东人民出版社，2005年，第77页。
② 古直著：《古直自传稿》（1951年）。

古直诗句中也常常歌诵管仲、诸葛亮，例如："仲父献诚言（自注：谓《隆中对》。齐桓公号管仲为仲父，武侯自比管、乐，故云尔），计议初无亏。贤哉岂常誉，千载不相违。"[1]又如："夷吾兴江左，鸣凤高翔翔。渊源卜兴亡，苍生空尔伤（自注：《晋书》殷浩弱冠有美名，三府辟，皆不就。屏居将十年，时人拟之管、葛。王濛、谢尚犹伺其出处，以卜江左兴亡曰：'深源不起，当如苍生何？'）。"[2]这些诗句足以佐证古直的事功之志。然而自期越高，失望越大，古直终于被迫放弃事功的理想而隐居。因见事功无望，古直决定寄身翰墨，托著述以见志，而解职高要县长之事，正与陶渊明辞彭泽令相似。

1940年春，古直有诗句云："活国旧方仍袖有，凭谁高揭富民旗。"[3]1943年，古直作《建国必成论》五则，陈述其关于建国治国的各方设想。同年，赠某官诗有云："活国富民端有计，一时人望集司农。"[4]1946年古直在与陈盘的书信中写得很明白，他说："直平生于政治本别有怀抱，然无所遇合，只有终作山泉已矣。"[5]可见古直几乎一生对政治都充满热情，这是内化了的儒学精神。陶渊明诗中每歌颂自然，写田园生活，其实也是意在表达对仕途经历的不满，并非真的被道家思想所同化。从陶渊明给他的五个孩子起名仍遵从儒家传统，就不难判断"内儒外道"的实相。

古直从读陶诗，慕陶之为人，到短暂为官做县长，仿效陶渊明归隐庐山，再到精研陶诗，详考陶迹，重撰陶谱，并以此名家，多所发覆，千古以来，慕陶之人，恐怕无出其右！

作者通信地址：湖南省长沙市岳麓区银盆岭街道集贤路129号晶鑫小区2栋，邮编：410013

责任编辑：蒋方

---

[1]　见古直著：《隅楼集》卷四，上海聚珍仿宋书局，1927年铅印本。

[2]　见古直著：《隅楼集》卷三，上海聚珍仿宋书局，1927年铅印本。

[3]　按：《民国六年奉慰侨使命来游泗水迄今二十四年矣感赋一绝》，见古直《层冰堂精华录》卷二，另《层冰堂诗集》卷四、《层冰文略续编》卷一亦收此诗。

[4]　《得顾次长翊群书绸缪之意溢乎文辞瞻言来兹报以绝句》，《层冰堂诗集》卷四。

[5]　古直著：《层冰文略续编》卷三，《与陈盘书》其十三，《层冰堂五种》。

民国时期广州小品文兴衰的历史考察及启示

——以广州报纸为中心

付祥喜*

广州大学，广东广州，510006

摘　要：广州小品文是民国时期广州报界与市民联手催生的"新事物"，是契合都市大众消闲需要的一种文体。它兴起于1923年，在30年代前中期盛极一时，至1938年因广州沦陷而衰落。爬梳考辨广州小品文发展的脉络，对于深入认识广州文学史有着重要意义。更为重要的是，广州小品文兴衰的经验教训，给我们留下深刻启示。

关键词：小品文；广州报纸；民国时期；都市文化

民国时期的广州文学，迄今未引起学界重视，遑论全面进入中国现代文学史家视野。其实，尽管就全国范围而言，民国时期广州文学的整体成就不高，也缺乏有全国影响力的经典作品，但是作为中国现代文学的组成部分，其文学价值与文学史意义毋庸置疑。比如，20世纪30年代前中期盛极一时的广州小品文，既折射出北方"幽默闲适"式和"匕首"式小品文在南方都市的影响，也体现了小品文这一文体在广州报界经营和市民追捧下发生演化的历史过程。民国时期广州小品文为我们研究中国现代散文与市民文化之间的关系打开了一扇窗户，对于丰富广州文化史乃至中国现代散文史、深化其研究，都有着重要的意义。

鉴于此，考虑到从未有过一篇专门的学术论文讨论民国时期广州小品文，笔者在几名研究生的协助下搜集整理了《广州民国日报》《公评报》

---

* 付祥喜(1974—　)，男，苗族，湖南绥宁人。广州大学人文学院教授，文学博士。

《现象报》等广州报纸刊载的小品文文献。本文即是在这些文献基础上，进一步搜集相关资料而展开的系统研究。由于本文涉及的报刊文献数量极为庞大，虽然我们已经做了十分艰苦努力的爬梳，但仍可能有疏漏和不足之处，希望行家给予批评指正！

一 广州小品文概况

报纸是广州小品文的主要发表园地，因而要追溯民国时期广州小品文的渊源，就必须从近代广州报纸说起。19世纪初期，广州作为中国唯一的对外贸易口岸，国际贸易信息发达、舆论环境相对宽松，新语言媒介传播和中西文化交往增多，这些有利条件为近代报纸的产生提供了较好的媒介生态环境。外国传教士、商人、政客等在广州创办了中国最早的报纸，如《东西洋考每月统计传》《广州纪录报》《中国丛报》等。清末广州西关（今天的光复中路）甚至成为有名的"报纸街"。西关报纸具有强烈的地方色彩，"是比较彻底的地方性产品"①。这种地方性的显著表现之一，便是广州报纸对广州市民生活倾注极大热情，热衷于登载反映广州风物人情的小文章。这一点，作为广州报业的办报传统，被民国时期广州报纸所沿承。广州报纸最早在何时开始设置小品文专栏，已不可考。能确定的是，在1923年，《广州民国日报》开设小品文专栏"小广州"，接着《民国新闻》开辟"民国世界"，《公评报》设"大罗天"、《新国华报》设"新国华之花"……各报所载小品文，篇幅短小，行文多嬉笑嘲讽，内容取材于社会事物，可谓社会写真，因而一经发表，往往轰动一时，效仿者接踵而来。到20世纪30年代，广州各报纸，除党报外，无不特辟专栏刊载小品文，以至1934年敏梅注意到，"在广州，无论哪一份报章都有小品文""小品文在广州占了很大的优势"②。1938年10月，广州沦陷于日寇铁蹄之下，广州报业经营困难，一些小报先后倒闭，小品文写作和阅读由盛转衰。以下概述民国时期广州小品文整体状况。

---

① 赵建国：《地域文化中的媒介：西关文化与近代广州报刊（1827—1912）》，《暨南学报（哲学社会科学版）》2015年第5期，第26页。

② 敏梅：《谈广州报章的小品文》，《十日谈》，1934年6月30日。

（一）小品文栏目沿革及其风格特色

民国时期广州报纸开设的小品文栏目，影响较大的有：《广州民国日报》"小广州"、《公评报》"大罗天"、《民国新闻》"民国世界"、《新国华报》"新国华之花"、《现象报》"新花絮"、《越华报》"快活林"、《市民日报》"市民园地"、《广州日报》"新星"等等。

《广州民国日报》"小广州"（后有"东南西北"）和《民国新闻》"民国世界"，开风气之先，以一个版面专门刊登小品文。"小广州"先由龙井主编，所刊文章短小冷峻，多用粤语和文言，内容是无伤大雅的学校趣事和民间逸闻；"小广州"改由浪漫生主编后，风格大变，开始揭发社会黑幕，语多讥讽，而夹杂粤语的白话成为主要语体。"小广州"与《国华报》"国风"、《新国华报》"新国华之花"比肩竞争。"国风"以豹子头为主力军、"新国华之花"以黑旋风为主编，其文笔推重高古，无论选题、立意还是措辞都深受读者欢迎。"国风"因《国华》易主而停刊之际，《广州民国日报》新任主编不喜小品文，把"小广州"改为"社会常识"，浪漫生遂辞职，转而主编"春风"，常发表黑旋风、豹子头等人的小品文。其势头可与《公评报》的"大罗天"媲美。"大罗天"编者白梨，曾创办《小公评》三日刊，图文并重，排印考究，单期销售量曾超过万份。一时间，广州各报纷纷效尤，抨击社会腐败丑恶现象。约略而言，可分作两类：一类是揭露花丛乱象，如嫖妓、捧戏曲名角、艺人纵欲妄为、舞场交际花等；一类是批评社会恶俗，如赌博、扶乱、缠足、续婢、养妾等。此外，还有语气平和的时事纵论、闲逸的名人逸闻及风物趣事、平实的历史钩沉和多彩的乡野游记。

各报的小品文栏目虽然在不同时期有兴有废，更迭频繁，但是就风格特色而言，形成了三大流派，即：以任护花为代表的"半文半白"派、以黑旋风和豹子头为代表文辞古雅的"复古派"、以《公评报》"大罗天"为代表"白话夹粤语"的"大罗天派"。

（二）发文数量

以《公评报》"大罗天"为例。1926年10月—1927年6月的"大罗天"专版，每月出版3期，每期登载约7篇文章，总计189篇；1927年7月，改为隔天出版一期"大罗天"，每期发文篇数也增加到8—9篇，总计133篇；1927年8月，改为每天出版一期"大罗天"，每期发文约6篇，总计179篇；1927年9月—1929年3月，每天出版一期"大罗天"，每期发文约10篇，总计约2100篇。据此统计，1926年10月—1929年3月，《公评报》"大罗天"总共发文2601篇。如果算上同一种报纸先后开设的小品文专栏（如广州《广州民国日报》之"黄花"和"东西南北"），总计达100多种，发文总量超过10万篇。

（三）作者群体

由于广州小品文大多属于随笔、杂感一类的内容，长短不拘，各报纸编辑在审稿时对此类文章的要求不高，因而作者构成可谓庞杂。作者群体的籍贯虽以广州为主，但也有广东其他市县；其职业涉及各行各业，有职业作家、市井平民、码头工人、在校学生乃至乡野农夫。当然，这并不意味着各报纸不能拥有几个主要撰稿人。比如，在广州报纸上较早发表小品文的作者，有《公评报》的半醒、白梨、爱克斯光、冯际唐、集君等，前三人发文较多、写作时间较长；《新国华报》"新国华之花"有黑旋风、豹子头等。一些小报也拥有自己的主要撰稿人，如《小公评》的白梨、《妙哉》的李孟哲、《晶报》的孔麟绂（即酒中冯妇）和张清泉（即没羽箭）。后面三位是广州报界名人，后起之秀则有银晶、羽公、好闻五日等。

值得注意的是，那些名声比较大的广州小品文作者，往往集作者和编者于一身。羽公先是在《公评报》发表处女作，产生一定影响后，才独创《羽公》三日刊。好闻五日也曾独创《好闻》三日刊。而黑旋风、任护花、龙井曾在《小公评》停刊后，合伙创办《白金》。因黑旋风和任护花不和，《白金》昙花一现。此事透露出广州小品文作者之间存在既竞争又合作的关系，但终归是相互间的竞争占据上风。小品文作者之间常常爆发激烈笔战（后文详及），最能说明这一点。

作者群体的年龄构成。年龄最大的作者在60岁以上，以孔麟绂为代表；其次是30—40岁的作者，如黑旋风、豹子头、白梨、羽公、没羽箭等，大都是各报小品文的主要撰稿人；最后是20—30岁的作者，人数最多，有不少是在校学生，他们发表小品文时都冠以各种奇怪的笔名，如"天涯浪客""秋痕""鲁奇葱门昃投""亚卓"。作者的笔名，从不同角度反映作者的心境和观念。如："黑旋风"表明作者平生服膺的人是水浒人物李逵；"豹子头"表明疾恶如仇的态度；"龙井"表明作者喜爱喝龙井茶；"亚卓"表明作者渴望亚洲崛起的心愿；"我佛山人"即表明家乡所在。多数广州小品文作者以笔名发表文章，可见该作者群体撰文一般全凭兴趣，不为名利。

（四）读者与社会反响

广州小品文的读者，无疑就是广州各小报竭力迎合的市民。从小品文的趣味来看，其读者主要是具备一定文化知识的中产阶级。由于资料缺乏，我们目前只能通过一些报纸的发行量，侧面了解广州小品文的读者数量。据统计，"《国华报》曾印3万份，《现象报》《新报》《广东日报》《广州民国日报》《新现象报》《七十二行商报》《工人之路特号》等都有发行上万份的记录。《战事新闻报》1925年和《越华报》1932年的销路都达到5万份"[1]。有些专刊小品文的小报，如《羽公》《小公评》等曾单期销售超过万份。即使以每份报纸只有3个读者阅读来统计，其阅读量已达3万多人次。

既然读者人数众多，广州小品文的反响自然不会弱。那些揭露社会黑暗、抨击腐败丑恶现象的广州小品文，一旦发表就能产生较大社会反响。比如，曾有某政府职员诱奸了一名妇女，黑旋风立即撰文揭发，当时黑旋风的读者们很替他担心，害怕某职员打击报复他，后来的结果出乎意料，政府部门问讯强奸案，竟然解聘了该职员。可见，广州小品文虽然不是新闻报道，有时却能产生和新闻传播一样的阅读效果，这就容易惹恼有关部门和人员，以致采取过激的行为表达他们作为读者的反应——当时不少小报正是因为刊登了针砭时弊的小品文而被迫停刊。

二　1923—1938年广州小品文的兴盛发展

1923—1937年广州小品文呈现出兴盛发展的状况，具体可以分为兴起期、中衰期与繁荣期三个历史阶段。

---

[1]　乐正：《民国时期广州大众传播业的发展（1912—1938）》，《学术研究》1995年第6期，第87页。

（一）1923—1929年广州小品文兴起与中衰

广州是中国民主革命的策源地。1921年2月，广州市政厅正式成立，成为中国第一个"市"，由孙科首任广州市市长。历次民主革命为广州报业及小品文的兴起打下良好的思想基础。尤其是1923—1926年间，在国共两党合作的民主和革命气氛的激荡下，广州报业迎来了新的活跃期。1918—1922年新发刊的报纸有22家，平均每年4.4家。1923年，"这一年广州新发刊的报刊数量达到创纪录的21种，1923—1926年间新发刊的报刊为42种，平均每年10种，为近代广州报业发展史的最高纪录。这4年间新创办的通讯社也达创纪录的11家，定期刊物达131种。1923年广州的报馆数量增加到45家。"①"四一二"政变后，广州报业发展的势头有所缓减，1927年只有4家报纸发刊，1928年减少到1家。

自《广州民国日报》"小广州"、《民国新闻》"民国世界"之后，《公评报》《现象报》《越华报》都开设了小品文专栏。但是开设小品文专栏的报纸主要是几种大报，一般的小报仅在副刊当中把小品文与小说一起刊载。《广州民国日报》《公评报》等大报的小品文专栏，也不定期刊文，有时一周三期，有时一周两期，每期篇数在7篇左右。受这一时期广州报纸发展状况影响，广州小品文虽呈现兴起之势，但"四一二"政变后即进入中衰期，发展缓慢，规模较小，社会影响有限。

（二）1929—1938年广州小品文的恢复与繁荣

陈济棠主政广东期间（1929—1936），广州物价相对稳定，市场繁荣，市民生活有了一定程度的改善，被称为老广州的"黄金时代"，加上陈济棠为对抗蒋介石的南京国民政府，在1930年12月3日宣布停止检查新闻。广州报业逐渐复苏并重新进入较好的发展时期，30年代前中期出现办报高潮。"1929—1933年间，新创办的报刊达41种，平均每年8种。其中，1929年一年就新增15种报刊。……1929—1934年间新创刊的定期刊物有287种，也为近代最多时期。据有人统计，1930年广州的报纸期刊共有

---

① 乐正：《民国时期广州大众传播业的发展（1912—1938）》，《学术研究》1995年第6期，第84页。

113种。"①这些广州报纸都有副刊专版，而副刊大多开设小品文专栏，有的甚至以一个版面来刊载小品文，如《公评报》"大罗天"、《广州民国日报》"小广州"、《现象报》"新花絮"等。30年代前期，除党报外，所有广州报纸都定期发表小品文或设有小品文专栏，广州小品文进入繁荣发展的时期。

（三）1923—1938年，广州小品文兴盛发展的原因

广州小品文在1923年兴起并在20世纪30年代前中期盛极一时，是因为：

第一，政局相对稳定，报禁严厉。每当政局稳定之时，广州小品文便出现繁荣，而每当政局动荡，广州小品文便转入低谷。1923—1926年间，广州出现民主革命空前高涨的发展态势，国共两党实现第一次合作，广州政局比较稳定，报纸成为思想启蒙、舆论鼓动、针砭时弊的有力宣传工具，市民的社会参与意识十分强烈，纷纷通过报纸发言，以报纸为依托的小品文应运而生，遽然兴起。1929—1938年间广州小品文的繁荣发展，一方面得益于地方政局相对稳定、经济发展较快，另一方面也与严格的报禁有很大关系。此时的主政者陈济棠为巩固势力范围，虽然在1930年初取消实行多年的新闻检查，但很快以更加严格的出版物管理取代之。1932年制定颁布《广州市出版物审查委员会检查规程》《定期出版物保证法》，后又成立西南出版物审查会。1932—1936年，西南出版物审查会先后制定13个新闻出版法规以加强对出版物的管理，从而导致一些报纸停刊或被取缔。②1933年温恭注意到："现在（广州）的刊物更少了，原因是西南执行部成立'出版物审查会'（！），订立了'出版物保证办法'（！）之后，一切大小刊物都不能随便出版了——听说，有了两年半历史的《十日》也为了缴不起二百元至一千元的保证金而停刊了！审查会确是严厉地防范反

---

① 乐正：《民国时期广州大众传播业的发展（1912—1938）》，《学术研究》1995年第6期，第85页。

② 刘永生：《广东省1927—1937年新闻出版法规一览表》，《南京国民政府前期新闻舆论管控机制研究》，中国言实出版社，2013年，第42—44页。

动言论，一年来查禁了不少书籍刊物。"①仅1934年上半年，就有《广州民报》《广州新日报》《时事晚报》等数家报纸被勒令停刊。②西南出版物审查会制定的法规，主要针对"共产党反动刊物"③。由于涉及党派政治的评论文章受到严厉压制，对政府的批评比较温和乃至根本不涉及党派政治的小品文，在一定程度上缓和了报纸与政府的紧张对立状态，因此受到政府和报界青睐。对于作者而言，由于发表涉及党派政治的言论受阻，退到"不痛不痒"的小品文写作当中，自然成为明哲保身的最佳选择。就此而言，广州小品文在30年代前中期的繁荣，其实是严厉的报禁背景下出现的一种畸形现象。相反，龙济光、陆荣廷、莫荣新等旧桂系军阀统治广州时期和广州沦陷时期乃至解放战争时期，由于广州政局动荡，统治者无暇落实出版物管理法规，关涉党派政治的评论文章拥有比较大的生存空间，也比小品文更受关注，因而广州小品文在此期间衰落。可以说，民国时期广州小品文的兴衰是广州政局和报禁状况的晴雨表。

第二，广州报业的发展为小品文提供了优越的发表园地。民国广州报纸大都只有三四个版面，却能够用一个版面来刊载小品文，可见报社对小品文的重视程度。不仅如此，广州报纸尤其一些小报还采取措施鼓励、刺激小品文的发表，常见的措施是降低发表门槛。各报纸之间虽然竞争激烈，却并不死守门户，对待外来稿件的态度相当开放。在报刊林立、竞争激烈的广州报业，只有编辑方针宽容而又有个性的刊物才能更好地吸引不同阶层和文化程度的作者、读者。《现象报》编辑声称："本刊并不是专门给自己个人发表的机关杂志，本刊是读者共有的刊物。"④任何读者都可以发表各种意见和见闻。从《公评报》"大罗天"发表的文章来看，语言方面既有古雅的文言，也有夹杂粤语的白话，水平良莠不齐，内容驳杂，可见编辑在编审稿件时并无严格的标准，几乎来稿不拒。这种宽容、开放的编辑方针，对小品文作者的写作是很大的鼓舞，有利于小品文的多样化，吸引更多的读者。

---

① 温恭:《广州文坛近况》,《现代出版界》1933年第16期。
② 参见《西南党务月刊》第25期和29期、《广州市政府市政公报》第459期。
③ 梁群球主编:《广州报业(1827—1990)》,中山大学出版社,1992年,第173—174页。
④ 《编后》,《现象报》1934年12月1日。

第三，小品文因其篇幅短小、内容丰富且贴近生活而受到读者欢迎，各报为争取读者，尽其所能发展小品文。广州报业内部的竞争十分激烈，各报均尽其所能来争取读者。报纸比书籍更适应轻灵快捷的都市节奏和市民喜新厌旧的心理。小品文的生产频率快，符合报纸刊印快的特点，成为报纸的轻骑兵，具有"轻""便""专"的特点。这种轻便灵活是处在紧张的现代生活中的人们所需要的。小品文因其篇幅短小、内容丰富且贴近生活、文笔轻松随性而受到读者欢迎。各报遂在副刊开辟一些小品文特色专栏来吸引读者，如《国华报》"顾曲谈"、《现象报》"新花絮"等。《广州民国日报》虽是严肃的大报，但也办了许多小品文副刊来增加可读性。许多报纸都是靠小品文副刊来吸引读者，当时有"宁可缺了一个要闻编辑，但不能少一个副刊编辑"①之说。据统计，30年代前中期几乎所有广州报纸都定期刊登小品文，甚至出现了近10种专登小品文的小报。

第四，报界和市民对小品文的功能、作用有了进一步的认识，小品文既能发挥舆论监督的功能，同时还保持谐趣。民国期间，尽管政治风云变幻，广州曾长期操控于军阀之手，但是报社和市民的民主意识不断增强。广州报纸虽然受到种种打击，但是小品文指陈时事、监督政府、反映民意的舆论监督功能非但没有削弱，反而加强。《现象报》曾大力抨击滇桂军阀盘踞广州、鱼肉人民、违抗孙中山命令的恶行，受到市民欢迎。《公评报》"大罗天"虽以风花雪月为主，有时也刊登抨击时事和权贵之文。如《蒋介石舞刀习字》嘲讽蒋介石作为一介武夫，附庸风雅练习书法②；《皇帝向县长投降》指出地方政府坐大、中央权力式微的现象。③需要注意的是，广州小品文既具有鲁迅等提倡的"匕首""投枪"式小品文的正视现实、直面生活的特点，又能像林语堂等人提倡的幽默小品那样，在幽默诙谐中暗寓讥刺。例如：黑豹的小品文，既勇于揭发社会黑幕，又"自有诙诡动人之爱"；《公评报》"大罗天"很可能是最长寿的小品文专栏，"其文雅俗共赏，自成一格"④。广州小品文的"自成一格"，应当引起人们的注意和思

① 广州市地方志编纂委员会编：《广州市志》卷一六，广州出版社，1999年，第892页。
② 一言：《蒋介石舞刀习字》，《公评报》1929年2月25日。
③ 飘飘：《皇帝向县长投降》，《公评报》1929年2月25日。
④ 神州布衣：《广州小品文略史》，《千严表》1931年1月。

考。在20世纪30年代，林语堂式的"幽默闲适"小品文受到鲁迅等人的批评，茅盾也提出"创造新的小品文，使得小品文摆脱名士气味，成为新时代的工具"[①]。平心而论，"匕首""投枪"式小品文自然是当时民族矛盾和阶级矛盾空前尖锐、民族存亡受到严重威胁的时代所需要的，但"幽默闲适"小品文的流行并非偶然，同样也是社会所需要的。调和二者，这在当时乃至现在仍被视为一种奢望。广州小品文"自成一格"，以事实证明，兼顾审美性和社会性的小品文是可能的。

三 1938—1949年广州小品文由盛转衰

（一）1938年10月—1945年8月广州沦陷期间，广州小品文发展严重受阻

从1938年10月广州沦陷到1945年8月广州光复，广州被日军侵占长达7年。广州沦陷期间，日寇无恶不作，广州报业陷入停顿，广州小品文发展严重受阻。

1938年日军轰炸广州，21家报馆遭到破坏。10月广州沦陷，各家报馆纷纷停业，只有少数几家迁往后方。1938—1945年广州沦陷期间，广州报纸可分为日本侵略军军部机关报、汪伪政权机关报、名为"商办"的报纸和中共领导的报纸。前两种报纸如《南支日报》《民声报》直接为日本侵略军服务；名为"商办"的报纸，有的暗地里与日伪勾结如《南粤报》，有的自称与政治无涉、专登低级趣味的文章如《公正报》；中共领导的报纸如《救亡日报》《救亡呼声》等，以对华南宣传发动群众抗战为宗旨，极少刊登小品文。事实上，在战火纷飞的年代，倾向于闲情逸趣的小品文只能满足极少数读者的需求，因而难成气候。

（二）抗战胜利后到中华人民共和国成立前夕，广州小品文名存实亡

抗战胜利后，饥荒严重，物价飞涨，广州小品文衰落，至中华人民共和国成立前夕已处于名存实亡的状态。

---

① 茅盾(署名蒽):《关于小品文》,《文学》1934年7月1日。

"抗战胜利后至解放前这一段时期（1945—1949）的广州新闻报刊，数量非常多，内容非常杂，互相间的矛盾斗争也很尖锐、激烈。"①国民党政府、军警、军统人员以"接收"日伪报业资产为名，将抗战期间的广州报纸迅速私有化或半私有化。多数报纸有着国民党派系的政治背景，因为介入国民党内部派系斗争、"各为其主"，以致竞争更激烈。为争夺读者，不惜刊登黄色的社会新闻及神怪、武侠等副刊文章，大量散布封建迷信及淫秽盗劫信息。尤其是，"在这期间，陆续出现以揭发内幕或互相攻击、充满低级情调的方形刊物，它介于报纸与杂志之间，被称为'小报'"②。除"以揭发内幕或互相攻击、充满低级情调的小报"，一些大报刊载的小品文甚至也形成品格低下的特点，如《国华报》黄色新闻比较多，《现象报》常登封建神怪等迷信类文章，《越华报》关注四乡奇谈怪论。早先那种抨击社会腐败丑恶现象、关注民情的小品文几乎一去不返，广州小品文发展奄奄一息，名存实亡。

四　广州小品文兴衰的历史启示

中国现代小品文从传统文学和新文学的"载道"模式中脱离开来，对日常生活敞开大门，叙说琐细的日常生活，展现作家自我，在一定程度上弥补了功利主义文学所导致的偏枯，促进了现代文学全面和谐发展。"然而，如何超越日常生活，做到言近旨远、因小见大，从而成为文学性的散文话语，这是摆在现代小品文家面前的基本任务。"③广州小品文题材广泛，形式和手法多种多样，提供了这方面的典型范例。其兴起于第一次国共合作期间，繁荣于政局比较稳定、经济发展较快的陈济棠主政时期，是满足广州市民文化消费需要的产物。当成为广州报业争取读者、市民畅所欲言的理想文体后，广州小品文便被赋予特殊意义，不论从形式还是内容上，都成为闪耀着"公共领域"色彩的象征。虽然广州沦陷后广州小品文迅速衰落，成为历史的陈迹，但它打开了一扇考察中国现代散文与市民文化关系的窗户，对于丰富广

---

①　陆羽：《抗战胜利后到解放前的广州报业》，中国人民政治协商会议广东省委员会文史资料研究委员会编：《广东文史资料》第18辑，广东人民出版社，1965年，第48页。

②　梁群球主编：《广州报业（1827—1990）》，中山大学出版社，1992年，第148页。

③　黄开发：《现代小品文的日常生活书写》，《东岳论丛》2017年第1期，第138页。

州文化史乃至中国现代散文史、深化其研究，都有着重要的意义。民国时期广州小品文兴衰的经验和教训，给我们留下极为深刻的启示。

（一）中国现代文学史上的"小品文热"，是言论自由受到严厉压制背景下出现的畸形繁荣

"小品文热"是中国现代文学史上蔚为大观的景象，学界相关研究成果汗牛充栋。然而，基于上文，我们有必要指出两点：

第一，小品文在30年代的上海非常发达，甚至1934年被称作上海的"小品文年"，但是应该看到，周作人、废名、沈从文等京派小品文不但数量不菲，产生的全国性影响也不可忽视，而广州小品文同样在30年代风行一时。因此，"小品文热"并非上海独有，而是20世纪30年代中国都市文化发展中的普遍现象。

第二，"小品文热"有诸多生成因素，如论者所指出："小品文能借助杂志等传媒，以轻快的形式应和现代生活的快速节律，以丰富的信息满足现代市民的知识渴望，以闲适的格调契合都市大众的消闲需要，以较低的消费水平适应一般读者的经济状况。"① 但在笔者看来，生成"小品文热"的语境不容忽视。20世纪30年代，国民政府的文化镇压愈演愈烈，1931年2月7日柔石、胡也频、殷夫、李伟森、冯铿五位左翼革命作家被杀害；1933年6月，中国民权保障同盟总干事杨杏佛被杀。政府部门的出版物检查更是严格，大批书刊被查禁。仅1934年，就查禁书籍149种、刊物76种。鲁迅、郭沫若、茅盾等28位作家的作品都在查禁之内。广州的报禁，如前文所述，也十分严格。在言论自由受到严厉压制的背景下，寓居上海的林语堂、广州的厉厂樵都消退了政治参与热情，致力于提倡小品文，前者创办《论语》《人间世》《宇宙风》，后者主编《广州民国日报》"黄花""东西南北"。他们之所以看中小品文这种文体，"盖诚所谓'宇宙之大，苍蝇之微'，无一不可入我范围矣。此种小品文，可以说理，可以抒情，可以描绘人物，可以评论时事，凡方寸中一种心境，一点佳意，一股牢骚，一

---

① 满建、杨剑龙：《论都市文化语境与"小品文年"的生成》，《都市文化研究》2014年第1期，第29页。

把幽情，皆可听其由笔端流露出来。"①除了"抒情""描绘人物"之类的闲适小品文，在论语派小品文和广州小品文中，还有不少"说理""评论时事"的作品，但它们只是对社会世相作了描绘与针砭，并不触及敏感的政治神经。因为与政党政治保持距离甚至不涉及，就比较容易通过当局的出版物检查，再加上契合都市民众对现代资讯的渴望，因此在报界经营和市民追捧下，小品文"一枝独秀"，小品文创作兴盛发达。然而，"小品文热"毕竟是言论自由受到严厉压制背景下出现的畸形繁荣，一旦政局变动、言论自由相对宽松，繁荣局面就会消失。

（二）广州小品文作者"不为稻粱谋"使其能够保持亲切、轻松、灵活的风格，满足市民阶层的趣味与需要

与"1930年代初中期小品文期刊的繁荣以及林语堂所鼓动起幽默闲适小品文的热潮，是30年代上海文化工业起步和兴盛的结果"②不同，广州小品文的兴盛，与文化工业乃至稿酬没有多大关系。广州小品文作者主要来自广州市各社会阶层，他们写作和发表小品文"不为稻粱谋"。事实上，直到20世纪30年代，在广州，"希望要靠稿子讨食的，是万万分的不可能"。因为"广州完全没有稿费的定期刊物，而且得到稿费的报纸副刊也是寥寥无几"。比如《现象报》副刊、《越华报》副刊的稿费，"往往每千字只得毫洋二三角钱"。稿酬稍高的《东西南北》文艺副刊"旧日黄花"，"三千多字也只发给一元多则两元间的稿费"③。当时有人专门写了篇《广州卖稿苦》的文章，指出广州卖稿苦处有四：一是稿费低廉，"零碎的小品散文，五六角一篇，甚至二角一篇也有。（以上俱小洋计）"；二是领取稿费很难，"有少数是一月或半月发一次；四五月始发一次的也有，发也只是发半月。"三是报馆发的稿费是银纸或低毫，"你拿去买东西，十家有九家摇头不要的"；四是报馆往往以内部改组为借口，拒不支付稿费。④当

① 林语堂：《随感录：论小品文笔调（一夕话之二）》，《人间世》1934年第6期，第11页。
② 吕若涵：《20世纪30年代"小品文热"的文化学透视》，《广西师范大学学报（哲学社科版）》2006年第2期，第51页。
③ 李三郎：《文人在广州》，《十日谈》1934年5月10日。
④ 复生：《广州卖稿苦》，《十日谈》1934年10月10日。

然，万事有利有弊，小品文作者"不为稻粱谋"，反倒使他们的写作保持独立思考，不受外界制约和影响。写作畅所欲言、发表相对不受钳制，这是小品文能够保持亲切、轻松、灵活的风格的重要原因。作者"不为稻粱谋"也使小品文的政治色彩、思想倾向淡化，只剩下显明的文化品位，满足市民阶层的趣味与需要。如果注意到这些小品文的作者主要是广州市民，那么就可以发现，各报的小品文栏目实质上为广州市民营造了一个参与讨论、交流意见的"公共领域"。显然，这个"公共领域"是近代以来市民阶层参与公共事务的意识迅速崛起所需要的。

（三）因迎合大众而沦为低级趣味，是广州小品文乃至中国现代小品文失去自我以致衰落的重要原因

梁遇春说："小品文的妙处也全在于我们能够从一个具有美妙的性格的作者眼睛里去看一看人生。"[1]如果小品文作者不"具有美妙的性格"，而是社会人生经验不足，腹笥寒窘，艺术功力不逮，则很可能产生某种不良习气。比如，思想和艺术水平不高甚至具有低级趣味倾向，是现代小品文常被诟病之处，也是致使其衰落的重要原因，广州小品文写作亦如此。虽说广州小品文作者"不为稻粱谋"，创作时可以保持独立思考，但并不意味着他们会弃大众于不顾。至少有两个方面的原因使小品文作者必须迎合大众，一是小品文作者本身就是大众当中的一员，因而其文章难免不体现大众趣味；二是小品文这种文体原本就是为了疏远精英文学、为大众"消闲遣兴"而生。尽管有的报纸小品文有时也会抨击时政、揭露社会黑暗，毕竟此类文章数量十分有限。大量充斥版面上的，还是奇闻异事、神鬼魔怪、博人哂笑一类的文章。这就导致广州小品文由迎合大众而至低级趣味。此种倾向在30年代前期已出现。当时有人批评说，广州小品文"有时超出了幽默的范围，大家胡闹一顿，马马虎虎地就算了幽默，这未免太笑话了"[2]！《东西南北》编者厉厂樵也说："目前所流行的幽默文章，多半流于浮荡，无谓的滑稽，仿佛是一种打扰闹笑

---

① 梁遇春：《小品文选序》，吴福辉编：《梁遇春散文全编》，浙江文艺出版社，1992年，第435页。

② 敏梅：《谈广州报章的小品文》，《十日谈》1934年6月30日。

的小丑，鼻子上涂着白粉，格眉凑眼以为好笑，其实令人讨厌。"[①]以至有人警告说："广州的报章的小品文沦于无聊的境地，要是不想点法子改良一下，将来许会越弄越糟哩！"[②]此后广州小品文的发展，不幸被他言中。例如，《现象报》的"新花絮"从1934年开始逐渐减少针砭时弊的文章，增多了明星逸闻、各地奇谈，1935年初甚至开辟"性的讲座"专栏，介绍性交方法、生殖原理、变态性欲。1935年第6期刊登了《性库：变态性欲的原因》《色欲奸淫之原理问答》诸篇，还附有女性乳房照片。此类色情文章直到1937年仍有出现，如第20期的《上海的色情地狱》、第21期的《巴黎色情窟（附照片）》。

为争夺读者，各报以小品文栏目为阵地，与竞争对手笔战。例如：《妙哉》与《晶报》之战，羽公与任护花之战，好闻与羽公之战……文坛论战，原本平常，遗憾的是广州小品文界的笔战，往往偏离议题，用粗话大肆进行人身攻击，以致低俗。试举一例，黑旋风与广州记者联合会成员曾经应英人邀请赴香港旅游，事后黑旋风写成游记，发表在《新国华报》的"新国华之花"。《晶报》立即发表文章，指责赴港旅游的广州记者联合会成员媚外。黑旋风撰文怒斥其谬。而《晶报》指责更严厉，牵涉的人更多，并且用粗话骂人。黑旋风大怒，遂有攻击《晶报》主编之语（"结果张清泉"）。广州记者联合会把《晶报》告上法庭。一时间市民争相阅读《晶报》，《晶报》发行量大增。《晶报》本为专刊小品文的小报，读者有限，像这样通过笔战而吸引读者，实为小报一贯的策略。然而笔战文章之低俗可见一斑，与鲁迅倡导的"匕首""投枪"式小品文不可同日而语。

当然，广州小品文的低级趣味化，难说都是作者所为，其实很大程度上应该归咎于报纸编辑。除《公评报》《越华报》等几家大报的编辑素质较高之外，小报编辑的群体规模小、文化素质低。有些专门发表小品文的小报，如《针报》《晶报》《小罗天》《红玫瑰》《指南针》《白牡丹》《啸声》《华花》《小蔷薇》《小南强》《白金》《福尔摩斯》《大关》《伶星》等，所刊文章只有一部分是外稿，其余由编辑自撰或把其他的报刊

---

① 敏梅：《谈广州报章的小品文》，《十日谈》1934年6月30日。
② 敏梅：《谈广州报章的小品文》，《十日谈》1934年6月30日。

文章拼接剪贴而成。为吸引读者，编者不惜刊登宣扬色情、金钱崇拜等低级趣味的文章。"有的报馆挂羊头卖狗肉，只要能赚钱什么事都干，《南方报》以办报为名，在报馆内办起鸦片烟馆，该报每天只印两份报纸，一份交给警察厅备案，一份贴在报馆门口。"①像这样为烟民服务而徒有虚名的"报馆"，在中华人民共和国成立前夕的广州有20多家。广州小品文在迎合大众而转向低级趣味的过程中，逐渐迷失自我，也失去了广大市民的信任，难免由盛转衰。

五 结语

1923年兴起的广州小品文，到1938年10月因广州沦陷而由盛转衰。广州小品文经历了兴起、中衰、恢复、繁荣和衰落的过程。在这个过程中，涌现了一批颇为优秀的小品文报纸专栏，其中历史较长、影响较大的，当为《广州民国日报》"小广州"、《公评报》"大罗天"、《新国华报》的"新国华之花"等。

与"论语派"等代表性的现代小品文以审美的态度观照人生，往往对社会现实抱有疏远或逃避的态度不同，广州小品文积极参与日常生活，却普遍缺乏审美的观照，亦即立足于日常生活却没有超越日常生活，因此难以提升思想和艺术水平，罕见小品文典范之作。当广州小品文以其与生俱来的短小、亲切、轻松、灵活等特征，成功制造出满足市民需求的文化盛宴后，读者群体的反应是不遗余力地参与到小品文的创作和阅读中来。看重商业性和营利性的广州报界从小品文受欢迎的热度，发现了市民越来越强的阅读需要。于是广州各报瞄准商机，调整办刊策略，迎合读者，其中包括降低发表门槛，使得许多读者有机会成为作者。如此读者、编者和作者三方配合，使小品文成为广州流行文化的一部分。然而一旦成为流行的时尚文体，小品文就会消蚀本身的个性。由于缺乏个性，剩下的就只有变本加厉地迎合大众，沦为低级趣味。概而言之，迎合大众既是广州小品文兴盛的重要原因，也带来极大危害，最终成为自身的"掘墓人"。这或许

---

① 乐正：《民国时期广州大众传播业的发展（1912—1938）》，《学术研究》1995年第6期，第87页。

是都市文化背景下现代小品文的宿命。

作者通信地址：广东省广州市大学城外环西路230号广州大学人文学院，邮编：510006

责任编辑：刘平清

史料发掘

广州出土唐吴兴姚氏墓志铭考

陈鸿钧*

广州博物馆，广东广州，510030

摘　要：作者对20世纪50年代在广州出土的一方唐吴兴姚氏墓志铭作出考证，以见晚唐岭南官员家属墓葬及北方士族南迁岭南情况之一斑。

关键词：吴兴姚氏；墓志铭；唐代

1954年，在广州市建设大马路北段，现白云宾馆之南发现一座唐墓，墓室为长方形券顶砖室墓，棺具、骸骨已朽，有白瓷碗、粉盒、四耳釉陶罐等少量遗物①。（见图1）另有砖质墓志一方（含志盖），高35.5、宽36厘米，志文刻写楷书，字有缺泐，大致可读，文曰：

大唐故吴兴姚氏墓志铭

（志盖）吴兴姚氏墓

（志石）大唐故吴兴姚氏墓志铭并序

叔父代作文

父朝议郎广州都督府长史上柱国禔一撰。

姚氏名潭，字启真，第廿四，幼而令淑，素习女仪，恭顺父母，雍睦兄弟，抚爱□稚，和□亲族，同里之人无不敬仰□□□□□□媲偶盖良人，难称其疋矣。高祖□□纳□言；曾祖

---

* 陈鸿钧（1968—　），本名陈红军，男，回族，陕西汉中人。现为广州博物馆研究馆员。

① 参见《唐·五代墓葬》，《广州市文物志》编委会编：《广州市文物志》，岭南美术出版社，1990年，第123—125页。

昌沛，皇司农丞；祖□，皇□州司马。父禔一见广州长史，即吾之长女也。以大中十一年十二月廿七日遘疾，终于私第，享年廿有五。以十二年二月十三日丙子窆于甘溪之南原□□□礼也。夫志者纪其姓氏之词，何为吾乃□□其铭曰：

其生若浮，其死若休。窈窕令质，遽归岗丘。
佳城蓊郁，丹苑愁杨。□没泉壤，我心悲伤。

墓主姚潭，为唐广州都督府长史姚禔一的长女，卒于大中十一年（857）十二月二十七日，年25岁，于大中十二年（858）二月十三日窆于甘溪之南原。

唐代都督府一般置设于缘边镇守及地势险要之地，以统军戎，都督为地方军政长官，总一州事务。"纠察所管州刺史以下官人善恶"，"掌督诸州兵马、甲械、城隍、镇戍、粮廪，总判府事"。都督加使持节者，权力更大。都督府佐僚有长史、司马、录事参军事、录事和功、仓、户、兵、法、士六曹参军事，还有典狱、市令、仓督，以及经学、医学博士等①。

唐初规定统辖十州以上为大都督府，不满十州只称督府。太宗贞观（627—649）中分上（大）、中、下都督府，皆置都督一职，大都督府从二品，中都督府正三品，下都督府从三品。玄宗开元（713—741）时进一步规定户满二万以上为中都督府，不满二万为下都督府。都督府的职官大致与州府相同，其中除大都督府以亲王遥领，长史主其事外，一般都督均兼任所治州刺史。开元以后，尤其是安史之乱之后，从边疆到内地相继兴起了节度、观察、团练、防御等使，特别是节度使渐成地方军政长官。都督府虽从未明令废除，但实际上已不复存在，都督遂成虚设。唯并、盖、荆、扬、潞五州犹存，为赠官。

广州为大都督府，治番禺。武德四年（621），刘泊降唐，朝廷即分端州之端溪置南康州都督府，督端、康、封、宋、泷等州。平岭南后，沿袭隋制，在边境及襟带之地置总管府，以统军事，于岭南东部置广、高和南康州三个总管府。五年（622），再置循州总管府。七年（624），改总管府为都督府。九年（626），废南康州都督府，以所管11州隶广府，广州升为大都督府。开元元年（713），规定全国满2万户以上的都督府为中都督府，

① 方志钦、蒋祖缘主编：《广东通史·古代 上》，广东高等教育出版社，1996年，第435页。

不满2万户者为下都督府。广府仍为中都督府。高宗永徽以后，在边疆地区设置节度使，以都督充任，规定"除都督带使持节，即是节度使，不带节者，不是节度使"。以广州、桂州、容州、邕州、交州五都督府统管岭南各州及其他都督府，名岭南五管。五管又统摄于五府节度使，由广府都督兼任，故广府在岭南具有很高的地位。正如韩愈所云："岭之南其州七十，其二十二隶岭南节度府，其余四十州分四府，府各置帅，然独岭南节度为大府"，四府之对大府，"虔若小侯之事大国，有大事，咨而后行"①。

朝议郎，隋文帝开皇六年（586）吏部别置散官八郎之一，隋炀帝大业三年（607）罢。唐代又置为正六品文散官。

上柱国，官名，战国楚国置，位极尊，仅次于令尹，掌军政，主征战。南北朝后成为武官之勋官，有功则授官号，无实职。唐高祖武德七年（624）置十二转勋官，上柱国为第十二等，比正二品。见《唐六典》卷二：

> 吏部尚书……凡叙阶之法，有以封爵，有以亲戚，有以勋庸。……凡勋有十二等：……十二转为上柱国，比正二品。柱国，楚官也……隋高祖受命，又采后周之制，置上柱国为从一品，柱国为正二品……以酬勤劳。皇朝改以勋转多少为差，以酬勋秩。②

转，迁调官职之谓。唐以勋功而迁调者，一转为武骑尉，比从七品，至十二转方为上柱国。

长史，战国秦置，掌顾问参谋，后世多袭置，品秩不等。隋、唐长史有三类：诸都护府、诸都督府、诸州长史；中央南衙诸卫、北衙诸军、诸折冲府（隋为鹰扬府）、东宫诸率府长史；诸王府长史。员额、品秩各有不同，皆为幕僚之长，故有元僚之称。除大都督府如扬州、益州长史秩从三品，中叶以后例兼本镇节度使外，其余长史并无实际职任，时或废罢，多以位置闲散及贬谪官员。

按唐志，五大都督府长史品级为从三品，秩与御史大夫、上州刺史

---

① 方志钦、蒋祖缘主编：《广东通史·古代 上》，广东高等教育出版社，1996年，第435—436页。
② （唐）李林甫等撰，陈仲夫点校：《唐六典》卷二，中华书局，1992年。

同，甚至可充任当地都督或刺史诸职，权力、待遇不低。然时值晚唐，都督多被地方节度诸使取代或架空，有名无实，遂成闲散赠官，广州都督也不例外。从两《唐书》等籍所载自代宗大历七年（772）以后鲜有"广州都督"之名中可见一斑①。

唐代盛行厚葬，而从该墓规制较小且只有简单的随葬品看来，姚禔一即便身为广州都督府长史，生活也不富裕甚或困窘。

吴兴（今浙江湖州）是姚氏望郡。姚氏自西汉末迁徙江南，南北朝时逐渐壮大，至唐代达于鼎盛，衣冠簪缨，宦迹四海，子嗣亦分布四方。该墓主姚氏一族当应出自吴兴，谋生游宦而迁至岭南。

唐代安史之乱、藩镇割据和黄巢起义（或称唐末战乱）是导致北人南迁的三个主要事件，岭南地区亦为北人南迁地之一。但总的说来，在安史之乱和藩镇割据这两个阶段，迁入岭南的北方移民人数很少，在当地的影响极其有限。到了唐末，具有一定规模的移民潮才冲击到岭南②。当时岭南的韶州、广州、桂州和连州是北方移民最多的州，而广州是唐末五代北方上层移民最集中的地方。墓主生值晚唐时期，其父官袭广州都督府长史，推测乃随父宦游岭南而迁居广州，乃中晚唐以来北方士人入粤之又一实例③。

---

① 据阮元《广东通志·前事略》"广州都督"之载有如下数条：

贞观十四年（640）三月，罗、窦二州獠反，广州总管党仁弘败之。（《新唐书·太宗纪》）

嗣圣元年（684）七月，广州昆仑杀其都督路元睿。（《新唐书·武后纪》）

垂拱元年（685）九月，广州都督王果讨反獠，平之。（《通鉴》）

神龙二年（706）初，上命广州都督周仁轨将兵二万讨蛮酋宁承基。（《通鉴》）

开元十五年（727）五月，以王琚为广州都督五府节度大使。（《旧唐书·玄宗纪》）

乾元元年（758）九月，以濮州刺史张方颎为广州都督五府节度使。（《旧唐书·肃宗纪》）

大历七年（772）十月，以太府卿吕崇贲为广州都督，充岭南节度使。（《新唐书·代宗纪》）

② 葛剑雄主编：《中国移民史》第3卷，福建人民出版社，1997年。

③ 据《太平御览》载，贞元间南海从事崔子向及其子崔炜便因宦而定居岭南；据《[光绪]广州府志》载，在广州小北门外唐墓出土一方墓志曰《富春郡孙夫人墓碣》，墓主孙氏，卒年咸通元年（860），生前随丈夫王氏赴潮州程乡县ói任，遘疾而葬于广州南海县四望亭后岗；1954年广州越秀山镇海楼后唐墓出土一方《唐故清海军节度掌书记太原王府君墓志铭》，墓主王涣，卒年天复元年（901），本太原人，曾参与王铎义成（今河南省滑县）节度幕府。后入岭南投清海军节度使徐彦若，殁后葬广州朝台之侧；1998年广州太和岗唐墓出土一方《太原王府君志铭》，墓主王复元，卒年开成五年（840），本太原祁县人，早年读书科仕，十年无成，不得已南下岭南，谋得同节度副使一职，位卑薪薄，家境未能脱贫，殁后也不能归葬故里，遂葬于南海县归德乡。

志文载墓主姚潭"窆于甘溪之南原",墓位于今建设大马路北段,可知甘溪流经此地。甘溪又名蒲涧水、文溪、越溪和䔾䔾水,是古时流经广州的一条重要水道。自汉代即有"甘溪"之名,1956年广州孖鱼岗汉墓出土有"永元九年甘溪造万岁富昌"铭文砖,1999年广州横枝岗汉墓出土有"甘溪灶九年造"铭文砖,是知"甘溪"一名至迟在东汉时已有。据考,甘溪发源于今白云山蒲涧,流出白云山后改称文溪或越溪,流经汉番禺城而注入珠江。

另宋方信孺《南海百咏》谓:"甘溪,在郡东五里北山脚下,东汉太守陆胤所凿,引泉以济民,亦呼'甘泉'……伪刘时,复凿山为甘泉苑,中有浮杯池、濯足渠、避暑亭之类。"此甘溪南下,过上、下塘后改称"文溪",近人曾昭璇谓"文溪到北山(越秀山)脚下即分支南下,一支西南入西湖,一支南下仍称'文溪'"。入西湖之水即入南汉所凿之"甘泉苑",今尚存西湖路名;一支过仓边路、长塘街汇入玉带濠[①]。到明成化三年(1467),更在今小北花圈外将甘溪水向东北斜引入"东溪",即今越秀路北侧之"东濠涌",涌南注入珠江。另据中山大学冼玉清教授考查清康熙四十八年(1709)禹之鼎所绘广州府志地图还标有"甘溪"这一水道[②],可见甘溪这一名称和水道历汉唐一直沿用至清代不改,是目前广州出现最早、沿用时间最长的水名。

湖南省博物馆藏有一份广州南汉墓出土的买地券石刻拓本,志文称墓地位于荷子岗,"东至三元里,西至彩凤岭,南至大鹅岭,北近甘溪",度之于今,地当位广州市区之西北,今三元里之西,甘溪处岗之北,且为东西流向。然按诸籍所载之甘溪,均处今三元里之东南,与该券文"北至甘溪"不合。又清阮元《广东通志·前事略》引《新唐书·路嗣恭传》及《文苑英华》谓大历十年(775),广州刺史充岭南节度使路嗣恭讨伐叛将哥舒晃,"斩晃于甘溪上"[③]。此有关甘溪之又一史料。

---

① (清)吴兰修、(清)梁廷枏辑,陈鸿钧、黄兆辉补征:《南汉金石志补征 南汉丛录补征》,广东人民出版社,2010年,第133页。

② 南越王宫博物馆《南越宫苑遗址考古发掘报告》第五章《汉唐以来的甘溪》,引冼玉清《广州最早的砖窑——甘溪灶》,刊《羊城晚报》1961年6月9日。文物出版社,2005年。

③ (清)阮元监修,李默点校:《广东通志·前事略》,广东人民出版社,1981年,第58—59页。

图1 广州唐姚潭墓出土白瓷碗、粉盒

作者通信地址：广东省广州市越秀区越秀公园内广州博物馆（镇海楼），邮编：510030

责任编辑：赵晓涛

《双槐岁钞》对广东文化的正面书写与形象建构[*]

《双槐岁钞》对广东文化的正面书写与形象建构[*]

陈利娟[**]

广东金融学院财经与新媒体学院，广东广州，510521

摘　要:《双槐岁钞》对岭南文化的正面书写和形象建构，主要采用大量正面的本土人物和风俗展示来实现，突出人物籍贯归属，改变以往以"广东名人"为书写着力点的策略，转而以展示"广东好人"来凸显本土文化优势。这种书写策略和观念，离不开编撰者黄瑜对本土文化的自信。明代岭南（尤其是广东）经济、学术、政治上的全面发展，促使黄瑜自觉形成地域文化意识，最终形成了以地域文化优势展示本土面貌的写作策略。

关键词:《双槐岁钞》；广东形象；文化建构；文化自信

　　从公元前214年秦朝设立桂林、南海、象三郡以来，岭南（包括今天的广东、广西、海南以及曾在中原王朝统治下的越南北部红河三角洲一带）长期被视为独立于中原文化、带有蛮夷色彩、文明程度低的地区。官方或民间的各种文献记载[①]，除了加剧中原人士对岭南地理物候产生极端恶劣、可怕的印象外，更引发了中原人士对岭南的地域歧视。"蛮夷"这一

---

* 本文为2018年度《广州大典》与广州历史文化研究资助专项"《广州大典》子部小说中的岭南形象与文化研究"（2018GZY18）阶段性成果。

** 陈利娟（1978— ），女，河南民权人。广东金融学院财经与新媒体学院副教授，文学博士。

① 西汉初年贾谊被贬谪到长沙，发出"长沙卑湿，谊自伤悼，以为寿不得长，乃为赋以自广也"的悲叹，见《史记》，中华书局，1959年，第2496页；《晋书·吴隐之传》称："广州包带山海，珍异所出，一箧之宝，可资数世，然多瘴疫，人情惮焉。"见《晋书》，中华书局，1974年，第464页；北宋初年范旻说："岭外十州，风土甚恶，县镇津口，税赋失额。"见（清）徐松辑:《宋会要辑稿》第4册，中华书局，1997年，第3502页。

概念不仅包含地理位置偏远、风土人情迥异之意，更含有经济落后、物质贫穷、民众野蛮、民智未开的鄙视意味，岭南成了中原文化的"他者"。

与"异化""矮化"岭南有所不同，唐宋以来，一直有一些本土籍或外籍人士对岭南进行正面的书写，在一定程度上纠正了中原人士对岭南的偏颇、刻板印象，如张九龄、余靖、苏轼、杨万里、崔与之、刘克庄、李昂英等。尽管这些人物的文字和事迹对纠正对岭南的偏颇印象起到了一定的积极效果，冲淡了中原人士对岭南的"异物感"和他者感，但因所述内容多为物产资源和个别名人风范[①]，且多记载于文人文集，流传范围仅限于一定的朋友圈中，并不具有推广性和有效性，反而因过多强调物产富足、地貌独特，引发中原人士认为其本土籍人物不够出色的感受。杨万里就在《张余二公合祠记》中云："人物粤产古不多见，见必奇杰也。故张文献公一出，而曲江名天下，至本朝余襄公继之。两公相望，揭日月、引星辰，粤产亦盛矣哉。盖自唐武德放于今，五百有余载，粤产二人而止尔，则亦希矣。"[②]直到明代，岭南才真正走出文化上的封闭、落后状态，被国人所知和认可。明末清初的岭南大家屈大均说："天下之文明，至斯（广东）而极，极故其发之也迟。始然于汉，炽于唐，盛于宋，至有明乃照于四方焉。"[③]岭南文化在明代的高速发展，一方面，与本地经济高速发展以及商业资本运行导致的人心改变有关；另一方面，更与本土籍作家和学者的有效推广有关。这些本土籍人物积极兴办教育，倡导文化自信，输出文化资源，宣扬品德优秀人物，从去"他者"化、显示岭南文明程度等方面，真正推动了岭南形象的正面塑造。其中黄瑜和他花费四十年所写的《双槐岁

---

① 《［嘉靖］潮州府志》明言："潮界八闽……专事巫觋。旧志称其自昌黎刺郡，以诗书礼乐为教，始知文学。"见（明）郭春震编撰：《潮州府志》，载饶宗颐编《潮州志汇编》，龙门书店，1965年，第176页；南宋番禺人李昂英著力宣传故乡的富庶与文化发达："吾粤全盛，巨舶衔尾笼江，望之如蜃楼贔赑，殊蛮穷岛之珍，浪运风督凑于步。豪贾四方，各以其土所宜贸，民以饶侈，使家赋额足以周兵额而美，故用溢而储实。"见《广州新创备安库记》，（南宋）李昂英撰，杨芷华点校：《文溪存稿》卷一，暨南大学出版社，1994年，第20页；"惟广素号富饶，年来浸不逮昔，而文风彪然日以张。"见《重修〈南海志〉序》，（南宋）李昂英撰，杨芷华点校：《文溪存稿》卷三，暨南大学出版社，1994年，第33页。

② （清）秦熙祚修，（清）陈金阊纂：《［康熙］曲江县志》卷三《观止上》，广东省地方史志办公室辑：《广东历代方志集成·韶州府部4》，岭南美术出版社，2009年，第159页。

③ （清）屈大均撰，潘耒序：《广东新语·二》，台北广文书局，1967年，第653页。

钞》发挥了比较大的作用。

一 "他者化"岭南背景下的正面书写

黄瑜（1426—1497）[①]，字廷美，香山（今广东中山市）人。明景泰七年（1456）中乡举，入国子监肄业，继而在户部任职，沉浮京师八年。后定居广州，著《双槐岁钞》《双槐集》《书传旁通》等。

《双槐岁钞》得名于"双槐亭"，是作者在家乡广东所写的一本书。[②]此书凡十卷，十余万言，共二百二十条，按明代皇帝年号先后为序，记载洪武至成化间事。此书写作历时四十年，作者投入心血无数。从其自序，可知黄瑜追求太史公司马迁的史学境界，以究天人之际、通古今之变、参天地之理为其书写宗旨，以史鉴今、以事养德为其写作目标，因此并不赞赏段成式《酉阳杂俎》和陶宗仪《南村辍耕录》等书只顾趣味、缺乏寄托的风格，认为只有有益于政教德化、裨补人心、鉴真历史的内容，才能被收纳、录写于书中。《双槐岁钞》的成书比较符合作者的写作追求，拥有严谨的史学态度，史料辨析非常细致，有着以史服人、以史明德的倾向，体现了黄瑜对时事、世事和人生的深刻认识，并不是其为官不成、以文自娱的产物。南海人黄衷云："予观长乐令黄公《双槐岁钞》，未尝不心注其思，而深慨其遇矣。"[③]

在《双槐岁钞》中，作者一方面书写明代前中期社会历史现象，如明代的官职、科举、赋税制度等，另一方面记载了很多岭南人物与风情。相较前者，作者对岭南风土人情的书写更为用心，几乎每一卷都有。人物篇有：《何左丞赏罚》（卷一）、《朝云集句》（卷一）、《史孝子》（卷三）、《周

---

① 按：据明人谢廷举《明故文林郎知长乐县事双槐黄公行状》记载："以弘治丁巳三月二十二日卒于正寝，距公之生宣德丙午正月初六日，享年七十有三。"见（明）黄瑜撰，魏连科点校：《双槐岁钞》，中华书局，1999年，第12页。这篇行状完笔于黄瑜去世仅仅五天之后，因此就真实度与可靠性而言是考察黄瑜生平的最佳材料。

② 按：本文正文所引《双槐岁钞》均出自上海古籍出版社编：《明代笔记小说大观》（第一册），上海古籍出版社，2005年。

③ （明）黄衷：《双槐岁钞序》，（明）黄瑜撰，王岚校点：《双槐岁钞》，上海古籍出版社编：《明代笔记小说大观》（第一册），上海古籍出版社，2005年，第95页。

宪使》(卷三)、《陈情愿仕》(卷四)、《场屋知人》(卷五)、《蛊吐活鱼》(卷五)、《冤梦入魂》(卷五)、《祷神弭寇》(卷六)、《井妖致殒》(卷六)、《薛尚书论礼乐》(卷六)、《黄寇始末》(卷七)、《名公诗谶》(卷八)、《狱囚冤报》(卷八)、《夜见前身》(卷八)、《咏竹言志》(卷九)、《庄定山》(卷九)、《道具体用》(卷九)、《奖贤文》(卷九)、《何孝子》(卷十)、《丘文庄公言行》(卷十)。记物篇有:《春王正月辩》(卷一)、《邑俊升郡学》(卷二)、《外任改京秩》(卷四)、《易储诏》(卷五)、《寿星塘》(卷七)、《莲峰卿云》(卷七)、《登科梦兆》(卷七)、《彭蠡缆精》(卷七)、《鹊桥仙》(卷八)、《龙洲魁讖》(卷九)、《谪仙亭》(卷十)、《筹边翊治策》(卷十)、《刘王疑冢》(卷十)、《进士教职长史》(卷十)、《保举神童》(卷十)等。共计36篇,占全书文章总量16%左右。相对于以往的岭南书写,《双槐岁钞》呈现以下特点:

一是偏重人物记载,所载岭南人士基本以正面形象为主,数量较以往增多,人物描写更注重品行,从细节方面突出人物的忠孝节义与道德文章,展示其儒家思想教化下的佳行美德和文艺才华。如卷一《何左丞赏罚》,既赞扬东莞籍人士、被御封为"东莞伯"的何真(何左丞)赏罚分明、知人善任,同时彰显自己祖父黄从简(家族入粤第一人)追随何真征战多年所展现出的骁勇善战、审时度势的军事才华,还追忆祖母(香山籍)"服勤习俭"、深明大义、具有远见卓识等高贵品质。《周宪使》(卷三)写身为监察御史的南海人周新办案神明、为官公正的忠义事。《何孝子》(卷十)载博罗(今惠州博罗)孝子何宇新孝顺母亲、感动天地,继而驯服老虎事。《丘文庄公言行》(卷十)写岭南名臣丘(一作邱)濬为官为学为人值得称颂之处:"历官四十载,俸禄所入,惟得指挥张淮一园而已,京师城东私第,始终不易,……。"这些官民的言行举止,全面展现了岭南人物的高迈风标。文采学问方面,岭南人士亦不低劣。《朝云集句》(卷二)记载"岭南才子"孙仲衍,梦与苏轼妾朝云相见,作诗相合,以成传奇,为时人称道。《庄定山》(卷九)写新会籍人士陈献章的心学思想与禅学渊源,《道具体用》(卷九)写其为道隐学三十九年、存一身正气之高尚品质。岭南本土人物的道德学问、为人处世,都体现了中国传统文人士大夫推崇的懿行美德。书中所写具有善行嘉义的岭南人物,涉及各个阶层,行为感人至深,体现了本土人士的高尚道德品质。

二是强调籍贯归属，对岭南，尤其是广东籍贯格外重视，具有明确的地域意识。在记载明朝洪武至成化年间其他地区人和事时，虽也将其籍贯、故里标示出来，如《风林壬课》（卷一）："风林先生朱学士允升升，徽之休宁人。博览群书，皆有旁注。"《刘学士》（卷二）："刘学士三吾者，长沙之茶陵人。洪武甲子，以儒士举保赴京，乙丑除授左春坊赞善。"但在为这些人物作传时，黄瑜并没有突出其籍贯与本土性格之间的关系，即使是一些非常著名的非粤籍人士，也没有考证和确认其籍贯的确切归属，如《三丰遁老》（卷三）："玄玄，名全一，或曰通一，三丰，其号也，世呼为'张邋遢'。或谓宝鸡人，或谓辽东人。"对这些非粤籍人士，黄瑜只记载其事迹，人物形象缺少生气与温度。但在记述岭南人，尤其是广东人时，则体现了黄瑜鲜明的本土意识，不仅记载了这些人的美好事迹与耿介清明的性格，更强调这些人的优秀品格与广东地域之间的紧密联系，突出故土乡里的精神资源和文明涵养对这些人的影响。如《周宪使》（卷三）："吾广南郭外有高第里，周宪使新家焉，初名志新。己卯乡举，入太学，筮仕大理评事，改御史，受知于文皇帝，尝呼为周新，因以志新为字。弹劾不避权要，人呼为冷面寒铁。……永乐九年，湖州府无征粮米十七万二千四百余石，所司一概催征，民日逃亡。奏乞遣官覆验，上即命户部核实蠲免。时锦衣卫指挥纪纲使千户往浙缉事，犯赃，新捕治之。千户脱走，诉于纲，纲奏新专擅。时方进须矩至涿州，上命官校逮新。既至，抗声陈其罪，且曰：'按察司行事，与在内都察院同，陛下所诏也。臣奉诏擒奸恶耳。'上怒，命僇之。临刑，大呼曰：'生为直臣，死当作直鬼。'上寻悟其冤，顾侍臣曰：'新，何许人？'对曰：'广东。'叹曰：'广东有此好人。'称枉者再。"其笔下的广东人成为鲜活、热烈的人，孕育其成长的广东则成为明成祖一再称赞的福泽善地，是能够培养优秀人才的摇篮。

二　从"广东名人"到"广东好人"：岭南形象正面建构的有效策略

一般来说，一个国家或一个区域要想真正被他国或他人认识、认可，一定要在文化，甚至在文明上被肯定、赞赏、接纳，而最能体现其文明程度的则是生活在其中的人。辜鸿铭说，要估价一个文明，根本的问题并不在于

"它是否能够修建巨大的城市、宏伟壮丽的建筑和宽广平坦的马路",也不在于"它是否制造了和能够制造出漂亮舒适的家具、精制实用的工具、器具和仪器,甚至不在于学院的建立、艺术的创造和科学的发明",而在于它能够产生什么样的人,什么样的男人和女人。"一种文明所生产的男人和女人——人的类型,正好显示出该文明的本质和个性,也即显示出该文明的灵魂。"①人是国家、地区整体素质最直观显现的综合体,更能集中具体展现当地的教育水平和文明程度。

相对于以往的岭南文化传播者来说,黄瑜深知人在文明程度体现上的重要地位。他一改以往写作者博物猎奇、搜求名人的书写方式,从家人、乡亲、粤籍或在粤为官者身上,突出其道德上的仁义操守,书写其帮助他人、完善自我的种种事迹,凸显岭南文化的文明高度。《双槐岁钞》中涉及岭南懿行美德的人物有21篇,即使是描述当地风物的15篇,重点也在突出人的善行美德能够使风俗为之改变、乡里为之流传。

最能突出其人物书写意图的莫过于《周宪使》一文,黄瑜用了近千字来描摹、刻画、赞扬周新,着重借用明成祖朱棣之口强调"广东有此好人",这句非常有影响力的话有力地肯定了广东的正面形象。在皇帝的肯定下,群臣也认识到了周新的高洁品质,"杨都宪信民巡抚时,其夫人犹在,贫居如洗,每赒以俸给,语人曰:'周志新,当代第一人,吾党所不及也。'"②周新为人为官的清介耿直、忠贞公义,深深地征服了外乡他邦的官员,改变了他们对偏处岭南、远离中原的广东人的认识。

卷九《奖贤文》写:"吾广方伯陈克庵士贤选尝作《奖贤文》曰:"……番禺令高瑶独毅然不与为之屈,民有遭其荼毒者,力捍御之,若卫赤子,谓非保民以固邦本之忠臣不可也。且闻其母贤,恒励瑶以忠孝大节。……噫!斯举也,岂为高氏母子哉?为国家也,为岭表之民也,为食禄者劝也。"③明确提出本土籍人士高瑶乃民众真心认可的"好官"。

---

① 辜鸿铭著,黄兴涛编:《辜鸿铭文集》(下卷),海南出版社,1996年,第5页。
② (明)黄瑜撰,王岚校点:《双槐岁钞》,上海古籍出版社编:《明代笔记小说大观》(第一册),上海古籍出版社,2005年,第146页。
③ (明)黄瑜撰,王岚校点:《双槐岁钞》,上海古籍出版社编:《明代笔记小说大观》(第一册),上海古籍出版社,2005年,第259页。

卷二《史孝子》记在广州为官的史五常万里寻亲事迹。作者借当时左布政使锦川梅应奎之口赞扬史五常，称广州瘴疠之气与盗贼之暴都不能伤害史孝子，美好的品质能够克服一切。这种评价逻辑实际隐含德行高于一切的期许，像史孝子一样健康活着的当地人很多，他们也都有着史孝子一样的美好品质，彰显了当地人的文化优势。（即便是表征天地宰祥类的内容，作者也表达了人的主动和善行能改变其命运的观点。）在这一类条目下，作者书写了两则本土人士的事迹。一是卷六《井妖致殒》："香山教谕平南张公辉以广右解首，自负文学，为人甚温雅疏俊，士子敬之。景泰元年，来主师席，忽见廨舍井中，有人衣红出而招之。辉素有胆气，呵骂之，走上莲峰而灭。次日，会饮县堂，与丞争坐位，交相拳殴，归，投井死。县官收敛辉毕，遂填其井。其子孙至今贵显。岂辉有学行、夭于非命，天故报之独厚欤？"[1]即使乡亲张辉死于非命，但因其不畏鬼神、为人正派、富有才华，子孙能够避祸享福。作者对妖并不在乎，在乎的是正人君子能够福泽后世的理念。二是卷六《祷神弭寇》条写祖先梦见神仙劝诫其诵持《妙法莲华经》避祸故事。作者感叹："祷神一念精诚，遂致弭寇，故曰：'心者，人之神明'，岂待外求哉？"[2]这些人的积极行动和善行善念能够打破一切诅咒，能够彰显儒家修身养心、忠贞廉明、神道不诬的伦理思想。

黄瑜在《双槐岁钞》中书写的这些人物，多是品行高洁、爱人如己、持家有道、正直不阿之人，真正体现了广东的文明与教化，能够让外乡人接受与赞赏。这些记载，并非突出某一广东名人，而是摹写众多广东好人，更能反映当地文明的高级水平。众多的"广东好人"能够在某种程度上打消异地人的恐惧感，使他们在心理上对滋生好人的地域文化产生好感，更加愿意接纳、参与甚至融入到这个环境中，这无形中提升了广东的文化传播力。汉代鸿儒董仲舒在《春秋繁露》中说："美事召美类，恶事召恶类，类之相应而起也。"[3]听闻或阅读到这么多广东本土好人的事迹，很容易使

---

① （明）黄瑜撰，王岚校点：《双槐岁钞》，上海古籍出版社编：《明代笔记小说大观》（第一册），上海古籍出版社，2005年，第195—196页。

② （明）黄瑜撰，王岚校点：《双槐岁钞》，上海古籍出版社编：《明代笔记小说大观》（第一册），上海古籍出版社，2005年，第188页。

③ （清）苏舆撰，钟哲点校：《春秋繁露义证》，中华书局，1992年，第358页。

人联想到滋养这些人才的风土,《双槐岁钞》就在这样的心理逻辑下,将广东本土先进的文化和文明传播出去。人的进步和美好素质的展现,是其背后一整套制度、教育与文化的运行结果。正因为如此,"广东有此好人"的书写可以引发读者产生这一正面联想:广东有好人,广东也有好的历史与政治。

三 "广东好人"与文化自信

主动地书写本土文化和塑造岭南形象,实际与黄瑜对岭南文化的自信有很大关系。文化自信是一个国家和民族对自身文化传统和文化历史的自我认知和肯定,对自身文化资源和文化利益的自我保护和坚守,对自身文化价值和文化功能的自我信任和展现。①而文化自信的前提是文化自觉。关于什么是"文化自觉",费孝通先生曾如此界定,"文化自觉"是指生活在一定文化历史圈子的人对其文化有自知之明,并对其发展历程和未来有充分的认识。换句话说,是文化的自我觉醒,自我反省,自我创建。②黄瑜对岭南文化的正面建构实际与他对岭南文化的理性自觉有关。

广东文化和学术到了明代出现较为明显的进步。③比较典型的是与黄瑜同时代的陈献章和他创立的"江门学派"。陈献章(1428—1500),广东新会人,因迁居江门白沙村,人称"白沙先生"。他奉行"从静坐中寻求自得""以自然为宗"的方法,主张学贵自得,"自得之,然后博之以典籍,则典籍之言我之言也"。还主张"学贵知疑""独立思考",提倡比较自由开放的风气,这些观点对破除当时学术界不敢越雷池一步的僵化学风起到了很好的作用。明末清初思想家黄宗羲在《明儒学案·白沙学案》中说:"有明之学,至白沙始入精微。"《明史·儒林列传》称:"学术之分,则陈献章、王守仁始。"另外,政治上以丘濬(1421—1495)为首的岭南

---

① 殷忠勇:《文化自信的内在逻辑与实现路径研究》,《河海大学学报(哲学社会科学版)》,2018年第4期,第17—23页。

② 费孝通:《关于"文化自觉"的一些自白》,《学术研究》2003年第7期,第5—9页。

③ 司徒尚纪主编:《中国地域文化通览·广东卷》第六章"明代广东文化的繁荣",《中国地域文化通览·广东卷》,中华书局,2014年,第139—163页。

官员，力矫世弊，拯救典籍，不随流俗，学不阿世，其经世致用等治国谋略也为当时人所推崇。黄瑜的经世思想与学术追求主要是在陈白沙与丘濬的影响下产生的，这种文化渊源与同乡人士的相互接引，使他对本土文化资源感到格外骄傲。

黄瑜与陈白沙乃同乡好友，对其学问人品极其推崇，陈白沙的"自得之学"对其思想影响甚大。黄瑜在《丘文庄公言行》一文中就用陈白沙的"自得之学"来肯定丘濬："（丘文庄公）为学以自得为本，以循礼为要。"①明确将"自得"之学作为文人士大夫的求学路径。他自身也以白沙学术为求学规范，《粤大记》载黄瑜："为学以存诚为本，尝自诵曰：'不欺心，不欺人，合内外而一之，诚也。'"②他认为能客观、真实对待自己才是求学之根本，这实则就是白沙学派思想的具体表现。他对年长几岁的丘濬，最为推崇的除其杰出的治国能力外，主要是道德学问。《丘文庄公言行》比较详细地记载了他与丘濬的交往，和丘濬告诫他为人为学要诚挚的话语。

学术大家观念的引导，同乡先达行为的影响，再加上黄瑜对岭南生活的切身体会，使他并不像以往本土人士那样对"处江湖之远"、缺乏人脉资源的处境感到哀怨和自卑。他在《何左丞赏罚》一文中特别指出其祖母关氏乃岭南巨族，能勤俭持家，洁身自好，精心保存家乘，使家乘虽经历大火而得以存留；其高祖黄从简乃辅助何真建立功业的重要人物。其高祖黄从简乃家族入粤第一人，"留家南海，以保障功，官至宣慰副使。"③黄瑜肯定了广东对其家族开枝散叶、欣欣向荣发展的重要作用，更欣赏南粤士人践习中原正统文化的认真与深入。黄瑜带着这种家乡文脉的滋养与化育，对岭南这方热土及其文化有种深深的归属感。

正是这些因素导致黄瑜能够正确看待本土文化，用比较健康的心态接纳岭南人物风情。因此他才自觉注重挖掘岭南文化的精髓，营造健康向上的岭南文化形象，推动形成本土文化自信。郭棐《粤大记》卷一《宦迹类》

---

① （明）黄瑜撰，王岚校点：《双槐岁钞》卷一〇，上海古籍出版社编：《明代笔记小说大观》（第一册），上海古籍出版社，2005年，第281页。

② （明）郭棐撰，黄国声、邓贵忠点校：《粤大记》，广东人民出版社，2014年，第711页。

③ （明）黄佐修：《[嘉靖]广东通志》卷五三《列传十》，广东省地方史志办公室辑：《广东历代方志集成·广州府部9》，岭南美术出版社，2007年，第1394页。

写黄瑜:"成化五年,(黄瑜)以举人授长乐知县。广、惠为邻郡,瑜曰:'吾乡人莅乡人,化而从政之。'"① 这种对于岭南文献与岭南人物事迹的有意接纳和传播,对后世影响很大,其后裔学者黄培芳曾说:"先六世祖双槐公撰有《岁钞》,传播艺林,此后代有著述,曾无嗣音。从兄瑞谷先生勉承家学,辑《粤小记》一书,犹是此志也。"②

四 结语

黄瑜以岭南籍自重,以宣扬广东人物风情为己任,真正实现了地方人物对故土人情的正面传播与重建。其如同正史的撰修写法,以人凸显文明的书写策略,赢得中原人士对广东文化的高度赞赏。在他的影响下,其孙黄佐《广东通志》、乡人郭棐《粤大记》、后人黄芝《粤小记》、乡人屈大均《广东新语》等本土文献,多采纳《双槐岁钞》中相关记载,并传之全国,最终改变了中原人士对岭南风土人情,尤其是岭南人物形象评价不够客观的谬误:"玩是书之华,固足以比隆于诸子,要之精蕴宜未可以纪载窥也。……粤洲封君,相世弗耀,而风操特重,宫端先生蔚然悬深源之望于天下。"③

作者通信地址:广东省广州市天河区龙洞迎福路527号广东金融学院财经与新媒体学院,邮编:510630

责任编辑:赵晓涛

---

① (明)郭棐撰,黄国声、邓贵忠点校:《粤大记》,广东人民出版社,2014年,第34页。

② (清)黄芝撰:《粤小记》,(清)吴绮等撰,林子雄点校:《清代广东笔记五种》,广东人民出版社,2006年,第442页。

③ (明)黄瑜:《双槐岁钞序》,(明)黄瑜撰,王岚校点:《双槐岁钞》,上海古籍出版社编:《明代笔记小说大观》(第一册),上海古籍出版社,2005年,第95页。

佛山四大土著姓氏史实考辨

刘淑萍*

佛山市图书馆，广东佛山，528315

摘　要：佛山四大土著姓被公认为：鸡、田、布、老。近日，笔者在点校《［民国］佛山忠义乡志》时注意到，书中并没有四大土著姓的说法，带着疑问翻检诸多方志史籍，最终得出结论：所谓佛山四大土著姓"鸡、田、布、老"，只是一种民间传说，而非信史。

关键词："鸡、田、布、老"；土著姓；佛山；史志

佛山四大土著姓被公认为：鸡、田、老、布，稍了解佛山文化的人都知道。《佛山市志》在讲到姓氏构成时提到："佛山人口的姓氏多而杂。除来源于远古时的百越族先民外，还有被称为'佛山土著四大姓'的鸡、田、布、老。"[①]近几年，在佛山社会各界的关注下，佛山四大土著姓越来越受到媒体和网络的追捧，使"佛山土著四大姓"的文化得以推广和宣传，并作为佛山文化常识深入民心。

一　"鸡、田、布、老"不是佛山最古土著姓氏

佛山四大土著姓的说法是否是史实呢？首先要弄清楚一个概念——土著。《辞海》是这样解释："古代游牧民族定居某地后，不再迁徙的称为

---

* 刘淑萍(1976—　)，女，汉族，内蒙古阿荣旗人。佛山市图书馆副研究馆员。
① 佛山市地方志编纂委员会编：《佛山市志》，广东人民出版社，1994年，第218页。

'土著'……后指世居本地的人。与'客居'相对。"①也就是说"土著"是相对"客居"而言的,不是绝对的概念。岭南有人类活动可以推到20多万年前的曲江马坝人和三四万年前的封开垌中岩人,远古居民在岭南这块土地上生息繁衍,到夏商时期,就已经形成了古越族,为岭南最古的"土著"。②"先秦时期的岭南,居民以土著民族为主,这是肯定的。"③从秦朝至清代陆续地出现北人南迁,中原汉族与土著民族杂居,继而互相同化,经过较长的岁月,土著民族与南迁汉族界限日益模糊了。那么也就是说,佛山最早的土著为古越族,而不是"鸡、田、布、老",如果这四大姓是佛山土著,也是秦汉以后的土著了。

那么秦汉以后,是否有相关的记载呢?现在留下的关于地方的详尽史料一是家谱,二是地方志。但家谱的史料我们要区别对待。"尽管珠江三角洲的族谱,常常将宗族的历史追溯到宋代甚至更早的时代,但事实上,在明代以前,我们几乎看不到这个地区有什么'宗族'存在。宋元时期的珠江三角洲其实还处在开发初期的状态,这一地区的乡村社会,大致上仍处在一个'传说'时代。"④在家谱中真实可信的记载应该在明代以后。况且家谱都是在民间修成的,留下的许多记载不一定都是事实,有的只是民间传说。如《鹤园冼氏家谱》记载:"马廊,其先布里,佛山旧族称鸡、田、老、布,此其一也。"⑤这一记载只能说在修谱的清末宣统时代,关于佛山四大姓的说法已经在民间相当流行。但在找到其他佐证之前,不能认定这是史实。

二 "鸡、田、布、老"在地方志中的记载

考察"鸡、田、布、老"为佛山土著姓是否属实,必须从信史入手。

① 夏征农、陈至立主编:《辞海》,上海辞书出版社,2009年,第2297页。
② 蒋祖缘、方志钦主编:《简明广东史》,广东人民出版社,2008年,第33—67页。
③ 胡守为著,《岭南文库》编辑委员会、广东中华民族文化促进会合编:《岭南古史》,广东人民出版社,1999年,第207页。
④ 刘志伟:《附会、传说与历史真实——珠江三角洲族谱中宗族历史的叙事结构及其意义》,上海图书馆编,王鹤鸣、马远良、王世伟主编:《中国谱牒研究》,上海古籍出版社,1999年,第153页。
⑤ 冼宝幹:《鹤园冼氏家谱》卷四之三《宗庙谱》,清宣统二年(1910)冼氏家祠刻本。

遍查关于佛山的方志，从明嘉靖至民国的《广东通志》，到元大德《南海志》至宣统的《广州府志》，从乾隆至宣统的《南海县志》，再到乾隆、道光、民国《佛山忠义乡志》，结果如下：

1.《[嘉靖]广东通志》卷二〇《民物志·姓氏》记载："布氏，望出江夏，南海有贡士恒；田氏，妫姓，陈完之后，汉有越人为下濑将军，师古曰：田，甲也。后为狱吏，子孙多有居岭表者。"①《[嘉靖]广东通志》还记载，望出岭南的有冼、诗、招、蓝、化、植、勇、蔼，而布氏、田氏都不是出自岭南，而是外来，并没有记载老氏、鸡氏。

2.《[乾隆]南海县志》卷一二《风俗志·氏族》没有鸡、田、老、布姓的记载。

3.《[乾隆]佛山忠义乡志》卷六《乡俗志·氏族》中有记载："布氏，明有知县恒。"②还录有老氏、鸡氏，而无田氏。

4.《[道光]佛山忠义乡志》卷五《乡俗志·氏族》中记载："布氏，系出江夏，明有知县恒。""老氏，颛帝子老童之后。""鸡氏，鸡鸣时，迁安人，正统中陕西苑马寺监正。"③无田氏记载。

5.《[民国]佛山忠义乡志》卷九《氏族志》与道光年间刻本大体相同，亦无田氏记载。

三　相关史料分析结果

鸡氏，记载最早出现在《[乾隆]佛山忠义乡志》，并无望族；在《[道光]佛山忠义乡志》里，录有一人鸡鸣时，是迁安（现属河北省）人，在明正统年间做过陕西苑马寺监正，并不是佛山土著。

田氏，在《[嘉靖]广东通志》中有记载，属妫姓，是春秋末期陈完之后，汉代时就有居住岭南的田氏，但非土著，而是来自中原。但自明代嘉靖后，包括清代纂修的《南海县志》和《佛山忠义乡志》都没有田氏的

---

① （明）黄佐纂修：《[嘉靖]广东通志》卷二〇《民物志·姓氏》，广东省地方史志办公室辑：《广东历代方志集成·省部2》，岭南美术出版社，2008年，第549—551页。

② （清）陈炎宗纂修：《佛山忠义乡志》卷六《乡俗志·氏族》，清乾隆十九年刻本，第10页。

③ （清）吴荣光纂修：《佛山忠义乡志》卷五《乡俗志·氏族》，清道光十年刻本，第4页。

记载，说明当时佛山无田氏，更谈不上土著。

布氏，据以上《［嘉靖］广东通志》记载来自江夏（在今湖北省境内），明代南海就有布氏居住，而且在《［乾隆］佛山忠义乡志》中也提到过，但非土著。

老氏，最早提到是在《［道光］佛山忠义乡志》，据记载为上古颛顼帝子老童之后，来自中原，且无更早的记录，从而可以推断老氏也不是佛山的土著。

综上分析，所谓佛山四大土著姓"鸡、田、布、老"皆非岭南土著，关于"四大土著"的说法只是一个民间传说。而且"田氏"在《南海县志》和《佛山忠义乡志》中都未曾提过，不知"田氏"是如何进入佛山四大土著姓传说的。

关于佛山土著姓的最早记载，来自《［民国］佛山忠义乡志》："老、鸡、列三族为佛山最祖土著，亦应提前，次陈《志》布氏之后。布，亦土著也。"[1]也就是说，在有确史可查的史志中，直到民国，老、鸡、列、布四姓才被认为是佛山四大土著姓氏，而在乾隆年间刻本和道光年间刻本中却无此说法。而且四大姓中以"列氏"代替了传说中的"田氏"，所以关于佛山四大土著姓的说法，并不是史实，这一点更加明晰了。

另外，南海沙头有老村乡，原名儒林乡，在明朝万历《南海县志》中有记载。我们查找到《老氏族谱》，这是更为有力的证据。据《老氏族谱》所收明嘉靖三十年（1551）老善敬序："盖原祖自开封迁南雄保昌县沙水村珠玑巷，南宋度宗咸淳九年胡妃失宠，奔匿南雄珠玑里，居民虑祸，越年春，各逃窜，……我祖古村公讳在，遂至广州南海鼎安都儒林乡而定居业焉。因姓而名村，曰老村。""故我族溯源亦随由南雄入粤之各族，云是珠玑巷人。"[2]南海沙头老氏从河南开封而迁南雄，再迁南海，非佛山土著已明矣。

四 结语

所谓佛山四大土著姓"鸡、田、布、老"，通过各种文献记载证实这

① 冼宝幹纂：《佛山忠义乡志》卷九《氏族志》，1926年刻本，第5页。
② （清）老桂芳：《老氏家谱》"老善敬序"，据雍正年间抄本复印本，第1—3页。

只是一种民间传说，而不是信史。对佛山文化发展具有导向作用的有关媒体在做宣传时要以史实作为依据，而不是人云亦云。方志为一方之信史，佛山在纂修方志时要参考以前留下的文献，不应把民间传说当成史实写入史志，以免贻误后人，使史实更加扑朔迷离。

作者通信地址：广东省佛山市顺德区乐从镇新城华康道11号佛山市图书馆，邮编：528315

责任编辑：张玉华

历史群体

论宋代广州知州群体的污名化[*]

唐红卫[**]

衡阳师范学院文学院，湖南衡阳，421002

摘　要：宋朝政府对广州知州的选择比较慎重，选拔任用的大多数广州知州是称职的——甚至有不少是优秀的。然而宋代广州知州群体的道德品质和政绩常常被污名化。这一现象的主观因素有：荫补出身的名臣亲属任职广州知州的贪污行为，科举出身的文士能臣任职广州知州的贪污行为，任职广州知州的官员墓志传记的夸张失实，少数广州知州充分利用背景关系以制造虚假的政绩，少数广州知州充分利用法制漏洞以追求异化的政绩，部分广州知州真心实意做出的政绩得不到及时表彰等；客观因素有：宋代广州的政治、文化等的弱势，对宋代广州知州所采取的高薪养廉政策的失效，宋代广州知州调动频繁引起经费亏空、吏人作奸、政绩缺乏等。

关键词：宋代；广州；知州；污名化

"污名（stigma）"原本是古希腊人用画在身体上的标志来标明道德上异常的或者坏的东西，后来引申成为人所诟病的道德地位和社会认同——欧文·戈夫曼《污名：受损身份管理札记》等论著指出污名是一种社会特征，该特征使其拥有者在日常交往和社会互动中身份、社会信誉或社会价值受损；将群体的偏向负面的特征刻板印象化，并由此掩盖其他特征，成

---

* 本文是 2018 年度广州市委宣传部《广州大典》与广州历史文化研究资助专项课题"宋代广州任职官员通考与数据库建设"（批准号：2018GZY07）阶段性成果。

** 唐红卫（1980—　），男，汉族，湖南衡阳人。湖南衡阳师范学院文学院副教授，文学博士、历史学博士后。

为在本质意义上与群体特征对应的指标物。污名化具有负面性、快速蔓延性、固着性等特点，是人类社会发展过程中常见的重要现象。随着人文社会科学的深入发展，这个以前虽然很普遍却几乎被忽略的重要问题日益得到学界关注。宋代广州知州群体便是历史上一个典型的污名化群体："（天圣三年一月二十九日）广州缺守，上谓辅臣曰：'此邦控制海外诸国，宝货所聚，前为守者，多不能称职，今宜遴择其人。'"[①] "番禺军府，台阃鼎峙，然仕者旧多逐臭尸素之病。"[②] "二广去朝廷远，官吏奸赃狼藉……窃缘岭南官吏淹延刑禁，巧作奸幸，避免罪罚，久已成俗。"[③] "岭南最处遐远，摄官校吏多务阿私。"[④]……为什么会出现这种情况呢？

一 宋代广州知州群体道德品质的污名化

人类之所以区别于动物，其中一个重要因素就是人类具有道德品质——人类个体常常能够依据一定的道德行为准则行动时所表现出来的稳固的倾向与特征。宋代推行与"士大夫共天下"，是以儒治国的高峰时期；而儒家对士大夫官员的道德品质有很高的要求，例如儒家经典《论语》有许多相关论述："为政以德，譬如北辰，居其所而众星共之"；"其身正，不令则行，其身不正，虽令不从"；"有君子之道四焉：其行己也恭，其事上也敬，其养民也惠，其使民也义"……儒家坚信官员作为政府运行的实际操作者，他的道德素养和人格魅力对政府政策的制定和执行会有深刻而直接的影响，因此非常重视官员的道德修养。然而封建时代的专制政体使官员常常拥有很大的权力，却很难被监督，这很容易导致官员道德品质败

---

① （宋）李焘撰，上海师范大学古籍整理研究所、华东师范大学古籍整理研究所点校：《续资治通鉴长编》卷一〇三，中华书局，2004年，第2374页。

② （宋）陈元晋：《渔墅类稿》卷六《广东主管帐司元公墓志铭》，曾枣庄、刘琳主编：《全宋文》第325册，上海辞书出版社，2006年，第79页。

③ （宋）明橐：《乞急速根勘二广赃官奏》，曾枣庄、刘琳主编：《全宋文》第184册，上海辞书出版社，2006年，第229页。

④ （宋）李焘撰，上海师范大学古籍整理研究所、华东师范大学古籍整理研究所点校：《续资治通鉴长编》卷九七，中华书局，2004年，第2248页。

坏、贪污腐败横行——"官吏至众，黩货暴政，十有六七"[①]，从而引起社会对官员群体的厌恶，导致污名化的产生。

（一）荫补出身的名臣亲属任职广州知州的贪污行为

宋代选官的途径虽然很多，但是占据最大部分的依然是荫补，且荫补出身的官员的人数远远超过后世盛赞的科举出身的官员人数；据游彪专著《宋代荫补制度研究》可知宋代荫补的名目众多、涉及人员宽广；又据南宋李心传《嘉定四选总数》记载的嘉定六年四选官员近四万名，荫补出身官员占57%，科举出身官员占28%，其他出身官员占15%。不过荫补出身的官员的人数虽然远远超过科举出身的官员数，但是荫补出身的官员升迁速度远远低于科举出身的官员；从而中高级官员中的科举出身的官员占据绝大部分比例，一定程度上避免了宋代以前常见的豪门权贵的政治垄断。

宋代荫补出身的官员能够担任广州知州，往往一方面大多属于能力比较突出，另一方面大多是名臣要人的亲属——仅以宰执的子（婿）孙为例：任中正之弟任中师，辛仲甫之子辛若渝，陈尧叟之孙陈致和，吕蒙正之子吕居简，刘沆之子刘瑾，曾公亮之子曾孝广，王旦之孙与曾孙王靖、王古，王安石之婿蔡卞，章得象之侄章綜，唐介之子唐义问，赵挺之之子赵存诚，陈执中之侄孙陈邦光，向敏中后裔向子諲、向子忞、向伯奋，苏辙之孙苏简，司马光之曾孙司马伋，李光之婿潘時，岳飞之孙岳霖，洪适之孙洪伋，留正之子留恭、留筠，赵葵之侄赵滂等。

然而这些被寄予厚望的名臣要人的亲属在担任广州知州期间，一些人有严重的贪污行为。

例如苏简作为北宋名臣苏辙之孙、南宋尊奉为圣贤的苏轼之侄孙，被时任殿中侍御史、以忠直著称的名臣汪澈弹劾："（绍兴二十九年八月壬申）殿中侍御史汪澈言：直龙图阁、新知洪州（笔者按：刚从广州知州调任）苏简贪鄙病悴。"并因此落职放罢。[②]又如洪伋作为堪比苏武的著名忠臣洪皓之曾孙，南宋宰执洪适、洪遵之（侄）孙，被多人弹劾贪

---

① （宋）张田编：《包拯集》卷二《请先用举到官》，曾枣庄、刘琳主编：《全宋文》第25册，上海辞书出版社，2006年，第328页。
② （宋）李心传撰：《建炎以来系年要录》卷一八三，中华书局，1988年，第3051页。

腐："（嘉定八年）九月二十三日，知广州洪伋放罢。以监察御史刘棠言
其前任广帅，拦截蕃舶，胁取民财。"①"前知广州洪伋褫职，以右谏议大
夫应武言……伋贪污淫滥。"②再如南宋中期名臣、"三朝元老"留正的两
个儿子留恭、留筠相继在担任广州知州职务时被弹劾贪腐而被罢黜——
尤其是留筠在哥哥留恭担任广州知州职务被弹劾贪腐而被罢黜之后很快
接任广州知州，上任时信誓旦旦保证要感主隆恩、清白做官、绝不像哥
哥那样贪污腐败："受国厚恩，每念疲驽之自竭。传家有训，粗知清白之
不移。……而伯氏覆车，众目方觇于来效，"③然而一年多之后的留筠像哥
哥留恭一样被弹劾贪腐而遭罢黜。

　　这些名臣要人的亲属任职广州知州时的贪污行为，必然会像名人效应
一样被迅速扩大、传播，加重广州知州群体的污名化。

（二）科举出身的文士能臣任职广州知州的贪污行为

　　宋代对前朝的科举选官进行了大力度的改革以求达到平等取士、公平
竞争，充分保证其公平合理性，并使科举选官成为选拔中高级官员的主要
途径；从而削弱了门第血统关系在官员选拔中的地位，增加了寒俊及第仕
进的机会，使宋代的科举制度在形式上实现了公平与客观。据陈义彦先生
统计《宋史》有传的1953人，两宋平民或低品官出身而入仕者，占55%④。
比较公平的科举选官也激发了宋代士人群体在政治上的自觉性和责任感，
并把儒家的"诚心正意""修身齐家"的内圣工夫提高到空前的本体论高
度，希望通过以严格的道德理性规范为表率，实现倡道德、正人心的"内
圣外王"，从而涌现了范仲淹、欧阳修、王安石、苏轼、朱熹、文天祥等
大批圣贤人物——正如《宋史·选举志》所言："宋初承唐制，贡举虽广，

① （清）徐松辑：《宋会要辑稿》职官七五之九，《宋会要辑稿》第5册，中华书局，1957年，第
　　4078页。
② （清）徐松辑：《宋会要辑稿》职官七五之十，《宋会要辑稿》第5册，中华书局，1957年，第
　　4079页。
③ （宋）陈元晋撰：《渔墅类稿》卷一《广东经略到任谢表》，曾枣庄、刘琳主编：《全宋文》第
　　325册，上海辞书出版社，2006年，第14页。
④ 陈义彦：《从布衣入仕论北宋布衣阶层的社会流动》，《思与言》1971年第4期，第48—
　　57页。

而莫重于进士、制科……而三百余年元臣硕辅、鸿博之儒、清强之吏，皆自此出，得人为最盛焉。"①

宋代广州知州群体入仕途径可考者中科举入仕者146人，比例达到78.3%，显著地体现了科举及第的进士是宋代中高级官员的主要来源——亦是广州知州群体的主要来源。然而原本应该重义轻利、廉洁无私、做出崇高道德表率的广州进士知州群体中的一些败类，却像凡夫俗子一样——甚至比凡夫俗子更龌龊、贪婪无耻。

例如，郎简在以往任职中从未贪污，而担任广州知州时贪污行为却十分严重："郎简……历官无过……惟以宣上德、救民患为意……然在广州无廉称，盖为（儿）洁所累。"②又如，陈辉的任命状中皇帝再三叮嘱其不要贪污："番禺为一都会，象犀珠香之凑，见者惑之，《贪泉》之诗所为作也。遐萌阻于朝廷，连率系其休戚，必得文武威风知大体者，乃称其选。以尔老于宦途，饰以儒术，苏枯锄彊，勇于去弊。旌旗盖海，南伯甚尊，畀尔重权，用竣报政。思济斯民，以称朕仁不异远之意。"③而到任不久，陈辉就因贪污而被罢免："诏右朝议大夫、直敷文阁、知广州陈辉落职放罢。以言者论其侵盗官钱，不知纪极，奢侈不法，罪恶贯盈，故有是命。"④再如一而再、再而三贪污的方滋："（绍兴二十五年十一月辛未）直敷文阁、知明州方滋并罢，亦用汤鹏举劾疏也。鹏举言……滋阴狠恣横，奸赃狼藉。自楚州移桂府、自广帅移福州，其所出珠翠犀象，尽入于权贵之家。"⑤

这些科举出身的文士能臣任职广州知州时的贪污行为，必然会像"一粒老鼠屎糟蹋一锅粥"一样被迅速扩大、传播，加重广州知州群体的污名化。

---

① （元）脱脱等撰：《宋史》卷一五五，中华书局，1985年，第3604页。
② （元）脱脱等撰：《宋史》卷二九九，中华书局，1985年，第9926页。
③ （宋）洪适：《盘洲文集》卷二三《陈辉知广州制》，曾枣庄、刘琳主编：《全宋文》第212册，上海辞书出版社，2006年，第352页。
④ （清）徐松辑：《宋会要辑稿》职官七一之一五，《宋会要辑稿》第4册，中华书局，1957年，第3979页。
⑤ （宋）李心传撰：《建炎以来系年要录》卷一七〇，中华书局，1988年，第2781—2782页。

（三）任职广州知州的官员墓志传记的夸张失实

墓志传记因多方面原因而常常可能夸张失实，广州知州官员的墓志传记同样不例外。

广州知州官员的墓志传记的夸张失实，一方面表现在对清廉的广州知州的夸奖常常建立在指控其他广州知州贪腐的基础上。例如北宋后期广州知州张励的墓志："公讳励，字深道。……除知广州兼经略安抚使……广通海南，宝货山积，自古守郡者多不以廉称，独公秋毫无所患。罢郡之日，有钱数千缗，宝贝无所取，闻者叹服。"[1]又如北宋前期担任广州知州的杨覃传："杨覃，字申锡……知广州。覃勤于吏事，所至以干济称。南海有蕃舶之利，前后牧守或致谤议，惟覃以廉著，远人便之。"[2]张励的墓志是名臣李光撰写、杨覃的传记是正史《宋史》所载，"独公秋毫无所患""惟覃以廉著"这样的表述直接给其他广州知州贴上贪腐标签。然而实际上北宋绝大多数广州知州的政绩和品行在北宋官员中均属于优秀行列，亦远远超过南宋广州知州的整体水平。

广州知州官员墓志传记的夸张失实，另一方面表现在对贪腐的广州知州无底线的美化。例如因再三贪腐而著称（见上文）的方滋："方公讳滋，字务德。……进直敷文阁、知广州，放系囚七百余。会兼舶事，非令甲所当输，一切不取。"[3]又如因贪腐闻名的陈绎，据苏轼《东坡文集》卷二一《缴陈绎词头奏状》、王明清《玉照新志》卷一《熙丰日历残帙·中书札子》、李焘《续资治通鉴长编》卷二二一、《宋史》卷三二九《陈绎传》等众多史料对其贪腐事迹皆有清清楚楚的记载，《太中大夫陈公墓志铭》却将陈绎的罪责洗刷得干干净净——"役使土丁枪"则言"缮城郭，浚沟池，不劳民而功办"；贪赃纳物则言"尝戒子弟市药物必按方剂铢两，示无过取，其廉畏如此"；观音像事则言"粤俗尚鬼，有病必祷于佛祠。方雾潦

---

① （宋）李光：《宋中奉大夫集英殿修撰张公墓志铭》，转引自王兆鹏：《从〈永泰张氏宗谱〉辑录宋人佚文佚诗——兼说张元干籍贯及佚文价值》，《文献》2006 年第 1 期，147—150。

② （元）脱脱等撰：《宋史》卷三〇七，中华书局，1985 年，第 10131 页。

③ （宋）韩元吉：《南涧甲乙稿》卷二一《方公墓志铭》，曾枣庄、刘琳主编：《全宋文》第 216 册，上海辞书出版社，2006 年，第 293—294 页。

薰蒸，瘴疠大作。公命以帑钱制浮屠像，置郡廨，日为之祈禬。俄而幼女亦被疾，祷之有应，遂用私财仿为一像"①。方滋的墓志是名臣韩元吉撰写、陈绎的墓志是名臣苏颂撰写，他们对贪腐的广州知州进行无底线的美化，同样必然导致其他广州知州陷入"塔西佗陷阱"，容易被贴上贪腐标签。

宋代广州知州群体中出现了一些典型贪腐行为，致使南宋广州士大夫李昂英有了自汉代以来广州主官基本全是贪污犯的偏激想法："汉以来，使粤岭自陆大夫始，携二千金去而人不非，入南者遂以黩货为当然。刺史一经城门，例四千万，传闻可愕。千余年间，廉牧率载史牒，寥寥晨星，中人以上，自拔于污俗者岂特近世少哉！"②

二　宋代广州知州群体政绩的污名化

追求优秀政绩、创造优秀政绩，是各级政府及官员无可厚非的奋斗目标；通过考评政绩以区分官员能力，提拔创造优秀政绩的官员亦是千百年来政府管理人才和社会的最好办法之一。

宋代知州政绩的考课，主要是七事、四善、四最，七事是指："一曰举官当否；二曰劝课农桑、增垦田畴；三曰户口增损；四曰兴利除害；五曰事失案察；六曰较正刑狱；七曰盗贼多寡。"③四善是指："一曰德义有闻，二曰清慎明著，三曰公平可称，四曰恪勤匪懈。"④四最是指："第一，生齿之最：民籍增益，进丁入老，批注收落，不失其实；第二，治事之最：狱讼无冤，催科不扰；第三，劝课之最：农桑垦殖，水利兴修；第四，养葬之最：屏除奸盗，人获安居，赈恤困穷，不致流移，虽有流移，而能诏诱复业，城野遗骸，无不掩葬。"⑤然而封建社会的人治常常是标准不一、

① （宋）苏颂：《苏魏公文集》卷六〇《太中大夫陈公墓志铭》，曾枣庄、刘琳主编：《全宋文》第62册，上海辞书出版社，2006年，第140页。
② （宋）李昂英：《文溪集》卷六《广州新创备安库记》，曾枣庄、刘琳主编：《全宋文》第344册，上海辞书出版社，2006年，第95页。
③ （元）脱脱等撰：《宋史》卷一六三，中华书局，1985年，第3839页。
④ （宋）张方平：《乐全集》卷一八《应贤良方正能直言极谏科对制策一道》，曾枣庄、刘琳主编：《全宋文》第38册，上海辞书出版社，2006年，第18页。
⑤ （宋）谢深甫纂修：《庆元条法事类》卷五《职制门二·考课格》，1948年燕京大学图书馆藏版印行本，第27页。

有法不依——"故谨择守令以成郡县之治,立四善四最以为考课之法。每守令替移,令诸监司参考其任内课绩,以定优上、中、下之等,优上者有赏,其下者有罚。然为监司者或昵于亲故,或狃于贵势,而甚者至于以贪为廉,以暴为良,既上下之等不实,则赏罚遂至于失当。"①于是不少官员为了升迁,一方面是充分利用背景关系以制造虚假的政绩,另一方面是充分利用法制漏洞以追求异化的政绩;而有时真心实意做出的政绩得不到及时表彰,从而大大影响了其政绩的真实可靠性,导致污名化的产生。

(一)少数广州知州充分利用背景关系以制造虚假的政绩

因为封建时代的干部选拔任用、考核监督等制度方面的缺陷,以及干部个人思想上存在主观主义、个人主义、官本位意识等,导致封建时代的虚假政绩层出不穷。

例如进士世家出身的周自强以刑部侍郎身份担任广州知州时,当时以"职事修举""久任阃寄,备宣忠力"屡得朝廷嘉奖,任职时间近六年,是宋代广州知州任职时间最长的。南宋著名文人韩元吉为其作墓志铭,亦是对其广州知州的政绩倍加渲染:"公之治广也,罢八邑豫借之赋、输米之暗增其耗者,务为宽政,而用常有余,虽监司亦疑而问其故。公笑曰:'是无他术,惟择僚吏之贤,委而察之,使财赋不至欺隐,则用自足尔。'识者以为知言。以暇日修治学宇,创二亭、敞六斋,储书备器用,以诱劝其来者。始广之进士,二十年无登科矣,至是,预春官之第乃两人,士风翕然大变。浚南濠以疏其恶,决渠流以通于海。严水军之律,无敢盗贩,治逃卒拘之摧锋军,内外渐渐安静。而公视公帑如私藏,一毫无所妄费。持己严洁,两兼市舶,清誉尤著。州治有十贤堂,祀晋至唐牧守之有名者,公又集本朝潘武惠、向文简公而下八人继之。而士子因欲祠公像于学,以为中兴以来未有久任之美如公者也。"②

然而周自强治理广州具有显著政绩的记载既未见于正史,也不见于当

---

① (宋)叶大方:《请重守令考课奏》,曾枣庄、刘琳主编:《全宋文》第119册,上海辞书出版社,2006年,第254页。

② (宋)韩元吉:《南涧甲乙稿》卷二二《龙图阁待制知建宁府周公墓志铭》,曾枣庄、刘琳主编:《全宋文》第216册,上海辞书出版社,2006年,第328页。

时人的笔记、诗文，还不见于历代方志。反而是同时任职广东提刑、广东提举的杨万里，在为同在广州官场的王晈所作墓志铭中，对周自强广州知州任内所作所为大力批判："自淳熙戊戌以迄辛丑，凡四年间，有以小司寇帅番禺者，既憸且忮，砺齿思噬，倚门人为谏大夫，怙势旁行，声气出部刺史上，小连厥指，辄以飞语闻。于是护漕、布宪、常平诸使者如葛世显，如黄溥，如李纶，如赵公瀚，咸被啧言，继继坐黜，齰舌而毙，弗敢校也。帅既连得意，同时使者慹者靡，传者嗕。"①这种少数广州知州充分利用背景关系以制造虚假政绩的行为，肯定会加重广州知州群体的污名化。

（二）少数广州知州充分利用法制漏洞以追求异化的政绩

同样因为封建时代的干部选拔任用、考核监督等制度方面的缺陷，以及干部个人思想上存在主观主义、个人主义、官本位意识等，导致封建时代的异化政绩层出不穷。

例如南宋后期曾代理广州知州的邱迪哲："公讳迪哲，字惠叔。……复罢为冲佑观，起家直秘阁广东运判。公历琛、庾两台，南人素重公清德，喜曰：'贤监司至矣！'惟吏属之寡谨者、豪右之有过者畏公风棱。被旨摄帅，清远县徒寇以入省地拒官军为常，一日猝至杀县令，其锋剽锐四出，前不乐公者因哗言'红巾满山海，广左皆盗区'，欲以撼公去之。公不为动，益明赏罚，审布置。虑上下罗峒势合则未易平，乃厚抚上罗以绝下罗之援，擒首恶，俘同党，余相继败降，尽纵其胁从者。初，清远戍卒券食苦主将掊剋，公令月就州同摧锋诸军支给，以绝祸根。遂条上山前官军民兵劳苦有差，捷书闻，朝廷嘉叹。或者又谓徭非大寇，公所杀多平民。上独知之，召对，劝上修身正心，辨天理人欲界限。"②名臣刘克庄对同僚兼朋友邱迪哲代理广州知州时杀人立功的异化政绩大加赞赏；而广州本土正直的士大夫李昴英则对此忍无可忍、大加鞭挞："南海值厄，运漕邱迪哲

---

① （宋）杨万里：《诚斋集》卷一二二《右司王侨卿墓表》，曾枣庄、刘琳主编：《全宋文》第240册，上海辞书出版社，2006年，第141页。

② （宋）刘克庄：《后村先生大全集》卷一五四《大理卿丘公墓志铭》，曾枣庄、刘琳主编：《全宋文》第331册，上海辞书出版社，2006年，第309页。

摄帅，尉陈知章摄倅，以残虐为能，以多杀为功，时号大小屠伯，虎噬蟒吞，俘平民为寇，累累血刀杌。绣衣陈公均久知君，檄之详讯。"①这种少数广州知州充分利用法制漏洞以追求异化政绩的行为，肯定会加重广州知州群体的污名化。

（三）部分广州知州真心实意做出的政绩得不到及时表彰

虚假政绩、异化政绩得到上级的提拔赏识，劣币驱逐良币的效应必然凸显，导致一些良吏真心实意做出的政绩得不到及时表彰。

例如被朱熹高度赞誉为"近世士大夫间，号精吏道、有科指，而宽猛适宜、大小中度者，无出其右"的潘時，担任广州知州期间政绩显著："广东地接郴、桂、汀、赣之境，四州之民岁一逾岭贸易，折阅即相聚为盗，大群至数千人。公入境，适捕得渠帅八人，即斩以狥曰：'三日而去者，吏不得格，期外不去，复捕如初。'于是皆散。有梁氏兄弟者，招纳亡命，前后杀人无数，而掠其赀以致富。交通州县，吏不敢诘，民患苦之，号为'四彪'。公擒捕诛杀，污潴其居，它盗望风破胆。大奚山斗入海中，寇攘所聚，虽良民亦以渔盐为命，急之则散入贼中不可禁，所从来久。至是，新置都盐使者，锐欲禁之，檄水军逐捕。公曰：'水军专受帅府节度，非它司可得而调也。且争小利、起大盗，将谁使任其责耶？'卒拒法不为发。良民既得少安，乃阴募其酋豪，使以捕贼自效。由是盗发辄得，有功者为奏补官，斗死即官其子而重责其坐视不赴救者。官属不幸死者，厚赙遣归，存没老稚，无一人流落。如是者三十余家。士族女失身非类，赎而归之。"②

各种方志对潘時在广州的政绩亦颇有赞誉；潘時总结的治理方法亦是古代守令治理地方最佳方法——"'吾之为治，主于宽而不使有宽名，辅以严而不使有严迹。唯其纲维总摄而脉络通流，是以坐走百吏而我常无为也。'有所弛张，必先究见利病本末，然后出令。耻为姑息小惠以掠虚誉。

---

① （宋）李昂英：《文溪集》卷五《跋潜守治狱好生方》，曾枣庄、刘琳主编：《全宋文》第344册，上海辞书出版社，2006年，第79—80页。

② （宋）朱熹：《晦庵先生朱文公文集》卷九四《直显谟阁潘公墓志铭》，曾枣庄、刘琳主编：《全宋文》第253册，上海辞书出版社，2006年，第184页。

每言'欲宽民力，先恤州县；州县足，则科敛自息而田里安矣。'"然而因为潘时是已失势、逝世的参知政事李光女婿，所以潘时在广州取得显著政绩后并没有高升，而是平调潭州，再调太平州，一职不如一职！

三 宋代广州知州群体污名化的原因及其借鉴意义

宋朝政府对广州知州的选择是比较慎重的："交广之地，距京师几万里，其民俗与山獠杂居，固未尝见天子旗旄之美、车舆之音，则其声教之所偃薄，德泽之所渐渍，由上国而施四方，盖亦有近者详而远者略矣。故朝廷常择文武近臣，为之绥抚。"①"南海之地，控制蛮獠。风俗轻悍，易动难安。祖宗以来，择帅尤重。必有绥怀之德，济以肃服之威，使之统临，乃能镇静。"②"番禺为一都会，象犀珠香之凑，见者惑之，《贪泉》之诗所为作也。遐萌隔于朝廷，连率系其休戚，必得文武威风知大体者，乃称其选。"③"五羊之会府，统百粤之偏方。内抚列城，欲蛮陬之不扰。外通诸国，期海道之无虞。宜得长才，用绥远服。"④……据笔者对可考证的二百余名宋代广州知州群体的定量分析，大多数的广州知州是称职的——其中不少广州知州是优秀的；然而广州知州群体得到的评价却常常是不称职的。之所以会出现这种情况，笔者认为除了广州知州之中出现了不少贪腐无能的显著案例之外，主要有以下几个原因：

（一）宋代广州的政治、文化等的弱势导致污名化

广州所在的岭南地域虽然经过宋代及其以前时期的千百年发展，然而相较于宋代其他繁荣地区，整体状况依然落后不少。

---

① （宋）郑獬：《郧溪集》卷四《知广州制》，曾枣庄、刘琳主编：《全宋文》第67册，上海辞书出版社，2006年，第283页。

② （宋）刘安世：《尽言集》卷八《论王子韶路昌衡差除不当（七）》，曾枣庄、刘琳主编：《全宋文》第118册，上海辞书出版社，2006年，第84页。

③ （宋）洪适：《盘洲文集》卷二三《陈辉知广州制》，曾枣庄、刘琳主编：《全宋文》第212册，上海辞书出版社，2006年，第352页。

④ （宋）王炎：《双溪集》卷一一《谢宰执启（二）（代）》，曾枣庄、刘琳主编：《全宋文》第270册，上海辞书出版社，2006年，第170—171页。

《宋史》"地理志·广南西路"下记载："广南东、西路……宋初以人稀土旷，并省州县。然岁有海舶贸易，商贾交凑。……大率民婚嫁、丧葬、衣服多不合礼。尚淫祀，杀人祭鬼。山林翳密，多瘴毒，凡命官吏，优其秩奉。"①宋代文人士大夫杨万里记载："官吏之行者……至于二广，则风土之恶，瘴疠之祸，不忍言也。父母妻子哭其去，又哭其归。去则人也，其哭犹忍闻也；归则丧也，其哭不忍闻也。大抵去而人者十焉，归而鬼者七八焉，而人者二三焉。二三人者虽不死而死矣，何也？病也。病而全者又十而一二焉。外路之官吏何辜，而使之至于此也？"②十多个年岁并不高的广州知州病逝于任内，广州和被委任为广州官员常常被认为是"死地、祸事"而"故连率每艰其印绶"③；不仅罕有重臣显宦调任宋代广州知州，而且有能力的官员调任广州亦会被认为是委屈的，愿意调任广州的官员常被认为是贪图奇珍异产的贪鄙之人："凡朝廷稍所优异者，不复官之广南、川峡，而其人亦以广南、川峡之官为失职庸人，无所归，故常聚于此。"④"今之任于广者，凡有出产皆贱价收之，而归舟满载。南方地广民稀，民无盖藏，所藉土产以为卒岁之备，今为官吏强买，商旅为之惮行。"⑤从而导致宋代广州的经济虽然颇具优势、是宋代经济中心之一，然而政治、文化等的巨大弱势导致广州知州群体极容易被污名化——社会舆论已经固化认为有能力、有操守的官员不应该或不会去广州任职，去的官员大多没有能力和操守。

（二）宋代广州知州高薪养廉的失效导致污名化

相关史料多次记载宋代广州知州的薪酬十分丰厚："大中祥符六年，

① （元）脱脱等撰：《宋史》卷九〇，中华书局，1985年，第2248页。
② （宋）杨万里：《诚斋集》卷八九《刑法上》，曾枣庄、刘琳主编：《全宋文》第240册，上海辞书出版社，2006年，第141页。
③ （宋）洪适：《盘洲文集》卷二二《张运知广州制》，曾枣庄、刘琳主编：《全宋文》第212册，上海辞书出版社，2006年，第333页。
④ （宋）苏洵：《苏老泉先生全集》卷四《衡论·重远》，曾枣庄、刘琳主编：《全宋文》第43册，上海辞书出版社，2006年，第88页。
⑤ （清）徐松辑：《宋会要辑稿》刑法二之一三六，《宋会要辑稿》第7册，中华书局，1957年，第6563页。

陈世卿知广州，诏岁给添支钱七十万、公用钱五十万，遂著为令。"① "伯子，诚斋冢嗣，号东山先生，清节高文，趾美克肖。其帅番禺，将受代，有俸钱七千缗，尽以代下户输租。有诗云：'两年枉了鬓霜华，照管南人没一些。七百万钱都不要，脂膏留放小民家。'"② "擢提点广南东路刑狱事，改朝奉大夫。番禺，南粤都会，守俸月七万。守方对诏狱，君摄州事竟八月，当得钱六十万。"③……然而高薪并没有能够真正养廉，依然有数十名广州知州有贪腐行为。这些官员拥有高薪却还恬不知耻地贪腐，必然会导致广州知州群体被贴上贪腐的标签，这成为广州知州群体被污名化的重要原因之一。同时亦可见仅仅依靠高薪养廉并不能有效阻止贪腐行为，必须要有严密的相关制度建设——必须依靠法律、道德和社会环境，即他律和自律相结合。

（三）宋代广州知州调动频繁引起经费亏空、吏人作奸、政绩缺乏，导致污名化

据统计，宋代广州知州群体在位任职时间一年内的68人，任职时间两年内的56人，此二者占据近70%的比例；超过三年任期的仅有18人，只占10%。可见，宋代广州知州群体在位任职时间普遍较短。造成这一不正常现象的主要原因是广州有利润巨大的海外贸易，极容易诱使任职当地的官员贪污腐败，为此朝廷专门下诏特意强调不允许官员在岭南任职时间较长："（仁宗明道元年二月丙午）诏入广南官者，毋得过两任。"④ "（明道元年二月）丙午，诏仕广南者毋过两任，以防贪黩。"⑤广州知州很长时间里兼任专管海外贸易的市舶使，这种特殊规定容易导致这一群体污名化。

另外宋代广州知州群体调动得太过频繁，容易导致地方政府经费亏

① （宋）曾巩撰，王瑞来校证：《隆平集校证》卷三，中华书局，2012年，第122页。
② （宋）罗大经撰：《鹤林玉露·甲编》卷四，《宋元笔记小说大观（五）》，上海古籍出版社，2007年，第5201页。
③ （宋）晁补之：《鸡肋集》卷六四《朝请大夫致仕陈君墓志铭》，曾枣庄、刘琳主编：《全宋文》第127册，上海辞书出版社，2006年，第78页。
④ （宋）李焘撰，上海师范大学古籍整理研究所、华东师范大学古籍整理研究所点校：《续资治通鉴长编》卷一一一，第2576页。
⑤ （元）脱脱等撰：《宋史》卷十《仁宗本纪二》，中华书局，1985年，第193页。

空、吏人作奸、政绩缺乏。当时人就曾对此纷纷发表议论:"十数年前接帅臣纳费万缗,当时已骇其多。今盖增至四五万缗矣。设遇岁中一再更易,则当费一二十万缗,民力安得不困?"[①]"五岭之南,去朝廷远甚,官多假版,吏缘为奸。"[②]"岭外郡县之众不减中州,然而风土卑恶,士大夫视官府犹传舍。然吏以去朝廷且远,并缘为奸,相煽成俗。"[③]……此类事情在宋代广州知州群体的墓志传记中比比皆是,最终过错常常会归因于广州知州之类的主官,引起这一群体污名化。

作者通信地址:湖南省衡阳市珠晖区衡阳师范学院东校区文科楼D座文学院,邮编:421002

责任编辑:赵晓涛

---

① (宋)周必大:《周文忠公奏议》卷八《论监司帅守接送侈费劄子(一)》,曾枣庄、刘琳主编:《全宋文》第228册,上海辞书出版社,2006年,第68页。

② (宋)李正民:《大隐集》卷三《苏恪广东转运使制》,曾枣庄、刘琳主编:《全宋文》第163册,上海辞书出版社,2006年,第61页。

③ (宋)张扩:《东窗集》卷八《林勋除广南东路转运判官制》,曾枣庄、刘琳主编:《全宋文》第148册,上海辞书出版社,2006年,51页。

清代广州城的进士群体及其历史贡献[*]

魏雅丽[**]

农民运动讲习所旧址纪念馆，广东广州，510055

摘　要： 清代广州城学宫作为广州官方教育的重要场所，汇聚了大量科举人才，其中进士群体作为科举功名体系的上层，基本上都饱读诗书、熟悉儒家伦理教义，具有较高的文化素质，对当时社会的发展做出了积极的贡献。

关键词： 清代；广州城；进士；历史贡献

清承明制，以科举为抡才大典，学校储才以应科举。广州城学宫作为广州官方教育的重要场所，汇聚了大量科举人才。所谓"生员以迄进士，皆学中人也"[①]。其中，进士群体尤为引人注目。目前学界对进士群体的研究成果众多，但关于清代广东进士群体的研究较为少见。本文主要通过地方文献的记载，大致勾勒广州城（包括番禺、南海两县治所）进士群体的基本情况，并略述其历史贡献。

一　清代广州城进士群体的基本情况

清代广州教育文化相对发达，科举应考人数日益增多，进士人数也同

---

*　本文为2014年度《广州大典》与广州历史文化研究资助专项课题《清代广州城学宫研究》（批准号：2014GZY03）阶段性成果。

**　魏雅丽（1977—　　），浙江桐乡人。毛泽东同志主办农民运动讲习所旧址纪念馆副研究馆员。

①　（清）廖廷相：《重修尊经阁碑记》，（清）张凤喈等修，（清）桂坫等纂：《［宣统］南海县志》卷六建置略，清宣统三年（1911）羊城留香斋刻本，第22页。

时上升。据笔者统计，清代番禺县、南海县进士总数分别是122名、155名。两县进士共计277名，其中一甲6名，二甲144名，三甲122名，钦赐进士6名。现将两县进士的基本情况列表如下：

表1 清代广州府番禺县进士及其入仕表①

姓名	科年	甲第名次	官职	备注
何际泰	顺治十五年戊戌科	三甲第49名	知县	顺德人，番禺籍
方殿元	康熙三年甲辰科	二甲第28名	知县	
殷 章	康熙十二年癸丑科	三甲第57名	内阁中书	新会人
何斌临	康熙三十六年丁丑科	二甲第18名	知县	顺德人，番禺籍
张成遇	康熙三十九年庚辰科	二甲第1名	庶吉士	新会人，由番禺学
何肇宗	康熙三十九年庚辰科	三甲第214名		番禺人，由东莞学
蔡名载	康熙五十七年戊戌科	三甲第37名	罗定州学正	
卫廷璞	雍正元年癸卯恩科	二甲第62名	太仆少卿	
韩 海	雍正十一年癸丑科	三甲第233名	教谕	
黄显祖	雍正十一年癸丑科	三甲第136名	户部主事	
苏兆龙	乾隆元年丙辰科	三甲第71名	知县	
钟 狮	乾隆二年丁巳恩科	三甲第124名	知县	
卫德应	乾隆二年丁巳恩科	三甲第180名	未出仕而亡	由南海学
谢 堉	乾隆二年丁巳恩科	三甲第198名	知县	
李肯文	乾隆二年丁巳恩科	三甲第79名	知县	
庄有恭	乾隆四年己未科	一甲第1名	太子少保协办大学士	
黄 壮	乾隆七年壬戌科	三甲第175名	琼州府教授	

① 根据（清）任果、常德修，（清）檀萃、凌鱼纂：《［乾隆］番禺县志》卷一三选举；（清）史澄、何若瑶纂：《［同治］番禺县志》卷一二选举表三；梁鼎芬等修，丁仁长等纂：《［民国］番禺县续志》卷一六选举志二；朱保炯、谢沛霖编：《明清进士题名碑录索引》（简称《题名碑》）（上海古籍出版社，1980年）等相关资料编制。

姓名	科年	甲第名次	官职	备注
卫崇升	乾隆七年壬戌科	三甲第 192 名	知县	
庄有信	乾隆七年壬戌科	二甲第 29 名	庶吉士、按察使	由鹤山学
凌 鱼	乾隆十三年戊辰科	三甲第 13 名	知县	
何 纮	乾隆十三年戊辰科	三甲第 28 名	惠州府教授	
韩超群	乾隆十三年戊辰科	三甲第 174 名	知县	
林诞禹	乾隆十九年甲戌科	二甲第 33 名	编修	
黄 哲	乾隆十九年甲戌科	三甲第 140 名	知县	
谢敦源	乾隆二十五年庚辰科	三甲第 53 名	庶吉士	
黄永祺	乾隆三十七年壬辰科	三甲第 17 名	户部主事	
区洪湘	乾隆四十年乙未科	三甲第 76 名	知县	
邱先德	乾隆五十二年丁未科	二甲第 28 名	知府	
何会祥	乾隆六十年乙卯科	三甲第 13 名	庶吉士改内阁中书	
刘彬华	嘉庆六年辛酉科	二甲第 68 名	编修	
凌旭升	嘉庆六年辛酉科	三甲第 16 名	知县	
倪孟华	嘉庆六年辛酉科	三甲第 141 名	刑部郎中、记名御史	
金菁莪	嘉庆七年壬戌科	三甲第 140 名	兵部主事	
潘正常	嘉庆十四年己巳科	二甲第 39 名	庶吉士改吏部主事	
汪鸣谦	嘉庆十六年辛未科	二甲第 40 名	庶吉士改刑部主事	
戴霖思	嘉庆十六年辛未科	钦赐进士	钦赐检讨	
何有书	嘉庆二十二年丁丑科	三甲第 139 名	内阁中书，加侍读衔	
刘 霈	嘉庆二十四年己卯科	三甲第 105 名	未出仕	
冯 询	嘉庆二十五年庚辰科	三甲第 140 名	知府	
吴家懋	嘉庆二十五年庚辰科	二甲第 36 名	庶吉士改知县、知州	
张维屏	道光二年壬午科	二甲第 90 名	知府	
周日新	道光二年壬午科	二甲第 64 名	知县	

姓名	科年	甲第名次	官职	备注
陈其锟	道光六年丙戌科	二甲第9名	礼部主事	
庄心省	道光十二年壬辰科	二甲第28名	户部郎中	
许祥光	道光十二年壬辰科	二甲第48名	按察使，加布政使衔	
梁同新	道光十六年丙申科	二甲第11名	顺天府尹	由府学
黄玉阶	道光十六年丙申科	二甲第54名	刑部主事	由府学
崔 莲	道光十六年丙申科	钦赐进士	钦赐检讨	
黎崇基	道光十八年戊戌科	二甲第39名	知县改府学教授	
梁国琮	道光十八年戊戌科	二甲第46名	编修	
吴应星	道光十八年戊戌科	钦赐进士	钦赐检讨	
史 澄	道光二十年庚子科	二甲第14名	编修、詹事府右中允	
洪国治	道光二十年庚子科	二甲第75名	户部主事	
梁国珍	道光二十年庚子科	三甲第20名	内阁中书	
何若瑶	道光二十一年辛丑恩科	二甲第1名	詹事府赞善	
梁国瑚	道光二十一年辛丑恩科	二甲第74名	编修	
陈泰初	道光二十五年乙巳科	二甲第45名	知府	
庄心庠	道光二十七年丁未科	二甲第94名	同知	
许其光	道光三十年庚戌科	一甲第2名	编修，官至道员	
姚诗彦	道光三十年庚戌科	二甲第74名	编修	
沈史云	道光三十年庚戌科	二甲第75名	编修，加侍读职衔	
许应骙	道光三十年庚戌科	三甲第5名	检讨，官至总督	由府学
李光廷	咸丰二年壬子科	二甲第72名	吏部员外郎	
张文泗	咸丰二年壬子科	二甲第94名	刑部主事、知州	由府学
许应鑅	咸丰三年癸丑科	二甲第23名	布政使	
杨荣绪	咸丰三年癸丑科	二甲第31名	编修、知府	
梁肇煌	咸丰三年癸丑科	二甲第47名	侍读学士、布政使	
叶衍兰	咸丰六年丙辰科	二甲第25名	庶吉士改户部主事	
曹秉濬	同治元年壬戌科	二甲第32名	编修、知府	

续表

姓名	科年	甲第名次	官职	备注
高学瀛	同治二年癸亥科	二甲第 43 名	编修	
何文涵	同治二年癸亥科	二甲第 28 名	工部主事	
廖鹤年	同治四年乙丑科	三甲第 143 名	兵部主事	
曹秉哲	同治四年乙丑科	二甲第 25 名	编修，官至按察使	
薛德恩	同治四年乙丑科	二甲第 49 名	刑部主事	浙江山阴人，寄籍番禺
张清华	同治四年乙丑科	二甲第 6 名	编修	
陆芝祥	同治七年戊辰科	二甲第 69 名	编修	
冯国桢	同治十年辛未科	三甲第 156 名	知县	
梁肇晋	同治十三年甲戌科	二甲第 57 名	礼部主事	
沈锡晋	同治十三年甲戌科	二甲第 18 名	庶吉士改吏部主事、知府	
姚礼泰	同治十三年甲戌科	二甲第 14 名	编修	
金学献	同治十三年甲戌科	二甲第 133 名	庶吉士改知县、知府	
潘宝鎏	光绪二年丙子恩科	二甲第 32 名	编修	
区士彬	光绪二年丙子恩科	三甲第 32 名	内阁中书	
张鼎华	光绪三年丁丑科	二甲第 7 名	编修、记名御史	
何荣阶	光绪三年丁丑科	二甲第 83 名	编修、工兵二科给事中	
邬质义	光绪三年丁丑科	二甲第 119 名	兵部员外郎	
陈维岳	光绪三年丁丑科	二甲第 45 名	工部主事	
凌　端	光绪三年丁丑科	二甲第 38 名	工部主事	
何文全	光绪三年丁丑科	三甲第 134 名	知县	
吴道镕	光绪六年庚辰科	二甲第 43 名	编修	
陈景鎏	光绪六年庚辰科	二甲第 80 名	编修	
梁鼎芬	光绪六年庚辰科	二甲第 31 名	编修、湖北按察使署布政使	
柳　芳	光绪六年庚辰科	二甲第 89 名	庶吉士改知县	
潘作霖	光绪六年庚辰科	二甲第 12 名	工部主事	

续表

姓名	科年	甲第名次	官职	备注
陈庆桂	光绪六年庚辰科	三甲第 5 名	给事中	
张嘉澍	光绪六年庚辰科	二甲第 70 名	工部主事	
崔其濂	光绪六年庚辰科	三甲第 30 名	内阁中书	
丁仁长	光绪九年癸未科	二甲第 3 名	翰林院侍读	
潘履端	光绪九年癸未科	二甲第 67 名	知县改府学教授	
简叔琳	光绪九年癸未科	三甲第 79 名	知县	
凌彭年	光绪十二年丙戌科	二甲第 28 名	编修	
林国赞	光绪十五年己丑科	二甲第 118 名	刑部主事	
梁于渭	光绪十五年己丑科	二甲第 112 名	礼部主事	
区宗初	光绪十五年己丑科	三甲第 27 名	知县	
潘宝琳	光绪十六年庚寅恩科	二甲第 29 名	编修	
张学华	光绪十六年庚寅恩科	三甲第 8 名	检讨、江西提法使	
何天辅	光绪十六年庚寅恩科	二甲第 93 名	刑部主事	
卢维庆	光绪十八年壬辰科	二甲第 23 名	编修、福建候补道员	
林国赓	光绪十八年壬辰科	二甲第 32 名	庶吉士改吏部主事	
周汝钧	光绪十八年壬辰科	二甲第 79 名	刑部主事	
洪景楠	光绪十八年壬辰科	三甲第 84 名	内阁中书	
李兆春	光绪十八年壬辰科	三甲第 11 名	知县	
范公谟	光绪二十年甲午恩科	二甲第 106 名	吏部主事	
陶邵学	光绪二十年甲午恩科	三甲第 177 名	内阁中书	
傅维森	光绪二十一年乙未科	二甲第 5 名	庶吉士	
凌福彭	光绪二十一年乙未科	二甲第 3 名	直隶布政使	
吴功溥	光绪二十四年戊戌科	二甲第 37 名	庶吉士改知县	
何端树	光绪二十四年戊戌科	二甲第 144 名	知县	
陈耀墀	光绪二十九年癸卯科	三甲第 148 名	知县	
陈之鼎	光绪三十年甲辰科	二甲第 45 名	度支部主事	
谢鋆坡	光绪三十年甲辰科	二甲第 83 名	度支部主事	
商衍鎏	光绪三十年甲辰科	一甲第 3 名	编修	由府学

表2 清代广州府南海县进士及其入仕表 ①

姓名	科名	甲第名次	官职	备注
陈 彩	顺治九年壬辰科 ②	二甲	庶吉士、苏松参政	顺德人，南海籍
陈显忠	顺治十五年戊戌科	三甲第96名	知县	
黄士贵	顺治十五年戊戌科	三甲第103名	知县	
崔梦吉	顺治十八年辛丑科	三甲第194名	大理寺观政	会魁
任清涟	康熙十二年癸丑科	三甲第96名	知县	新会人
冼国幹	康熙二十一年壬戌科	三甲第27名	知府	南海人，由连山学
梁佩兰	康熙二十七年戊辰科	二甲第37名	庶吉士	解元，会魁
赵起蛟	康熙三十三年甲戌科	三甲第104名		顺德人，由南海学
关 漱	康熙五十四年乙未科	二甲	庶吉士	
吴传觐	康熙五十四年乙未科	三甲第39名	庶吉士	
万上达	康熙五十七年戊戌科	三甲第49名	知县	
关上进	康熙六十年辛丑科	三甲第87名	检讨	南海人，由新宁学
卢 杰	雍正元年癸卯科	三甲第127名	知县	
林丛光	雍正二年甲辰科	三甲第165名	知县	
谭会海	雍正五年丁未科	三甲第109名		
何梦瑶	雍正八年庚戌科	三甲第117名	知县	
何如漋	雍正十一年癸丑科	三甲第26名	知县	
胡 杰	乾隆元年丙辰科	三甲第76名	庶吉士	顺德人
孔傅大	乾隆元年丙辰科	三甲第106名		

---

① 根据（清）郭尔阢、胡云客修，（清）冼国幹等纂：《［康熙］南海县志》卷五选举志；（清）郑梦玉等修，（清）梁绍献等纂：《［同治］南海县志》卷九选举表；（清）郑荣等修，（清）桂坫等纂：《［宣统］南海县志》卷一〇选举表；朱保炯、谢沛霖编：《明清进士题名碑录索引》（简称《题名碑》）（上海古籍出版社，1980年）等相关资料编制。

② 该科会试第一名者为南海程可则，但其因"磨勘不得与殿试"，故无进士身份。

续表

姓名	科名	甲第名次	官职	备注
冯成修	乾隆四年己未科	二甲第53名	庶吉士，官至礼部郎中	
庞　遥	乾隆四年己未科	三甲第60名		
胡斯盛	乾隆四年己未科	三甲第136名	高州府教授	顺德人，由南海学
陈炎宗	乾隆十三年戊辰科	三甲第45名	庶吉士	
冯　慈	乾隆十六年辛未科	三甲第68名	知县	
林绍唐	乾隆十七年壬申科	二甲第68名		
伦显圣	乾隆二十二年丁丑科	三甲第49名	知县	
张大鲲	乾隆二十二年丁丑科	三甲第58名	知县	
张成宾	乾隆二十二年丁丑科	三甲第79名		
梁昌圣	乾隆二十六年辛巳科	二甲第10名		
陈廷牧	乾隆二十八年癸未科	三甲第111名		
苏青鳌	乾隆三十七年壬辰科	二甲第32名	庶吉士	
黄　贤	乾隆四十三年戊戌科	三甲第7名	知县	
颜惇恪	乾隆五十五年庚戌科	三甲第33名	刑部主事	
陈鸿宾	乾隆五十五年庚戌科	三甲第59名		
林绍光	嘉庆元年丙辰科	二甲第25名		
李可端	嘉庆元年丙辰科	三甲第33名	庶吉士	
吴燎光	嘉庆四年己未科	二甲第20名	庶吉士，官至总督	
张业南	嘉庆四年己未	三甲第15名		
关仕龙	嘉庆六年辛酉	三甲第116名	知县	
邓士宪	嘉庆七年壬戌	二甲第23名	庶吉士，官至道员	
谢兰生	嘉庆七年壬戌	二甲第28名	庶吉士	
李可蕃	嘉庆七年壬戌	二甲第42名	庶吉士	
李可琼	嘉庆十年乙丑	二甲第29名	庶吉士，官至盐运使	
冯本泰	嘉庆十年乙丑	三甲第127名	知县	
区玉麟	嘉庆十三年戊辰	二甲第37名	庶吉士改吏部主事	
崔　槐	嘉庆十四年己巳	三甲第39名	内阁中书	

姓名	科名	甲第名次	官职	备注
黄澜安	嘉庆十四年己巳	三甲第 37 名	知县	
梁序铺	嘉庆二十二年丁丑	三甲第 94 名	韶州府教授	
潘光岳	嘉庆二十二年丁丑	二甲第 34 名	庶吉士、刑部主事	
廖 牲	嘉庆二十二年丁丑	三甲第 49 名	工部主事，官至道员	
冯赓飚	嘉庆二十二年丁丑	三甲第 37 名	庶吉士	
倪济远	嘉庆二十二年丁丑	三甲第 22 名	知县	
何文绮	嘉庆二十五年庚辰	二甲第 20 名	兵部主事，加员外郎衔	
劳光泰	嘉庆二十五年庚辰	三甲第 74 名	同知	
罗文俊	道光二年壬午	一甲第 3 名	编修、内阁学士兼礼部侍郎	
方翀亮	道光三年癸未	三甲第 110	未出仕	
廖 翱	道光六年丙戌	二甲第 74 名	知县	
桂文耀	道光九年己丑	二甲第 79 名	庶吉士，官至道员	
冯锡铺	道光九年己丑	三甲第 42 名	知县	
黄其表	道光十二年壬辰	二甲第 76 名	知县，升至知府	
孔继勋	道光十三年癸巳	二甲第 38 名	编修	
吴林光	道光十三年癸巳	三甲第 58 名	知县，加知州衔	
陆敦庸	道光十五年乙未	三甲第 77 名		
陈信民	道光十六年丙申科	三甲第 24 名	知县	
梁启文	道光十八年戊戌科	三甲第 31 名	刑部主事	
招镜蓉	道光十八年戊戌科	三甲第 25 名	知县，升至知府	
莫以枋	道光二十年庚子科	二甲第 7 名	吏部主事	
梁绍献	道光二十一年辛丑科	二甲第 50 名	翰林御史	
冼倬邦	道光二十一年辛丑科	二甲第 86 名	工部主事，官至知府	
徐台英	道光二十一年辛丑科	二甲第 53 名	知县、保举同知	
吴祖昌	道光二十一年辛丑科	二甲第 24 名	南昌府知府、护理江督粮道	广西籍
容文明	道光二十五年乙巳科	二甲第 81 名	刑部主事	
莫廷蕃	道光二十五年乙巳科	三甲第 34 名	知县	

续表

姓名	科名	甲第名次	官职	备注
刘廷鉴	道光二十七年丁未科	二甲第34名	榆林府知府	
朱次琦	道光二十七年丁未科	三甲第114名	知县	
潘斯濂	道光二十七年丁未科	二甲第30名	翰林光禄寺少卿	
叶炳华	道光三十年庚戌科	二甲第46名	编修、邵武府知府	
游显廷	咸丰二年壬子科	二甲第71名	庶吉士	
明之纲	咸丰二年壬子科	三甲第74名	知县（未到任）	广西籍
何聘珍	咸丰九年己未科	三甲第27名	内阁中书	
林彭年	咸丰十年庚申科	一甲第2名	编修、镇远府知府	
马永璋	咸丰十年庚申科	二甲第70名	刑部主事	
冯景略	咸丰十年庚申科	三甲第38名	礼部郎中	
陈汝霖	同治元年壬戌科	三甲第46名	知县	
陈大年	同治二年癸亥科	钦赐进士	钦赐国子监司业	
冯学培	同治二年癸亥科	三甲第94名	知县	广西籍
冯栻宗	同治四年乙丑科	二甲第71名	刑部主事	
潘衍鋆	同治四年乙丑科	二甲第68名	编修、陕西潼商道	
李仕良	同治四年乙丑科	三甲第38名	主事	广西籍
潘衍桐	同治七年戊辰科	二甲第53名	编修、侍读学士	
李应鸿	同治七年戊辰科	三甲第11名	知县	
冯锡纶	同治七年戊辰科	三甲第66名	户部员外郎	
张乔芬	同治七年戊辰科	二甲第66名	刑部主事	
郭乃心	同治七年戊辰科	三甲第92名	吏部主事	
吕绍端	同治十年辛未科	二甲第13名	编修	
陈序球	同治十年辛未科	二甲第79名	编修	
区谔良	同治十年辛未科	二甲第108名	庶吉士，官至知府	
潘仕钊	同治十年辛未科	三甲第85名	庶吉士，官至道员	
黄嘉端	同治十年辛未科	三甲第35名	刑部主事	
梁融	同治十年辛未科	三甲第45名	知县，后改府学教授	
崔佐	同治十年辛未科	三甲第38名	知县	
谭宗浚	同治十三年甲戌科	一甲第2名	编修，官至按察使	

姓名	科名	甲第名次	官职	备注
刘廷镜	同治十三年甲戌科	二甲第 104 名	庶吉士、知县	
麦宝常	同治十三年甲戌科	三甲第 21 名	吏部主事	
廖廷相	光绪二年丙子科	二甲第 29 名	编修	
戴鸿慈	光绪二年丙子恩科	二甲第 4 名	编修、协办大学士	
郭汝材	光绪二年丙子恩科	三甲第 64 名	主事	
林其翔	光绪二年丙子恩科	二甲第 98 名	主事，后改府学教授	
吴日升	光绪三年丁丑科	三甲第 5 名	检讨	
崔舜球	光绪三年丁丑科	二甲第 104 名	编修	
区湛森	光绪三年丁丑科	三甲第 76 名	内阁侍读	
陈国士	光绪三年丁丑科	三甲第 48 名	惠州府教授	
莫燮乾	光绪六年庚辰科	三甲第 92 名	知县	广西籍
陈如岳	光绪九年癸未科	二甲第 32 名	编修	
张瑄生	光绪九年癸未科	二甲第 83 名	户部主事	
梁莘	光绪九年癸未科	三甲第 76 名	户部主事，加员外郎衔	
冼宝干	光绪九年癸未科	二甲第 103 名	知县	
谭维铎	光绪九年癸未科	三甲第 140 名	知县改官教授	广西籍
余赞年	光绪十二年丙戌科	二甲第 61 名	编修	
区震	光绪十二年丙戌科	二甲第 120 名	刑部主事，加四品衔	
龚其藻	光绪十二年丙戌科	三甲第 96 名	高州府教授	
彭光湛	光绪十五年己丑科	三甲第 44 名	知县	
罗传瑞	光绪十六年庚寅恩科	二甲第 136 名	兵部主事	
吴尚廉	光绪十六年庚寅恩科	二甲第 106 名	刑部主事，官至大理院推事	
黄嘉礼	光绪十六年庚寅恩科	三甲第 13 名	知县	
黄增荣	光绪十六年庚寅恩科	三甲第 144 名	知县	
区天骥	光绪十六年庚寅恩科	二甲第 92 名	刑部主事	
梁芝荣	光绪十六年庚寅恩科	二甲第 126 名	主事	
招翰昭	光绪二十年甲午恩科	三甲第 80 名	知县	

续表

姓名	科名	甲第名次	官职	备注
程友琦	光绪二十年甲午恩科	二甲第82名	编修、山东道监察御史	
桂　坫	光绪二十年甲午恩科	三甲第27名	检讨，官至知府	
杨裕芬	光绪二十年甲午恩科	二甲第56名	主事	
梁志文	光绪二十年甲午恩科	二甲第48名	主事	
廖凤章	光绪二十年甲午恩科	二甲第79名	知县	
崔登瀛	光绪二十一年乙未科	三甲第46名	记名御史	
钟锡璜	光绪二十一年乙未科	二甲第80名	编修	
康有为	光绪二十一年乙未科	二甲第46名	工部主事	
莫迦锲	光绪二十四年戊戌科	二甲第23名	主事	
麦秩严	光绪二十四年戊戌科	二甲第74名	主事、福建道监察御史	
黄家骏	光绪二十四年戊戌科	二甲第95名	刑部主事	
林耀增	光绪二十四年戊戌科	二甲第122名	主事	
陆乃棠	光绪二十四年戊戌科	三甲第70名	知县	
梁　楷	光绪二十四年戊戌科	三甲第45名	主事	顺天籍
黄锡麟	光绪二十四年戊戌科	三甲第161名	知县	
崔肇琳	光绪二十四年戊戌科	二甲第56名	庶吉士改知县	广西籍
黎湛枝	光绪二十九年癸卯科	二甲第1名	编修，钦赐礼部尚书一品衔	
区大原	光绪二十九年癸卯科	三甲第146名	检讨	
区大典	光绪二十九年癸卯科	二甲第33名	编修	
关文彬	光绪二十九年癸卯科	二甲第89名	主事	
李庆莱	光绪二十九年癸卯科	二甲第15名	编修	
李　荃	光绪二十九年癸卯科	钦赐进士	钦赐检讨	
何振清	光绪三十年甲辰科	二甲第103名	主事	广西籍
江孔殷	光绪三十年甲辰科	二甲第27名	编修，官至道台	
关赓麟	光绪三十年甲辰科	二甲第101名	主事、邮传部郎中	
麦瀛祥	光绪三十年甲辰科	钦赐进士	钦赐检讨	

这里需要说明的有以下几点：

其一，这些进士大多是番禺和南海两县的士人，由番禺县学、南海县学、广州府学走上仕途，但也出现了寄籍、移籍、冒籍等情况。清廷虽规定原籍应试，但冒籍跨考现象却始终是童生试中的一个普遍问题。雍正六年（1728）礼部复准："广东省广州、潮州等府属，向有通考之弊，隔府隔县滥冒入学者甚多。童生取进后，各归本籍，教官多不识面，百弊丛生。"① 显然，当时广州地区均普遍存在冒籍跨考问题。上述两表中，籍贯有问题的进士26名，占进士总人数的9.28%。

其二，清代广州城进士仕进情况表现不俗。累官至内外高层官吏② 人数共计15名，占已知出仕人数的5.79%。这15名进士分别是：庄有恭、戴鸿慈、罗文俊、许应骙、吴燎光、许应鑅、梁肇煌、凌福彭、庄有信、许祥光、曹秉哲、梁鼎芬、张学华、谭宗浚、梁同新，其中12人均翰林出身。显然，科甲尤以入翰林为重。

其三，值得一提的是清代广州城出现了14个三代以内产生二个以上进士的科举家族。③ 其中，"科名鼎盛，粤称世家，必曰番禺许氏"④。许祥光是许氏家族第一位进士，官至广西按察使。他有8个儿子考中举人（包括过继予长兄的长子许应骙）。在应字辈的兄弟中，以许应鑅、许应骙和许应锵最为著名，分别曾任巡抚、总督、道员。其中许应鑅、许应骙进士出身，许应锵则举人出身。许应鑅的儿子炳焘、炳晖、炳杰均为举人出身，许炳焘曾任户部福建司兼陕西司主事、兵部武选司郎中，炳晖曾任户部山东清吏司郎中；许应骙的儿子秉璋、秉琦均为举人，分别曾任内阁中书江苏候补道员、宗人府府丞充政务处副提调。

---

① 参见《礼部·学校·生童户籍》，《大清会典事例》卷三九一。
② 含正三品及以上官阶，加衔不计，护、署职不计。
③ 据笔者统计到的这14个科举家族分别是：番禺卫氏家族（卫廷璞、其侄崇升），番禺黄氏家族（黄显祖、其子肯文），番禺庄氏家族（庄有恭、其弟有信、其侄士宽子心省、心庠），番禺许氏家族（许祥光、许应骙、许应鑅），番禺梁氏家族（梁同新、其子梁肇煌），番禺梁氏家族（梁国瑚、其弟国琮），番禺曹氏家族（曹秉濬、其弟秉哲），番禺张氏家族（张维屏，其孙清华、鼎华），番禺林氏家族（林国赞、其兄国麕），番禺陈氏家族（陈泰初、其子维岳），南海潘氏家族（潘光岳、其孙衍鋆和衍桐），南海李氏家族（李可琼、兄可端、弟可蕃），南海冯式家族（冯锡镛、其子景略和栻宗），南海桂氏家族（桂文耀、桂坫）等。
④ 梁鼎芬等修：《[民国]番禺县续志》卷二十《人物志》"许应鑅"，第3页。

二 清代广州城进士群体的历史贡献

清代广州城进士群体作为科举功名体系的上层，基本上都饱读诗书、熟悉儒家伦理教义，具有较高的文化素质，对当时社会的发展做出了积极的贡献，大致可以分为以下三方面：

首先，任职中央和地方的行政官员，清正廉洁、为民请命、造福一方。突出者，如番禺状元庄有恭，历任翰林院修撰、侍讲学士、光禄寺卿、刑部尚书、协办大学士、两江总督等职，以救灾抚恤和兴修水利著称于时。他主持修筑三江水利工程，"选绅耆，赋工役，刻期日程，力作不烦……至明年三月已成，借帑二十二万有奇。自以尽心于此，冀裨农田，撰《三江水利纪略》而为之序"，此后"浙西数郡旋长旋消，不为患害"①。又如番禺进士梁肇煌，"按临各郡试卷必躬亲校阅，夜以继日，精勤忘疲。……所至振兴文教，颁文诰四条，曰重伦纪，曰通经史，曰习词章，曰慎行检。"②再如南海探花罗文俊，官浙江学政，"绝请托，杜包苴，所识拔多寒儒宿学素有声名者，试后人皆悦服"，后又修葺扩建阮元创建的西湖诂经精舍，"每课亲自校阅，取其尤者延誉之"，"去官后，两浙人士祀其主于舍中，以配食阮相，示不忘也。"③类似者不胜枚举。

其次，由于进士的文化素养总体而言远在一般士人的平均水准之上，他们又成为当时思想、文化成果的主要传播者和创造者。下表所示就证明了这一点：

表3 清代广州城进士群体著述一览表

姓 名	著 述
方殿元	《九谷集》四卷、《环书》一卷
卫廷璞	著有《窥巢稿》《妄蜇草》，纂修《建平县志》
韩 海	《东皋诗文集》二十卷
钟 狮	《铁桥诗集》二卷

---

① （清）任果、常德修，（清）檀萃、凌鱼纂：《［乾隆］番禺县志》卷一五人物十一。

② 梁鼎芬等修，丁仁长等纂：《［民国］番禺县续志》卷二〇人物志三。

③ （清）郑梦玉等修，（清）梁绍献等纂：《［同治］南海县志》卷一三列传一。

姓　名	著述
凌　鱼	著有《书耘斋》前后集，总纂乾隆《番禺县志》
何　纮	《峀村集》
谢敦源	著有诗赋二卷，高平檀萃为之点定，颜曰《清丽集》
邱先德	《学殖草堂未定稿》《滋畬制义》《赓飏集》《粤秀课艺文征》等
何会祥	《勤业轩文诗稿》
刘彬华	著有《玉壶山房诗钞》，辑有《岭南群雅》《岭南四家诗钞》，总纂道光《广东通志》，修纂嘉庆《阳春县志》、道光《阳山县志》和《永安县志》
金菁莪	《轩于轩诗钞文钞》
刘　霈	《绿荫堂古近体诗》若干卷
冯　询	《子良诗存》二十二卷，试帖一卷，诗录十卷，文存一卷，随笔一卷
吴家懋	《欣所遇斋诗存》
张维屏	《松心诗略》《听松庐诗话》《艺谈录》《国朝诗人征略》
陈其锟	《陈礼部文集》一卷、诗稿《凡含香集》四卷、《循陔集》八卷、《载酒集》四卷、词话《月波楼琴言》三卷
许祥光	《选楼集句》二卷
梁同新	《碧山草堂诗文集》《图书奥义》《短亭遗集》
黄玉阶	《韵陀山房诗文集》《萱苏室词钞》《游仙唱和词》
史　澄	《安和堂世范》《趋庭琐语》《鉴古迻言》《史氏本源录》《退思轩行年自记》《古今体诗》《继园随笔》《实录馆凡例》，总纂光绪《广州府志》和同治《番禺县志》
梁国珍	《守鹤庐经说诗文集》
何若瑶	《公羊注疏质疑》《两汉考证》《海陀华馆诗集》和《海陀华馆文集》
梁国瑚	《听琅轩馆诗钞》二卷
陈泰初	《问月楼诗文稿》
许应骙	《谕折汇存》等
李光廷	《汉西域图考》七卷、《广元遗山年谱》二卷、《北程考实》二卷、《宛湄书屋文钞》八卷、诗钞二卷、《普法战纪辑要》四卷，辑有《守约篇丛书》160卷
许应镳	著有《晋砖馆诗文集》，辑有《先儒粹言为习是编》和《衍祥堂述闻》
杨荣绪	《十三经音义考》《左传博引》等

续表

姓　名	著述
梁肇煌	《读书撮要》二卷、《读书摘录》四卷、《思诚斋文集》二卷
叶衍兰	《秋梦庵词钞》《秋梦庵词钞续》《秋梦庵词钞再续》《海云阁诗钞》《清代学者像传》等
曹秉濬	《味苏斋文集》一卷、赋二卷、诗二卷
何文涵	《一壶吟稿》三卷
曹秉哲	《紫荆吟馆诗集》四卷
梁肇晋	《希古堂诗文集》四卷
潘宝鐾	《望琼仙馆诗抄》
陈维岳	《有文词稿》《读书札记》
吴道镕	著有《澹庵文存》《澹庵诗存》《明史乐府》，辑有《广东文征》等二百四十卷，主修《番禺县续志》
梁鼎芬	《节庵先生遗诗》及续编、《节庵先生遗稿》及剩稿、《节庵先生扇墨》等
丁仁长	《中兴宝鉴》《先正读史法》及《毛诗传笺义例考证》
林国赞	《三国志裴注述》二卷、《三国疆域志补正》四十四卷、《三国臆说》八卷、《读史记日录》四卷、《读汉书日录》八卷、《读诸史日录》二十卷、《读三国志杂识》四卷、《读史丛考》十六卷、《读日知录札记》二卷、《西山房文甲集》十二卷、《西山房文乙集》六卷、《西山房文外集》四卷
梁于渭	考证金石之作《麟枕簿》
张学华	《闇斋文稿》《采薇百咏》《闇斋词》等
林国赓	著有《读陶札记》《元史地理今释》《近鉴斋经说》《钩录庵读书偶记》，校正影宋本《北堂书钞》一百零六卷
陶邵学	《续汉志刊误》《补后汉书食货刑法志》《琴律》《颐巢类稿》等
傅维森	《缺斋遗稿》文二卷、诗一卷，《端溪书院志》七卷
商衍鎏	《商衍鎏诗书画集》《清代科举考试述录》和《太平天国科举考试纪略》
任清涟	《兰堂诗文集》
梁佩兰	《六莹堂集》前后集、文集共十六卷
关上进	平生多著述，除所刊各种制义外，有《木兰轩诗集》《粤杂记》等书
何梦瑶	《医碥》《伤寒论近言》《幼科良方》《妇科良方》《医方全书》《算迪》等
何如漋	辑有《四书自得录》十卷、《庄子未定稿》四卷
冯成修	《养正要规》《学庸集要》《人生必读书纂要》和《文基文式》等

续表

姓　名	著述
陈炎宗	总撰《佛山忠义乡志》十一卷
梁昌圣	《碧霞书屋诗钞》
颜惇恪	《常惺惺斋诗集》
吴荣光	《历代名人年谱》《筠清馆金石录》《筠清馆帖》《辛丑销夏记》《帖镜》《石云山人文集》《绿枷楠馆诗稿》《吾学录》等
邓士宪	著有《慎诚堂集》四卷，总纂道光《南海县志》
谢兰生	《常惺惺斋文集诗集》八卷、《书画题跋》等
倪济远	《味辛堂诗存》四卷，《茶嵋舍词稿》一卷
何文绮	《课余汇钞》《四书讲义》和《周易从善录补注》
罗文俊	《绿萝书屋文集》
桂文耀	《群经补正》《席月山房词》《清芬小草》等
冯锡镛	著有《倚松阁诗钞》，总纂同治《南海县志》
孔继勋	《岳雪楼诗存》《馆课诗赋钞》《云泉题唱》《岳雪楼骈文集》《北游日记》等
梁绍献	著有《四书集解》《怡云山房诗文集》，主纂续修《南海县志》二十六卷
洗　斌	《养云庐遗草》四卷、《谏草焚余》二卷
吴祖昌	《三树堂诗文集》
朱次琦	著述颇丰，有《国朝名臣言行录》《国朝逸民传》《性学源流》《五史实征录》《晋乘》《蒙古见闻》《是汝师斋遗诗》等
明之纲	纂修《桑园围总志》
林彭年	生平著述除一篇《上王侍郎茂荫书》留存外，其余湮没失传
冯栻宗	著有诗集二卷，倡修《桑园围志》，编订《九江乡志》
潘衍桐	《朱子论语集注训诂考》三卷、《尔雅正郭》二卷、《雅堂诗话》三卷、《拙余堂诗文集》四卷，辑有《两浙輶轩续录》五百卷
李应鸿	《读史随笔》一卷、《读律拟草》二卷、《政言》四卷、《虚谷子》一卷、《四书讲义》三十四卷、《毓兰馆诗文集》二卷
崔　佐	《葫芦诗集》
谭宗浚	《希古堂文集》（甲、乙集）、《辽史纪事本末》、《芳村草堂诗抄》、《于滇集》、《两汉印经考》、《荔村随笔》等
廖廷相	《三礼表》《粤东水道分合表》《顺天人物志》《经说》《韵学》《诸史札记》《金石考略》和文集等若干卷

续表

姓 名	著 述
崔舜球	《懒云山馆诗草》一卷、《谒陵纪程》一卷、《都门杂记》一卷
谭维铎	《南村杂咏》
余赞年	《四书撮要讲义》《诗经摘要》《易经摘要》,诗文集若干卷,均散佚无存
罗传瑞	《中外大略》四十八卷、《小湖山堂诗文集》四卷,辑有《范文正公政府奏议》三卷、《李忠定公奏议》十五卷、《张江陵书牍》十二卷、《时务粹精六种》四卷
桂 坫	著有《晋砖宋瓦实类稿》《说明简易释例》《诵清宧诗选》等,总纂宣统《南海县志》《恩平县志》《西宁县志》,纂修道光《广东通志》广州人物志部分
杨裕芬	《逊志堂经说》《逊志堂文集》《补三国疆域志今释》等
康有为	《康子篇》《新学伪经考》等
黎湛枝	与温肃、欧家濂合编《德宗景皇帝圣训》
关文彬	《学海堂读书答记》《说文释例》等
江孔殷	《兰斋诗词存》
关赓麟	《瀛谭》《借山楼集》《东游考察学校记》《京汉铁路之现在及将来》《中国铁路史讲义》等著,编有《稊园诗集》(丛书)多种

上表所示资料基本反映了清代广州城进士群体在思想、文化方面的成果与贡献,其领域涉及经学、文学、史学、地理方志、音乐、医学等众多方面。仅以叶衍兰为例。叶氏"于制艺、骈体、诗词之外,凡篆隶各体以及钟鼎文,俱能临摹逼肖,又工写花卉,善画美人,精刻印章"①,所著《秋梦庵词钞》缠绵清绝,成为独秀一时的词坛"春兰",所辑《清代学者像传》使得清代学术史变得鲜活生动,足资嘉惠后学。

最后需要指出的是,这些优秀人才因自身或父母原因不愿入仕而出任教职,或晚年辞官从事教育,他们在各地任教,传播和普及儒学,推动了岭南文化教育工作的发展。据笔者统计,广州番禺和南海两县进士中,共有58人曾从事教育工作,详见下表:

---

① 张维屏撰:《艺谈录》卷下,《张南山集》,清道光咸丰间刻本,第51页。

表 4　　　　　　　清代广州城进士教书育人情况一览表

姓　名	从事教育情况
蔡名载	罗定州学正
韩　海	封川教谕
黄　壮	琼州府教授，兼义学山长，自是琼州文风渐起
何　纮	惠州府教授
冯　询	年老辞官，主讲吉安书院
周日新	任知县，数月后辞官，授徒为业
陈其锟	主讲羊城书院 30 年
黎崇基	府学教授
史　澄	先后掌教丰湖书院、端溪书院和粤秀书院
沈史云	曾先后任越华书院、应元书院山长，成就人才甚众
李光廷	晚年辞官归故里，主讲禺山书院，旋补学海堂学长，嗣执掌端溪书院以终
高学瀛	主讲三水县行台书院
何文涵	主讲禺山书院
廖鹤年	光绪初，以亲老辞官返乡，课徒郡学中，从游者众
梁肇晋	以亲老假归，主讲禺山书院
潘宝鋆	主讲粤秀书院、禺山书院，名士多出其门下
张鼎华	主讲越华书院
何荣阶	晚年主讲端溪、应元等书院
陈维岳	主讲潮州金山书院
凌　端	掌教禺山、金山、明达、景韩、棉阳各书院
吴道镕	历主潮州韩山书院、金山书院，惠州丰湖书院，三水肄江书院，广州应元书院，又曾于郡学设馆，任两广高等学堂监督
梁鼎芬	应张之洞聘，主讲广东广雅书院和江苏钟山书院
丁仁长	历主越华、丰山各书院，掌教广东高等、存古、教忠各学堂
柳　芳	以丁母忧归，主讲金山书院
潘履端	韶州府教授、高州府教授
凌彭年	以亲老辞官，教授乡里，主讲凤冈书院
潘宝琳	主讲羊城书院、粤秀书院

续表

姓　名	从事教育情况
林国赓	主讲端溪书院
周汝钧	主讲香山榄山书院，兼学海堂学长
陶邵学	主讲肇庆星岩书院、紫林精舍，后聘为肇庆中学监督
傅维森	假归省亲，主讲端溪书院
何梦瑶	先后在广州粤秀书院、越华书院主持院务
冯成修	掌教广州粤秀、越华书院，受业数百人，世称"潜斋先生"
陈炎宗	在岭南义学讲课授徒
谢兰生	羊城书院掌教
区玉麟	粤秀书院山长
何文绮	授徒为业，门生甚众，曾主讲粤秀书院
方翀亮	主讲鹤山义学
黄其表	主讲三湖书院
梁绍献	主讲西湖书院、羊城书院
洗倬邦	主讲三湖书院
朱次琦	讲学于九江礼山草堂，世称"九江先生"
游显廷	以教书授徒为业，先后主讲观澜书院、西湖书院
陈汝霖	主讲西湖书院
潘衍桐	主讲越华书院
冯栻宗	主讲西湖书院
陈序球	主讲西湖书院
梁　融	高州府教授
刘廷镜	主讲三湖书院
麦宝常	主讲三湖书院
廖廷相	历任金山书院、羊城书院、应元书院、广雅书院山长，又任学海堂和菊坡精舍学长10余年
林其翔	高州府教授
龚其藻	高州府教授
罗传瑞	主讲佛山北江书院
桂　坫	主讲东莞龙溪书院

姓　名	从事教育情况
杨裕芬	两湖书院经学讲席，后为菊坡精舍、学海堂学长
区大原	广东省公立法政专门学校（国立中山大学前身之一）校长、香港大学、汉文中学、学海书楼中文教习等
区大典	香港大学经学总教习、尊经学校校长

　　上表所示资料反映了清代广州城进士群体在各地任教的基本情况。其中对当时和后世影响较大者，如开创九江学派的朱次琦（1807—1881），早年肄业羊城书院、越华书院，于道光二十七年（1847）中进士，并于咸丰二年（1852）任山西襄陵知县，旋引疾归隐，讲学于九江礼山草堂，学者称其九江先生。其讲学大旨"无分汉宋"，以"修行读书"为务。朱次琦的学生中，以康有为、简朝亮最为知名。

　　作者通信地址：广东省广州市越秀区中山四路42号毛泽东同志主办农民运动讲习所旧址纪念馆，邮编：510055

责任编辑：张玉华

文字考释

南越国罗泊湾大墓《从器志》木牍文字考释补证[*]

辛 蔚[**]

中山大学人类学系，广东广州，510275

摘 要：南越国罗泊湾大墓《从器志》木牍，对南越国历史学与考古学的研究具有重要的历史意义，自张振林先生和张荣芳先生首次释读以来，诸家仍有误释或未释之处。笔者重新审释了其中三组南越国语文词汇，分别为："枏机"，当隶定为"枏机"训为"房几"，或隶定为"秋机"训为"俎几"；"木狗"，隶定为"木狗"训为以岭南特有小动物"玄豹"皮毛制作的坐具皮褥；"擿"，隶定为"擿"训为常与"鼓"配合使用的乐器"鼜"。这些词汇皆有着鲜明的南方汉语文和南越国语文的时代特征，既与中原汉语文存在历史联系，又与中原汉语文存在文化区别。南越国文字有着自身的逻辑形态，在具体的出土文献的释读过程中，不应忽视其与楚语文、吴越语文、巴蜀语文之间的特定联系。

关键词：南越国；罗泊湾汉墓；从器志；房俎；木狗；鼜

1976年和1979年，中国考古学家在广西贵县郁江流域的罗泊湾地区，发现两座时代大体相同且位置相互毗邻的南越国大墓，这两座墓葬虽然在历史时期有过盗扰，但是保存基本完好，经集体考古发掘，分别标为"一

---

* 本文为广州市委宣传部2017年度《广州大典》与广州市历史文化研究重点项目"南越国金石铭刻与南越国史研究"（批准号：2017GZZ04），广州市社科联2017年度羊城青年学人项目"南越国金石铭刻丛考"（批准号：17QNXR49）部分成果。

** 辛蔚（1985— ），男，蒙古族，内蒙古巴林左旗人。现任中山大学人类学系特聘副研究员，历史学博士、考古学博士后。

号墓"①和"二号墓"②。1988年，广西壮族自治区博物馆正式出版了独立发行的考古报告书《广西贵县罗泊湾汉墓》③。

关于罗泊湾大墓的性质，原始考古简报推定为南越国时期侯王级别的夫妇墓葬，最新的研究认为当系南越国西瓯族君长夫妇的墓葬④。其中的"一号墓"更是出土了非常珍贵的南越国"遣册"性质的简牍文献《从器志》，系南越国历史学与考古学领域的首次重大发现，同时对于南越国文字研究具有重要的价值与意义。

2014年至2016年，笔者在撰写博士后工作报告书《南越国文字研究》期间，曾专门拜访了最早对南越国罗泊湾大墓《从器志》木牍进行考释和研究的专家——中山大学古文字学家张振林和秦汉史学家张荣芳——两位先生皆曾言及，彼时受考古发掘方委托，专门针对罗泊湾大墓木牍，联合撰写过一篇考释文章《广西贵县罗泊湾一号汉墓出土〈从器志〉考释》，原稿曾投往《文物》杂志社，随考古《简报》待刊，不过非常遗憾的是，文稿未被编辑部采录，杂志社亦未将文稿奉还，于是文稿散逸，部分内容仅见诸正式出版的考古报告书《广西贵县罗泊湾汉墓》（下文凡援引此书展开论证者，皆简称"原始《报告》"，不另赘注）。由于张振林先生和张荣芳先生合作撰写的原稿未能独立发表且已散逸，而考古报告书又受到编撰体例和早期出版技术的双重影响，不可能对文稿进行全部征引且所附照片极为模糊，因此学界对罗泊湾大墓《从器志》木牍的研究，始终未能得到有序推进，严重制约了研究的广度和深度，直至胡平生先生和徐刚先生在《中国简牍集成》中对木牍文字予以重新考订⑤，方才在研究的系统性上实现新的飞跃。

---

① 蒋廷瑜、邱钟崙、梁肇池、梁进蒠：《广西贵县罗泊湾一号墓发掘简报》，《文物》1978年第9期，第25—43页。

② 兰日勇、覃义生：《广西贵县罗泊湾二号汉墓》，《考古》1982年第4期，第355—364、453—454页。

③ 广西壮族自治区博物馆编：《广西贵县罗泊湾汉墓》，文物出版社，1988年。

④ 参见辛蔚：《南越国"圭禾司"印与"夫禾司"印考》，《边疆考古研究》2017年第2辑，第207—217页；辛蔚：《南越国"圭禾司"印与"夫禾司"印续考》，《暨南史学》2019年第1辑，第1—12页。

⑤ 参见中国简牍集成编辑委员会编：《中国简牍集成》（标注本）第十七册，《湖南省（散简）广西壮族自治区　江西省　青海省　陕西省卷》，敦煌文艺出版社，2005年，第1295—1304页。

由于中国秦汉时期"遣册"类简牍，在性质、内容、形式、体例之上相对规范和整饬，较之于同时代其他类型的简牍文献，其释读与考证相对容易，因此自南越国罗泊湾大墓《从器志》木牍发现以来，诸如陆锡兴[①]、蒋廷瑜[②]、冼光位[③]、王贵元[④]、刘洪涛[⑤]、刘玥[⑥]、肖圣中[⑦]、陈泽泓[⑧]等专家，先后分别进行了殊为有益的探索，有力推动了南越国罗泊湾大墓《从器志》木牍的持续研究。

最近，笔者在对南越国罗泊湾大墓《从器志》木牍的识别与研读过程中，仍然发现一些南越国语文研究的盲点与误区，尚未引起南越国历史学与考古学界的措意和发明，仍需进一步考释和补证，分述如下：

一 梠机/枙机

"梠机"，原始《报告》隶定为"梠机"，未予释义，胡平生先生和徐刚先生隶定为"枙机"[⑨]，其中"枙"为"㭭"的异体字，音"凭"，"机"通"几"，训为"可以靠背的几"，刘洪涛先生释义与之略同，且以之为明器而非实用器[⑩]。笔者认为，有两种隶定与释读方案，当隶定为"梠机"训为"房几"或隶定为"枙机"训为"俎几"，皆系源自于食器"俎"的文房用

① 陆锡兴：《关于罗泊湾汉墓〈从器志〉的重文号》，《文物》1984年第4期，第56页。

② 蒋廷瑜：《广西贵县罗泊湾出土的乐器》，《中国音乐》1985年第3期，第45—46页。

③ 冼光位：《西汉木牍〈从器志〉及其特点研究》，《广西地方志》2001年第2期，第38—44页。

④ 王贵元：《广西贵县罗泊湾一号汉墓木牍字词考释》，《西北大学学报（哲学社会科学版）》2011年第1期，第107—110页。

⑤ 刘洪涛：《释罗泊湾一号墓〈从器志〉的"凭几"》，《考古与文物》2012年第4期，第101—103页。

⑥ 刘玥：《汉墓遣册词语考释七则》，《宁夏大学学报（人文社会科学版）》2013年第5期，第14—16页。

⑦ 肖圣中：《先秦两汉楚地出土文献所见古乐器名汇辑略释》，刘玉堂主编：《楚学论丛》第四辑，湖北人民出版社，2015年，第20—26页。

⑧ 陈泽泓：《由陆贾〈南越行纪〉及罗泊湾汉简谈方志起源》，《中国地方志》2018年第6期，第30—34页。

⑨ 参见中国简牍集成编辑委员会编：《中国简牍集成》（标注本）第十七册《湖南省（散简）广西壮族自治区　江西省　青海省　陕西省卷》，敦煌文艺出版社，2005年，第1295—1304页。

⑩ 刘洪涛：《释罗泊湾一号墓〈从器志〉的"凭几"》，《考古与文物》2012年第4期，第101—103页。

具，其在性质和形式上当属于小桌案。

先秦时，作为食器的"俎"与作为坐具的"几"同源，因前者常应用于祭祀礼仪，后者常应用于日常生活，故双方在形式上繁简有别。"且"与"俎"属古今字，《说文》："俎，礼俎也。从半肉在且上""且，荐也。从几，足有二横，一其下地也""几，踞几也"。《玉篇》："几，案也。"亦作"机"，《左传·昭公五年》："设机而不倚"。关于"俎""几"的形制，王国维《观堂集林·说俎》根据郑玄之说，推定如下："俎之为物，下有四足，足间有木以相距。所谓横也；横或中足，或在足胫。其足当横以下谓之距，亦谓之房"，"房，半俎也。谓半解其体升之房也"，"升半体之俎，当有两房。半体各置其一，合两房而牲体全"，"以其似宫室有左右房，故谓之房俎"，"但俎或加栏而界为二，几乃无之，余则无不同也"①，其说甚是。

战国南方楚墓出土的"遣册"类文献，如包山楚简另出现了"大房""小房""房几"等名称。承前所述，"房"并非"俎"之种类，而是"俎"面之下与"牺牲"相互配合的左右陈设空间，我们认为"大房"与"少房"的区别与联系，即在于"俎"面上方是否另置立板，由于立板的装饰性较强且较足板轻便高大，因此在视觉上，带立板者，"俎"上空间大于"俎"下两房，故曰"少房"；不带立板者，"俎"上空间小于"俎"下两房，故曰"大房"②，是故"大房"与"少房"实为"大房俎"与"小房俎"之省称③，至于"房几"，应属"俎"面之下，虽无介距，但四足俱全，仍呈堂室之貌而泛称"房"者，然其性质既已由食器转变为案具，其在楚简中的出现，则更为常见和频繁。这种情况，也暗示了战国时代"俎"与"几"在名实上的动态变迁的混同状态，及至秦汉时代"俎"与"几"在器物形制上业已趋同，诚如王国维先生《观堂集林·说俎》所言："秦

---

① 王国维：《观堂集林》第三卷《说俎上》《说俎下》，《王国维遗书》，上海古籍出版社据商务印书馆1940年版影印，1983年，第17—19页。

② 目前有关"大房""小房"的区别与联系问题，学界仍存一定程度的争议。虽然刘国胜也认为辨别"大房""小房"的关键在俎面是否存在"立板"，但是其分析角度、论证结论与笔者正相反。刘国胜认为有"立板"者为"大房"，无"立板"者为"小房"。参见氏著《楚丧葬简牍集释》，科学出版社，2011年。

③ 田河也曾指出"大房"与"小房"系"大房俎"与"小房俎"的简称，参见田河：《出土战国遣册所记名物分类汇释》，吉林大学2007年博士学位论文。

汉之俎与几全同，故直名几为俎"，"《方言》《广雅》皆云：俎，几也"。①

由于南越国罗泊湾《从器志》木牍之"梠机/柤机"的写法非常乖僻，特别是首字左侧为"木"，右侧笔画难以回旋呈上下叠加的两个略成方形的圆圈状，对此我们有两种隶定和释读方案：

一种方案隶定为"梠机"训为"房几"："梠"是典型的楚语文，属形声字，从"木""吕"声，通常指"堂房"的框架，即"宇"，新蔡楚简作"✳3"，其中的"吕"正呈两个圆圈状。《仪礼·士丧礼》："置于宇西阶上"，汉郑玄注："宇，梠也"，《广雅》："梠，楣、檐、櫺皆谓之梠"，《说文》："梠，楣也""楣，秦名屋边联也，齐谓之檐，楚谓之梠"，"机"按前引《玉篇》通"几"，因此"梠机"即前文论证的"房几"。

一种方案隶定为"柤机"训为"俎几"："柤"系南越语文，并且文字特征更加古雅，由于甲骨文中的"俎"为指示兼会意字，取"且"中上下各置"半肉"之意，常作"🍖"，亦有"🍖""🍖""🍖"等异体，其中"半肉"之形繁简各异，因此后世传抄古文字中出现的"肉"形常作"℃""∩""丶"诸态即是渊源于此。譬如："脩"字有取"脯肉"之形作"🍖"者；"昔"字有取"残肉"之形作"🍖""🍖"者；而"祭"字的文例则更加庞杂繁缛，有取"全肉"之形作"🍖"者，亦有取"半肉"之形作"🍖""🍖""🍖"者。而南越国"柤"字，则属形声字，从"木""俎"声，因其已由食器变为案具，故而简省"且"之形，而"癶"呈两个圆圈状，即是前文"肉"形常作"℃""∩""丶"诸态之象形，又"机"按前引《玉篇》通"几"，因此"柤机"即前文论证的"俎几"。

是故，南越国罗泊湾《从器志》木牍之"梠机"与"柤机"两种隶定与释读方案皆可成立，前者系楚语文，后者系南越语文，双方在文字性质上同属形声字，在器物形制上皆是源自于食器"俎"的案具。

二　木狗

"木狗"，原始《报告》释义为"木雕狗俑"，胡平生先生和徐刚先生

---

① 王国维：《观堂集林》第三卷《说俎上》《说俎下》，《王国维遗书》，上海古籍出版社，1983年，第17—19页。

亦从之①。笔者认为，隶定为"木狗"准确无误，当训为以岭南特有小动物"玄豹"的皮毛制作的坐具皮褥。

先秦之时，作为禽兽之名，以"句"为声符再配以不同形符组成之形声字，皆取其幼小之意，且既有特指又有泛称。譬如幼鸟为"鸲"，《列子·天瑞》："鸲掇千日，化而为鸟"；再如幼鼠为"鼩"，《尔雅·释兽》："鼩鼠。小鼱鼩也"；再如幼马为"驹"，《周礼·夏官·廋人》郑玄注："马三岁曰驰，二岁曰驹"；再如幼兽为"狗"，《礼记·曲礼》疏："大者为犬，小者为狗"，《尔雅·释畜》："未成豪，狗。狗子未生稇毛者"，《尔雅·释兽》："熊虎丑，其子狗"，晋郭璞注："律曰，捕虎一，购钱三千，其狗半之。"以上种种不约而同，惟其中的"狗"之于犬熊虎等兽，其所能指尤其宽泛，实为"幼兽"之类。

秦汉南方及百越之地，方言俚语有"水狗"与"木狗"之称。虽然其所蕴含的"幼小"之含义业已式微，但是更加倾向于特指的专有名词，且冠以其常所居与尤擅长之事，则属南方汉语之特色。前者"水狗"，《尔雅·释鸟》："鴗，天狗。"郭璞注："小鸟也。青似翠，食鱼，江东呼为水狗。"后者"木狗"，《正字通》援引熊太古《冀越集》曰："木狗，生广东左右江山中，形如黑狗，能登木。皮为衣褥，能运动脚气。"李时珍《本草纲目》推定其为"玄豹"，甚确。《本草纲目》卷五一《兽部·木狗》记载："珍尝闻蜀人言：川西有玄豹，大如狗，黑色，尾亦如狗。其皮作裘、褥，甚暖。冬月远行，用其皮包肉食，数日犹温，彼土亦珍贵之，此亦木狗之属也。"《楚辞·大招》："山林险隘，虎豹蜿只。"汉王逸注："南方有高山深林，其路险陁，又多虎豹，匍匐蜿蜒，以候伺人也。"《楚辞·山鬼》："乘赤豹兮从文狸，辛夷车兮结桂旗。"宋洪兴祖注："豹有数种，有赤豹，有玄豹，有白豹。"可见，秦汉南方及百越之地，对于豹之认知与分类较之中原地区更加精密，"木狗"当系南方汉语专有名词，当系"玄豹"的方言或俚语，殆无疑意。

南越国罗泊湾《从器志》木牍之"木狗"的文例与结构当与"水狗"相

---

① 参见中国简牍集成编辑委员会编：《中国简牍集成》（标注本）第十七册《湖南省（散简）广西壮族自治区 江西省 青海省 陕西省卷》，敦煌文艺出版社，2005年，第1295—1304页。

同，皆系南方汉语的专有名词，"狗"当属形声字，从"豸""句"声，特指南方地区的"玄豹"而非泛指犬熊虎等幼兽。虽然南越国亦有食犬之习俗，而江陵凤凰山汉墓葬"遣册"亦曾有犬俑陪葬之记录，但是此处绝不可理解为木雕狗肉象生或木雕玩具象生，因木牍此栏"木狗"与"栒机/枞机"并列，又皆"缯囊"，故可知二者的器物性质应当相同。承前所述，由于"栒机/枞机"实是源自于食器的案具，因此"木狗"当系以"玄豹"之皮制作用于保暖的坐具皮褥。此外，需要特别指出的是，尽管"木狗"亦可当作包裹食物的保温器具，然而根据战国至汉初的诸侯丧葬礼制，随葬的鲜食当直接呈供于房俎上之配飨，若需为鲜食保温，则当以"木狗"覆盖其上，而无需为"木狗"再配以"缯囊"，是故亦可证"木狗"与"栒机/枞机"皆非食器。

三 掞

"掞"，原始《报告》认为"掞字不识，从与越筑并列看，推测为一种乐器"，蒋廷瑜先生认为当系"琴"的同音假借字[1]，胡平生先生和徐刚先生隶定为"㩵"通"琴"[2]，肖圣中先生隶定为"鼗"，章句为"鼗（筑），越筑，各一"即器侧有槽之筑与器底有槽之筑各一具[3]。笔者认为，原始《报告》隶定为"掞"准确无误，当训为常与"鼓"配合使用的乐器"鼗"。

先秦之时，中原地区作为乐器的"鞀"的异体字，多以音近的"兆"字为声符，形符则多不固定，如据《说文》"鞀或从兆"隶定作"鞉"，据《说文》"鞀或从鼓"则隶定作"鼗"。"鞀"字在传世儒家经典中，最常见的异体字形式，即为常与"鼓"并举的"鼗"。如《礼记·王制》："天子赐伯子诸侯乐，则以柷将之。天子赐伯子男乐，则以鼗将之"。又《周

---

① 蒋廷瑜：《广西贵县罗泊湾出土的乐器》，《中国音乐》1985年第3期，第45—46页。

② 参见中国简牍集成编辑委员会编：《中国简牍集成》（标注本）第十七册《湖南省（散简）广西壮族自治区 江西省 青海省 陕西省卷》，敦煌文艺出版社，2005年，第1295—1304页。

③ 肖圣中：《先秦两汉楚地出土文献所见古乐器名汇辑略释》，刘玉堂主编：《楚学论丛》第四辑，湖北人民出版社，2015年，第20—26页。

礼·春官·大司乐》："靁鼓、靁鼗""冬日至，于地上之圜丘奏之"；"靈鼓、靈鼗""夏日至，于泽中之方丘奏之"；"路鼓、路鼗""于宗庙之中奏之"。《周礼·春官·小师》郑玄注："鼗如鼓而小，持其柄摇之，旁耳还自击。"《仪礼·大射仪》郑玄注："鼗如鼓而小，有柄，宾至摇之，以奏乐也。""鞀"字在出土文献中，另出现的异体字形式，则有如包山楚墓出土的同属"遣册"类文献中的"軴"，因木牍所录皆为葬车所载之专用器具，故其形符从"车"。至于《尔雅》训"鞀"为"辽"，《释名》训"鞀"为"导"，此皆为声训中的叠韵，盖取"鼗"声辽远且为众乐前导之意。

由于"匋""鼗"音同，又可不必取音近的"兆"为声符，另见竟取"匋"字之音，再配以形符，构成新的形声字，进而取代"鼗"之特例。如《周礼·冬官·考工记》："韗人为皋陶"，此皋陶与皋陶氏无关，郑玄注："皋陶，鼓木也"。其中的"皋"字，注通"馨"，训为"大鼓"；其中的"陶"字，注通"鞀"，则可训为"小鼓"，即前文论证的"鼗"。于是《玉篇》"匋"亦作"陶"，《韵会》"陶"通作"鞀"，《广韵》："鼗，音陶，如鼓而小，持其柄摇之，两耳还自击"。

南越国罗泊湾《从器志》木牍之"掏"，属形声字，其中的"匋"正与包山楚简匋字之形"𠣤"相互吻合，即竟取"匋"字之音，再配以"手"字为形符，构成新的形声字"掏"，进而指代乐器"鼗"。承前所述，先秦礼乐制度中的"鼓"与"鼗"通常并举，木牍前句述有"大画鼓一＝缯囊"，虽然其中的重文符号"＝"简省的即为常与"鼓"并列的"鼗"，章句当系"大画鼓一，（鼗）一，皆缯囊"，但是写手在勘验时发现，常与"鼓"并列的"鼗"并未随葬，而是另出现了"掏"，"掏"在性质上尽管同属"鼗"，然而在形制上越地制作当与中原制作略有所差异，故写手于上句"鼗"字空缺而仅书以重文，下句则将"掏"与同产于越地的"越筑"并列书之。

综合上述分析，我们在重新审读南越国罗泊湾大墓《从器志》木牍文字的基础上，进一步分析和考证了诸家误释或未释的三组重要的南越国语文词汇，分别为：1."梠机/枛机"，当隶定为"梠机"训为"房几"，或隶定为"枛机"训为"俎几"，皆为源于食器"俎"的小桌案；2."木狗"，隶定为"木狗"准确无误，当训为以岭南特有小动物"玄豹"的皮毛制作的坐具皮褥；3."掏"，隶定为"掏"准确无误，当训为常与"鼓"相互配合使用的乐器"鼗"等。

以上这些南越国语文词汇，皆具有鲜明的先秦时期南方汉语文或秦汉之际南越国语文的特色，其在汉字性质即"形""音""义"之关系诸问题上，较之于中原汉语文，既有特定的历史联系，又有重要的文化区别，其在名实制度即"能指"与"所指"诸问题上，则更加彰显南越国时代岭南文化的独特魅力。这种情势，也深刻地提醒着我们：虽然秦文字是南越国文字的基础，岭南地区直接参与了秦"书同文字"的全过程①，但是南越国文字的形成与发展实是有着自己的语文逻辑，其在中央京畿（番禺）地区、诸侯国地区、少数民族地区之间，仍然存在着一定程度的差异，因而在针对具体的南越国出土文献资料的释读过程中，不应忽视南越国语文与楚语文、吴越语文、巴蜀语文之间的特定联系。

此外，南越国罗泊湾大墓出土的《从器志》作为非常系统的"遣册"类文献，其与先秦秦汉时代的贵族墓葬出土的"遣册"类文献有很多共通之处，由于它们在墓葬礼仪制度中陪葬品的序列和名称上大多相同或近似，因此进一步强化对南越国语文，尤其是《从器志》木牍文字的研究，可以进一步推进南越国历史学和考古学的联动发展。

作者通信地址：广东省广州市海珠区新港西路135号中山大学本部人类学系马丁堂大楼，邮编：510275

责任编辑：赵晓涛

---

① 参见辛蔚：《南越国"圭禾司"印与"夫禾司"印考》，《边疆考古研究》2017年第2辑，第207—217页；辛蔚：《南越国"圭禾司"印与"夫禾司"印续考》，《暨南史学》2019年第1辑，第1—12页。

粤方言河流通名"涌"本字考*

禤健聪**

广州大学人文学院，广东广州，510006

摘　要：根据岭南方志史料与诗集文献用字情况，指出粤方言中表河汉义的河流通名"涌"本字应为"漴"，其义由小水之会引申指交错会合的众小水。"漴"字《说文解字》已收，古已有之，而独于粤地广泛传用为河流通名，与珠三角地区水网纵横的地理地貌特征密切相关。

关键词：粤方言；涌；漴；本字

粤地近海，珠三角地区水网纵横，河汉众多。河流通名中最常见而又极富地域特色者，莫过于"涌"（粤方言音［tsʰuŋ⁵⁵］）。屈大均《广东新语》卷一一《文语》"土言"条："谓港曰涌，涌，衝也，音沖。"[1]所谓"港"，即与江河湖泊相通的小河。唐玄应《一切经音义》卷三引《字略》："港，水分流也。"[2]《玉篇·水部》："港，水派也。"[3]

《说文解字》："涌，滕也。从水、甬声。一曰涌水，在楚国。"[4]文献中"涌"以水向上冒为基本义，引申为涌动、满溢等义。据《广韵》当

---

* 本文系2018年度《广州大典》与广州历史文化研究课题"《广州大典》所收粤方言文本方言字词辑考"（批准号：2018GZY29）阶段性成果。

** 禤健聪（1978—　），男，汉族，广东三水人。广州大学人文学院教授，文学博士。
① （清）屈大均撰：《广东新语》卷一一，陈建华、曹淳亮主编：《广州大典》影印康熙三十九年刻本，第218册，广州出版社，2015年，第182页。
② 徐时仪校注：《一切经音义三种校本合刊　上》，上海古籍出版社，2008年，第71页。
③ （梁）顾野王著：《大广益会玉篇》，中华书局，1987年，第91页。
④ （汉）许慎撰：《说文解字》，中华书局，1963年，第230页。

"余陇切"①，今普通话音yǒng。《汉语大字典》《汉语大词典》均标注"涌"字有另一普通话音作chōng，义为"河汊"。《汉语大字典》标示为方言用法，引陈残云《香飘四季》例②；《汉语大词典》又谓"多用于地名"，引清梁廷枏《夷氛闻记》之例。③二例均属粤地文献。表示河汊义的"涌"与《说文》训"滕"的"涌"音义皆别，仅是同形关系，前者应属粤方言借字。白宛如《广州方言词典》释"涌"之义为"引河水的渠道，相当于小河，也可以行船"，并注"俗借字"。④方志或记写作"衝"，如明嘉靖《广东通志·舆地志一》记："粤江之水源于三江，合流于城南，中有海珠石，是谓珠江。合浈江、湟水出石门而东过沥滘、东衝。"并注谓："俗字衝作涌。"⑤此或屈大均《广东新语》以"衝"释"涌"之据。俗写也作"沖"，然"衝""沖"均应属借字。

河涌之"涌"粤地文献中也见写作"㴗"，如：

> 1. 北拥蓬莱宫数寻，西纫芙蓉㴗一线。……㴗前数行柳，二月东风娇。(钟启韶《西㴗曲》⑥)

> 2. 驹隙年虚掷，螺㴗笔浪皴。(梁信芳《羊城即事代书寄潮州教授冯默斋同年》⑦)

> 3. 独树沙㴗傍少微，轻红曾照赭黄衣。(徐荣《岭南荔枝词》⑧)

---

① （宋）陈彭年等修：《宋本广韵·永禄本韵镜》，江苏教育出版社，2002年，第68页。

② 汉语大字典编辑委员会编：《汉语大字典》（第二版），崇文书局、四川辞书出版社，2010年，第1754页。

③ 罗竹风主编，汉语大辞典编纂委员会、汉语大辞典编纂处编纂：《汉语大词典》（缩印本），汉语大词典出版社，1997年，第3281页。

④ 白宛如著，李荣主编：《广州方言词典》，江苏教育出版社，1998年，第414页。

⑤ （明）黄佐纂修：《广东通志》卷一三，陈建华、曹淳亮主编：《广州大典》影印嘉靖四十年刻本，第240册，广州出版社，2015年，第313页。

⑥ （清）钟启韶：《听钟楼诗钞》卷二，陈建华、曹淳亮主编：《广州大典》影印清道光十年刻本，第450册，广州出版社，2015年，第554、555页。

⑦ （清）梁信芳：《桐花馆诗钞》卷四，陈建华、曹淳亮主编：《广州大典》影印清咸丰元年刻本，第453册，广州出版社，2015年，第313页。

⑧ （清）徐荣：《怀古田舍诗节抄》卷一，陈建华、曹淳亮主编：《广州大典》影印清同治三年刻本，第457册，广州出版社，2015年，第351页。

　　4.柳波溺畔柳丝多，二月柳花飞过河。（吴炳南《羊城竹枝词》①）

例1、4"芙蓉溺""柳波溺"均是清代广州西关的小河汊，即芙蓉涌、柳波涌。例2作者自注"去年著有《螺溺竹窗稿》"，此稿道光二十九年桐花书屋刻本封面题作"蠃涌竹窗稿"，文中作"螺涌竹窗稿"。②例3作者自注"沙溺民家有宋帝昰所赏荔枝"，相传宋端宗赵昰曾流亡至今中山市南区沙涌，获献荔枝，"沙溺"即今沙涌。徐荣另有《罗隐溺》诗，③罗隐涌在今肇庆市鼎湖区桂城街道。《汉语大字典》"溺"字下列一音义作：zōng，崖岸、水边高处，收徐荣《岭南劝耕诗·六月》："溺头荔枝熟，菱藕皆森然。"④以"溺头"之"溺"为水岸，显误，此"溺"实仍是指河涌之"涌"。所谓"溺头"即"涌头"，指河流的堤岸，今珠江三角洲地区东莞、中山等地仍有地名"涌头"。

　　近时有人认为，将河涌之"涌"写作"溺"，是作者从古代权威字典找出来的音义俱近的古字，"乃是文人弃俗用雅的通病"。⑤其实未必。如前已述及，例2作者正式印行的诗集题作"螺涌"而非"螺溺"。又例1作者在同组诗词另处自注"柳波涌口与荔枝湾水合流"，用"涌"而非"溺"。收录例4的诗集《羊城竹枝词》，"柳波溺"他篇亦作"柳涌"（梁芳田，卷一页15；养花女史，卷二页28）、"柳波涌"（漆椿荣，卷一页3；黄绍勤，卷二页20；黎风南，卷二页31；林雨人，卷二页39；龚敏求，卷二页

① （清）吟香阁主人编：《羊城竹枝词》卷一，陈建华、曹淳亮主编：《广州大典》第504册，广州出版社，2015年，第227页。

② （清）梁信芳：《螺涌竹窗稿》，陈建华、曹淳亮主编：《广州大典》第453册，广州出版社，2015年，第273页。

③ 《怀古田舍诗节抄》卷一，陈建华、曹淳亮主编：《广州大典》第457册，广州出版社，2015年，第376页。

④ 汉语大字典编辑委员会编：《汉语大字典》（第二版），崇文书局、四川辞书出版社，2010年，第1870页。此诗见徐荣《怀古田舍诗节抄》卷一，陈建华、曹淳亮主编：《广州大典》第457册，广州出版社，2015年，第373页。

⑤ 黄国声：《西塱村的臆想》，《羊城晚报》2018年8月18日。

42）。① "涌""濮"应是当时人认可的记录河涌之"涌"的一组共时用字。

我们认为，粤方言的河涌之"涌"，本字就应为"濮"。《说文解字》："濮，小水入大水曰濮。从水、从众，《诗》曰：凫鹥在濮。"② 徐锴《说文解字系传》作"从水、众声。"③《诗·大雅·凫鹥》："凫鹥在濮，公尸来燕来宗。"毛传："濮，水会也。"④ 今普通话音 cóng，异体作"澯"。辞书概括其义为"小水流入大水"和"水流会合处"。⑤ 由小水之会自可引申指交错会合的众小水，也就是小河汊。此如粤地另一河流通名"滘"，本指河流交汇处，如著名的"思贤滘"，就是西江和北江两条珠江干流的交汇处；引申作河流通名，⑥ 如顺德有地名"叠滘"，别名"双溪"，曾称"叠水"，"滘"与"溪""水"同义。

表示会合的水流义的"濮/澯"后世一直有沿用。宋杨万里《芗林五十咏》有《碧芦濮》，诗云："春笋肥堪菜，秋花暖可毡。何须双野鸭，屏上五湖天。""碧芦濮"之"濮"或注"水会之处"⑦，实应指交会的河汊。今苏州相城区元和镇有地名作"濮泾"，又名"五濮泾"，因其地有蠡塘河、白兔泾等五条小河汇集而得名。"濮""泾"皆有河汊义，清朱骏声《说文通训定声·鼎韵》："今吾苏沟渎多名泾者，如采莲泾之类。"⑧

"濮"《广韵》有职戎、徂红（东部），藏宗（冬部）三切。⑨《康熙字典·水部》："濮，《唐韵》《正韵》徂红切，《集韵》《韵会》徂聪切，并音丛。"⑩ "丛"《广韵》同是"徂红切"。⑪ "聪"《说文》徐铉等注"仓红

① 《羊城竹枝词》，陈建华、曹淳亮主编：《广州大典》第504册，广州出版社，2015年，第232、257、226、253、259、263、264页。

② （汉）许慎撰：《说文解字》，中华书局，1963年，第232页。

③ （南唐）徐锴撰：《说文解字系传》，中华书局，1987年，第221页。

④ （清）阮元校刻：《十三经注疏》，中华书局，1980年，第538页。

⑤ 汉语大字典编辑委员会编：《汉语大字典》（第二版），崇文书局、四川辞书出版社，2010年，第1870页。

⑥ 黄小娅：《粤地河流通名"涌"和"滘"考辨》，《学术研究》2011年第11期，第156—158页。

⑦ （南宋）杨万里著，薛瑞生校笺：《诚斋诗集笺证》第四册，三秦出版社，2011年，第2050页。

⑧ （清）朱骏声撰：《说文通训定声》，武汉市古籍书店，1983年，第874页。

⑨ （宋）陈彭年等修：《宋本广韵·永禄本韵镜》，江苏教育出版社，2002年，第5、6、7页。

⑩ （清）张玉书、陈廷敬等编纂：《康熙字典》，成都古籍书店，1980年，巳集上第27页背。

⑪ （宋）陈彭年等修：《宋本广韵·永禄本韵镜》，江苏教育出版社，2002年，第6页。

切"，①《集韵》则作"麤叢切"。②反切上字"徂""藏"的声母中古属全浊的从母，粤方言全浊声母平声字读为送气清音，对应今音为［tsʰ］③；反切下字"红""宗"韵母中古分属东部和冬部，粤方言今音作［uŋ］。惟"潨""叢"按今粤方言声调为阳平，与河涌之"涌"粤方言今读之作阴平声调稍异而已，有可能是通过变调区别引申义。辞书多注"涌"普通话音作chōng，疑是据粤方言同音字"衝""沖"等类推。

据黄小娅考证，作为粤地河流通名的"涌"，至迟在宋代已见于文献记载，④可谓传用已久。不过，在粤地文献中，仍可见用"潨"之例。除前述文人作品外，也见于方志，如《［民国］东莞县志》⑤：

> 5.九龙潨　在石龙镇，明崇祯间邑人徐兆魁开潨，引东江水由西北迤逦而入，长八百余丈，阔十丈或八丈，跨桥三，曰东兴，曰百花，曰西隆。两旁潨地为徐姓管业。
>
> 6.水南新潨　在水南乡脉洲间，光绪二十九年乡人倡捐税亩，凿潨引江水以资灌溉。长一千一百余丈，溉田七百余亩。

引江水而入所开的"潨"，应即白宛如《广州方言词典》所谓"引河水的渠道"，由泛指河汉变作特指人工开挖的河道了。

明崇祯及清雍正、康熙、嘉庆《东莞县志》均记有村落名"石涌"，又记作"石潨"，前者见于各志正文，后者则见于注文，如雍正《东莞县志》卷三《坊都》，记第三都村名"石涌"，同卷"蛋社"下注文有"第三都二十七图带管石潨、鼓镇水并三都浮居蛋民"句，则作"石潨"。⑥注文

---

① （汉）许慎撰：《说文解字》，中华书局，1963年，第250页。

② （宋）丁度等编：《集韵　附索引》，上海古籍出版社，1985年，第8页。

③ 麦耘著：《音韵学概论》，江苏教育出版社，2009年，第66页。

④ 黄小娅：《粤地河流通名"涌"和"滘"考辨》，《学术研究》2011年第11期，第156页。

⑤ 陈伯陶纂修：《［民国］东莞县志》卷二一建置略六，广东省地方史志办公室编：《广东历代方志集成·广州府部24》，岭南美术出版社，2006年，第248页。

⑥ （清）周天成修，邓廷喆、陈之遇纂：《［雍正］东莞县志》卷三坊都，清雍正八年（1730）刻本，广东省地方史志办公室编：《广东历代方志集成·广州府部23》，岭南美术出版社，2006年，第52页。

应是旧有用字之孑遗。

"濬"古已有之,而独于粤地广泛传用为河流通名,当与珠三角地区水网纵横的地理地貌特征密切相关。密集交错的河道网,形成无数"水流会合处",大量"小水流入大水",举目皆是"濬"。其后泛指小河流的"濬",为俗字"涌"所替代,其源遂隐。

作者通信地址:广东省广州市大学城广州大学人文学院,邮编:510006

责任编辑:黎俊忻

征 稿 启 事

一、文章范围

　　本刊收录文章主要是关于广州以至广东历史文献的搜集与整理、关于广东历史文化研究的学术文章，包括新文献的发现和研究、现有文献的研究利用、既有文献的重新解读等，涉及哲学、政治学、文学、历史学、文献学等社会科学及相关交叉、边缘学科的学术论文。此外，可适当收录学术著作读书笔记、评论性文章及相关学术会议内容综述等。

二、文章要求

　　（一）本刊为中文集刊，文章篇幅以3000~15000字为宜（含注释、参考资料等）。

　　（二）文章应未在其他出版物（不包括网络媒体）发表过，或是首次被翻译成中文的文章，可包括做过修改并未发表的博士论文、硕士论文。每人每期投稿以一篇为限。

　　（三）须恪守学术规范。杜绝抄袭、剽窃等学术不端行为。

　　（四）在不改变原意的前提下，本刊有权对来稿进行必要的文字处理。本刊亦有权将之以其他形式出版；外间转载、摘要、翻译、出版等均须征得本刊许可。论文一经发表，即奉薄酬。

三、主要栏目

　　本刊常设名家专论或学人视界、文献研究、史料发掘、广府论坛、岭南风物、广府人物、地方史志、异域文明、学术前沿、理论探讨、青年论坛、书评等栏目，也会根据实际收录情况适时调整。

　　本刊每年2辑，长期接受投稿。

　　投稿邮箱：gzdd-studies@foxmail.com

　　联系地址：广东省广州市天河区珠江东路4号广州图书馆南8楼广州大典研究中心《广州大典研究》编辑部

　　联系电话：（020）83764402

　　　　　　　（020）37260186